삶이 편해지는

TO DO LIST 250

일이 편해지는
TO DO LIST 250

─── 사소한 습관이 하루를 승리로 이끈다 ───

호리 마사타케 지음
황세정 옮김

꿈지락

작은 습관 하나가 인생을 바꾼다

'인생은 사소한 습관만으로도 바뀔 수 있다!'

여러분은 이 말을 믿을 수 있나요? 뜻대로 잘 풀리지 않는 인생을 바꾸기 위해서는 뭔가 대단한 결심이나 극적인 행동이 필요하다고 생각하기 쉽습니다. 물론 뜻밖의 사건이나 큰 충격이 변화의 계기가 될 수는 있지만, 여러분의 생활을 실제로 바꾸는 것은 사소한 '행동의 변화' 즉 습관입니다.

그런 습관을 바꾸기 위해 엄청난 결심을 하거나 이를 악물고 미친 듯이 노력할 필요는 없습니다. 매일 하던 행동들의 방법을 살짝만 바꾸기만 해도 언젠가 큰 변화를 이끌어낼 수 있습니다.

그것이 '라이프핵'입니다! 라이프핵이란 '라이프(life)'와 '핵(hack)'을 합친 단어로 핵(hack)이라는 단어는 '해커(hacker)'나 '해킹(hacking)'과도 관련이 있어 부정적인 의미로 받아들이기 쉽지만, 원래 프로그래머가 문제를 깔끔히 해결할 때 사용하는 표현입니다.

라이프핵은 저널리스트 대니 오브라이언이 2004년 '라이프핵: 생산성이 높은 알파 긱스의 비밀(Life Hacks: Tech Secrets of Overprolific Alpha Geeks)'이라는 제목으로 연 강연에서 유래되었습니다.

대니 오브라이언은 이 강연에서 생산성이 높은 프로그래머는 다른 프로그래머에 비해 업무 처리 속도가 수십 배나 빠르지만, 그렇다고 해서 그들이 결코 다른 사람들에 비해 두뇌가 수십 배나 뛰어나거나 더 뛰어난 기술을 보유한 것은 아니라고 이야기했습니다.

그들이 한 일이라고는 그저 남들에게 보이기조차 부끄러울 만큼 간단한 스크립트(프로그램)나 습관을 반복하는 것뿐이었습니다. 그러나 이러한 사소한 습관은 그들의 일상에 작은 지름길을 만들어냈습니다.

이처럼 사소한 일을 반복함으로써 큰 성과를 거두는 것, 이것이 라이프핵의 본질입니다.

좀 더 편해지자

라이프핵이라는 표현이 생겨나자 이를 계기로 업무나 일상생활 전반에 활용할 수 있는 다양한 기술이 소개되기 시작했고, 라이프핵을 주제로 한 수많은 블로그나 사이트가 탄생했습니다. 일본에서도 라이프핵이 업무 기술의 일종으로 널리 알려졌기 때문에 아마 한 번쯤 들어본 분도 있을 것입니다.

하지만 라이프핵 열풍이 미국에서 불기 시작했을 무렵부터 이미 블로그에 이를 소개해온 저로서는 한 가지 불만이 있었습니다.

효율화와 생산성을 지나치게 추구한 나머지, 어느샌가 라이프핵이 원래 내포하고 있던 '인생을 좀 더 편하게 바꾸자' '좀 더 즐겁게 살자'라는 메시지가 희석돼버린 것입니다.

그래서 이 책에는 라이프핵이라는 용어가 탄생한 2004년부터 지금까지 제가 인터넷과 책을 통해 배운 라이프핵 중에서도 제 블로그에 소개하고 직접 실천해온 방법 중 누구나 쉽고 편하게 실천할 수 있는 방법을 엄선해서 실었습니다. 초보자도 따라 할 수 있는 할 일 목록(to-do list) 작성법부터 삶을 서서히 변화시키는 기술까지 총 250개 항목을 망라한 라이프핵 '대모음집'이라 할 수 있습니다.

SECTION 01의 시간 관리법부터 SECTION 08의 습관 기술에 이르기까지 다양한 내용을 담은 이 책은 어느 쪽이든 바로 펼쳐 읽을 수 있도록 각 항목마다 한 가지 기술을 간단히 정리했습니다.

라이프핵은 업무를 효율적으로 처리할 수 있도록, 새로운 기술을 배울 수 있도록, 즐거운 생활을 지속할 수 있도록 자신의 인생을 걸고 다양한 실험을 하는 행위이기도 합니다.

부디 이 책에서 소개하는 기술을 마치 실험을 하듯 여러분의 생활에 한번 적용해보기 바랍니다. 그러면 틀림없이 '이런 사소한 방법으로 이렇게나 큰 효과를 얻을 수 있다니!' 하고 놀랄 겁니다.

이 책에 소개한 방법들이 여러분의 인생을 좀 더 편하고 즐거우며 생산적으로 바꿀 수 있기를 바랍니다.

Happy Lifehacking!

알아두면 좋은 라이프핵의 기본 도구

이 책에 종종 등장하는 대표적인 웹서비스와 도구를 소개한다. 업무 능률을 높이거나 정보를 효율적으로 정리하는 등 저마다의 장점이 있으므로 여러분의 취향과 용도에 맞게 사용하기 바란다.

에버노트

에버노트는 웹페이지를 클리핑해서 텍스트·이미지·파일 같은 데이터를 컴퓨터나 스마트폰에 동기화할 수 있는 클라우드 기반 메모 서비스다. 정보를 전부 기억하려 들지 말고, 에버노트처럼 신뢰할 수 있는 외부 서비스에 저장해두고 필요할 때마다 검색하도록 하자.

히라쿠피시백(ひらくPCバッグ)

'열리는 노트북 가방'은 옆면이 삼각형 형태인 독특한 가방으로, 노트북이 담긴 가방을 책상에 세운 채 가방을 열어 서류나 문구용품 등 필요한 물건을 꺼낼 수 있어 편리하다. 이동용 서재나 다름없어 카메라나 보조배터리 등 챙겨야 할 소지품이 많은 사람에게 안성맞춤이다.

투두이스트(Todoist)

윈도우나 맥OS, iOS나 안드로이드 등 어느 플랫폼이든 동일한 인터페이스로 이용 가능한 작업 관리 서비스다. 쉽고 편리한 동시에 여러 기능을 개인별 상황에 맞게 조합할 수 있어 많은 사람이 이용하고 있다.

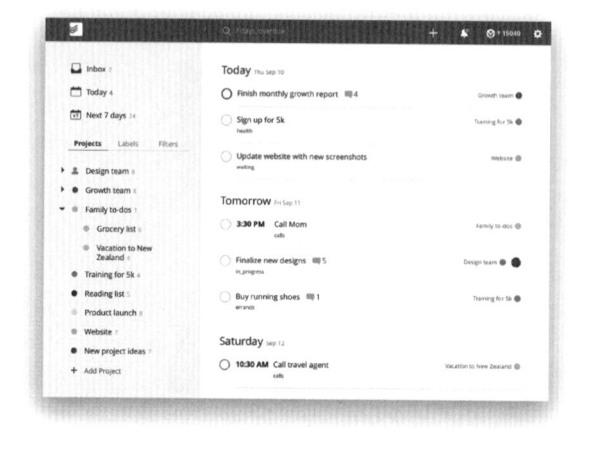

스캔스냅(ScanSnap)

서류, 명함, 영수증 등을 빠르게 스캔해 PDF나 JPEG 같은 디지털데이터로 변환할 수 있는 문서 스캐너다. 대량의 서류를 양면으로 스캔할 수 있는 iX500과 배터리를 내장해 휴대가 가능한 iX100 모델을 추천한다.

몰스킨 노트

피카소와 헤밍웨이가 애용했던 검은 가죽 수첩을 현대에 들어와 다시 복원한 노트다. 견고하고 고급스러운 데다 쪽수도 많아 일상적인 기록이나 갖가지 아이디어를 적어 장기간 보관하기에 적합하다.

CONTENTS

SECTION 00 시작하자 인생을 바꾸는 7가지 라이프핵

SECTION 01 시간 관리 시간을 자유롭게 관리하는 법

SECTION 02

업무 관리 작은 승리를 쌓는 법

SECTION 03 집중력 및 스트레스 대책 의욕을 시스템화하는 법

SECTION 04 정보 수집과 학습 정보를 요약하고 관리하는 법

SECTION 05 발상을 통한 사고 자신만의 아이디어를 내는 법

SECTION 06 커뮤니케이션 내 편을 만드는 법

SECTION 07 일상과 여행 삶에 소소한 쾌적함을 더하는 법

SECTION
08

습관화 기술 인생을 바꾸는 작은 습관

00

시작하자

인생을 바꾸는 7가지 라이프핵

핸들을 살짝 꺾기만 해도 목적지가 달라지듯이,
사소한 습관이 당신의 인생을 바꿔놓는다.
하루하루를 작은 승리로 바꿔줄 7가지 습관부터 실천해보자.

001 인생을 바꾸고 싶다면 시간을 완전히 다르게 써본다

인생에 어떠한 형태로든 변화를 주고 싶을 때, 당장 실천할 수 있는 가장 빠른 방법은 '시간을 달리 써보는 것'이다.

업무 방식을 바꿔도 되고, 여가 시간에 다른 일을 해도 좋다. 시간을 쓰는 법은 다양하다. 취미에 시간을 할애할 수 있고, 텔레비전을 볼 수 있으며, 인터넷이나 독서를 하며 시간을 보낼 수도 있다. 또 친구를 만나거나 자기 계발에 필요한 공부를 할 수도 있으며, 그저 멍하니 시간을 때울 수도 있다. 만약 지금 매너리즘에 빠져 제자리걸음 하고 있는 기분이 들면 시간을 전혀 다른 곳에 써보자. 그간 당신이 시간 써온 방식을 확 바꿔보는 것이다.

예를 들어 20~30대 일본인의 텔레비전 시청 시간은 평균 130~160분, 인터넷 사용 시간은 평균 90~140분에 달한다. 상당히 많은 시간을 할애하고 있을 뿐만 아니라, 시간을 특정한 주제보다는 다양한 주제에 분산해서 쓰고 있다는 뜻이기도 하다. 이렇게 써온 시간을 전혀 다른 곳에 사용하면 어떤 변화가 일어날까.

물론 독서나 자기 계발을 위한 공부에 시간을 쓰는 것도 좋지만 '특정 장르의 영화 시대별로 몰아 보기' '좋아하는 작가의 작품 전부 필사하기' '백과사전 처음부터 읽기' 같은 일에 할애해보면 어떨까. 남들처럼 비슷한 방법으로 비슷한 시간을 보내면 비슷한 결과밖에 얻지 못한다. 마치 레저를 즐기듯 어떤 한 가지 일에 집중해서 시간을 쓰면 놀라운 성장과 발견이 당신을 기다리고 있을 것이다.

질보다 양을 노린다 _____

시간을 한 가지 일에 집중적으로 사용한다는 것은 질보다 양을 우선한다는 뜻이기도 하다. 그렇다고 반드시 무언가 완성된 형태를 만들어야만 하는 것은 아니다.

작가 줄리아 캐머런은 매일 아침 3쪽씩, 멈추지 않고 그저 펜을 움직여 글을 쓰는 '모닝 페이지'라는 습관을 추천했다. 이처럼 얼핏 보기에 별 의미 없어 보이는 행동도 계속 반복하다 보면 방대한 양이 쌓여 언젠가 진정한 창의성을 낳는다. 마찬가지로 블로그에 글을 꾸준히 올리면 어떤 일이 벌어질까? 그림 연습을 꾸준히 하면? 운동을 꾸준히 하면? 그저 명상을 꾸준히 하기만 해도?

오랜 시간이 걸릴 것이라 생각했던 일에 도전한다 _____

시간을 쓰는 법을 바꾸면 그동안 오랜 시간이 걸릴 것이라 여겨 망설였던 일에도 도전해볼 수 있다.

예를 들어 새로운 언어를 배우기 위해 필요한 시간을 생각해보자. 원어민처럼 완벽한 수준에 이르려면 몇 년이 걸리겠지만, 여행에서 쓰는 표현이나 간단한 회화 정도는 몇 주 만에도 익힐 수 있다. 대부분의 언어는 일상회화에 필요한 단어의 수가 700~1,000개 정도라고 한다. 이를 집중적으로 공략해 예문만 열심히 외워도 충분히 공부가 된다. 하루라는 시간을 다양한 곳에 나눠 썼을 때에는 하기 힘들었던 일도 이처럼 시간을 집중적으로 투자하면 가능해지는 것이다.

인생에 변화를 주고 싶다면 사소한 것이어도 좋으니 먼저 이런 식으로 시간을 쓰는 법을 바꿔서 자신 안에 변화의 싹을 틔워보자. 인생은 바꿀 수 있다. 그 작은 혁신이 언젠가 큰 변화를 불러일으킬 것이다.

002   결단은 신속히 내린다

A일까 B일까, 할까 말까, 무엇을 택하고 무엇을 포기해야 할까……. 살다 보면 일상생활에서 크고 작은 판단이나 결단을 내려야 하는 순간을 수없이 맞닥뜨린다.

시스템 과학자 허버트 사이먼은 이 결정 과정에 흥미로운 가설을 제시했다. 바로 만족화 과정이다. 예를 들어 점심 먹을 식당을 찾고 있는데, 처음 본 식당에 들어가야 할지 아니면 다른 식당을 더 찾아봐야 할지 판단을 내려야 한다고 해보자. 만약 처음 본 식당에 들어간다면 만족화 과정을 통해 '이만하면 충분하다'라고 느끼는 것을 선택하는 경우고, 다른 식당을 더 찾아보는 것은 결과를 최대화하기 위해 판단을 뒤로 미루는 경우에 해당한다.

흥미로운 사실은 만족화 과정을 거치는 사람이 최대화의 원리로 접근하는 사람보다 자신의 결단에 더 만족하는 경향이 있다는 점이다. 실패할 확률을 줄이기 위해 정보를 수집하고 검토하는 것도 중요하지만, 결단의 순간이 다가왔을 때 신속히 결정을 내리는 것이 더욱 중요하다.

판단을 내리기 어려울 때는 동전을 던져 정한다 _____
어떤 판단을 내려야 할지 망설이는 상황에서는 동전을 던져 정하는 방법도 있다.

터무니없는 말처럼 들릴 수도 있지만, 사실 이 방법에는 숨은 뜻이 있다. 동전을 던져 A가 나왔을 때 도저히 마음이 놓이지 않는다면 사실 자신이 원한 선택지는 B라는 것을 깨닫고 B를 선택하면 된다.

결국 동전 던지기 자체는 자신의 속마음을 이끌어내기 위한 장치에 불과하다.

비슷한 방법으로 다른 사람에게 상황 설명을 전혀 하지 않은 채 "A와 B 중에 뭐가 좋을까?"라고 묻는 방법도 있다. 아니면 가나다순으로 빠른 쪽을 택해도 된다. 방법은 중요하지 않다. 어느 한쪽을 선택했을 때 나타나는 자신의 심리적 반응을 보고 즉각적으로 결단을 내리는 것이 중요하다.

이러한 방법은 앞서 이야기한 '만족화'의 효과를 기술적으로 이끌어내는 것으로, 결단을 내렸을 때 느끼는 만족도를 향상시켜주는 효과도 있다.

똑같은 판단을 두 번 내리지 않는다

무슨 일이든 신속히 결단을 내리려면 '똑같은 판단을 두 번 내리지 않는 것'이 중요하다.

예를 들어 어떤 물건을 살 때 A와 B라는 상품을 두고 한참을 고민하다 늘 A를 택하고 만다면 차라리 처음부터 A를 고르는 것을 규칙으로 정해두는 것이 좋다. 그러면 결정도 신속히 내릴 수 있을 뿐만 아니라, 만족도도 오히려 높아지는 경향이 있다.

어떤 책을 살까 말까 고민이 될 때도 '2천 엔 이하인 책은 무조건 사기'라는 규칙을 정하면 결정해야 하는 일이 줄어든다. 무슨 일이든 신속히 결정하는 습관이 생기면 다른 일도 더 과감히 결정할 수 있게 된다. 신속히 결정하는 습관을 사소한 일부터 시작해보자. 그러면 크고 중요한 판단도 신속히 내릴 수 있다.

003 말투를 바꾸면 성격이 바뀐다

"Fake it till you make it."

어떤 일을 이룰 때까지 그런 척을 하라는 뜻으로, 성공한 사람처럼 굴면 성공이 따라온다는 말이기도 하다. 말투는 성격에 따라 달라진다. 하지만 오히려 그 점을 역으로 이용해 자신이 생각하는 이상적인 말투를 흉내 내다 보면 자신의 성격을 바꿀 수도 있다.

자기계발서의 바이블이라 할 수 있는 스티븐 코비의 《성공하는 사람들의 7가지 습관》(김영사, 2017)에서는 주체적인 사고를 위해 택해야 할 말투를 몇 가지 소개하고 있다.

- 해야만 해. → 내가 원한다.
- 나는 그것을 반드시 해야만 해. → 내가 적절한 반응을 선택한다.

이런 식이다. 또 닐 피오레의 《내 시간 우선 생활습관》(청림출판, 2018)에서는 일을 미루고 싶어질 때 고쳐야 할 말투를 소개하고 있다.

- 반드시 끝내야 해. → 언제 시작할까?
- 이 일은 너무 크고 중요한 일이야. → 작은 일부터 하나씩 차근차근 하면 돼.
- 나는 놀 시간도 없어. → 놀 시간을 꼭 내야지.

SECTION 00

이처럼 긍정적인 말투를 의도적으로 사용하다 보면 사람은 점차 긍정적으로 변한다.

온화한 성품을 지닌 사람이 되고 싶다면 부드러운 말투를, 자신감이 넘치는 사람이 되고 싶다면 자신만만한 말투를 흉내 내보자. 예를 들어 평소 자신을 '나'라고 지칭하던 사람이 '저'라고 바꿔 말하고, 어미를 늘 '~입니다' '~습니다'로 바꾸기만 해도 겉으로 드러나는 성격이나 분위기가 크게 바뀐다. 그리고 그렇게 말하다 보면 그것이 자신의 진정한 모습이 된다. 말투를 바꾸는 것은 변화를 이끌어낸다.

말투뿐만 아니라 자세도 마찬가지다. 자신감이 넘쳐야만 등이 곧게 펴지고 표정이 밝아지는 것이 아니다. 자신감이 없더라도 그런 자세를 취해서 변화를 일으키자.

 **004** 항상 메모지와 펜을 들고 다니자

좋은 아이디어가 떠오르길 바란다거나 창의력을 발휘하고 싶다면 메모지와 펜을 늘 곁에 두자. 그리고 정말 별것 아닌 사소한 것도 전부 메모하는 습관을 들이자.

말 그대로 '항상' 곁에 둬야 한다. 외출할 때는 물론이고 집에서도 늘 메모지를 곁에 둬야 한다. 익숙해지면 화장실에 갈 때조차 자연스럽게 메모지에 손을 뻗게 될 것이다.

내용은 무엇이든 상관없다. 업무나 일정 관련 메모뿐만 아니라 아이디어, 책이나 영화를 본 감상, 문득 떠오른 일, 지금의 심정 등을 적어도 된다.

사람들은 대부분 정보를 받아들일 줄만 알지, 자신의 속마음을 잘 드러내지 못한다. 항상 메모하는 습관을 들이면 마음속에 맺힌 응어리를 풀고 자신의 생각이나 마음을 드러내는 힘이 길러진다. 늘 메모지와 펜

을 들고 다니면 갑작스럽게 어떤 감흥이 일었을 때, 그 순간을 놓치지 않고 포착할 수 있다.

처음에는 영화를 봤는데 재밌었다거나 지루했다는 식의 짧은 감상밖에 적지 못할 수도 있다. 하지만 꾸준히 쓰다 보면 즐거움과 기쁨 사이, 지루함과 무관심 사이 같은 미묘한 감정을 알아차리고 글로 적을 수 있게 된다.

이렇게 점차 세밀한 감정과 생각을 밖으로 표출하는 행위는 오직 자신만이 생각해낼 수 있는 아이디어를 표현하기 위한 발판이 된다. 앞으로 소개할 섹션에서는 머리가 텅 빌 때까지 업무를 적거나(055) 잊어버리기 전에 메모하는 습관을 들이는(155) 등 모든 생각과 감정을 메모하는 행위의 중요성이 여러 번 강조될 것이다.

이러한 생각과 감정을 재빠르게 메모하는 습관만 들인다면 누구나 창의력과 독창성을 발휘할 수 있다.

005 마음속 히어로에게 고민을 털어놓는다

고민이 생기면 마음속에 존재하는 자신의 히어로에게 고민을 이야기해보자.

서양에는 "What would Jesus do?(예수님이라면 어떻게 하실까?)"라는 질문을 던지고, 곁에서 이야기를 들어주는 예수 그리스도에게 자신이 처한 문제를 맡기는 사람이 많이 있다.

《신곡: 지옥편》에서 단테가 베르길리우스의 인도를 받고, 시인 페트라르카가 아우구스티누스의 《고백록》을 읽으며 위안받았듯이 동경의 대상을 머릿속으로 그리며 문제 해결의 단초로 삼는 것은 예부터 존재해온 방법이다.

이처럼 우리도 저마다의 고민을 마음속에 존재하는 자신만의 히어로나 멘토에게 털어놓을 수 있다.

어떤 사소한 고민이어도 상관없다. 업무의 우선순위 같은 일상적인 고민부터 인생의 갈림길 같은 중대한 고민까지 무엇이든 고민이 될 때는 '슈퍼맨이라면 어떻게 할까?' '배트맨이라면 이것을 받아들일까?'라는 상상을 해보는 것이다.

얼핏 장난처럼 보일 수 있지만, 이러한 상상은 명쾌한 판단을 내리는 데에 도움을 준다. 자신이 보기에는 혼란스럽기만 한 일을 좀 더 넓은 시야에서 바라볼 수 있기 때문이다.

히어로는 의외로 단순한 데다 위기가 닥쳐도 동요하지 않으며, 한순간 고뇌에 빠졌다가도 결국에는 주먹을 힘차게 뻗으며 자신의 역할을 해낸다. 별것 아닌 일을 물어보는 것이기에 효과가 있는 것이다.

당신의 사소한 질문에 히어로는 어떤 대답을 내놓을까.

"이번 협상은 어딘지 모르게 찜찜한 기분이 드는데 어떻게 해야 할까?"

"거절해."

"이 회사로 이직해도 될까?"

"걱정 말고 가."

등 뒤에서 당신을 밀어주는 히어로의 목소리는 사실 당신의 마음속에서 들리는 소리다.

006 기회가 찾아오면 무조건 '예스'라고 외친다

당신의 인생에 찾아오는 소소한 성공은 대부분 행운에서 비롯된다. 그리고 우연을 불러들여 이러한 행운을 만들어낼 수도 있다.

요즘 통 운이 따르지 않는다거나 막다른 벽에 부딪쳐 앞으로 나아가지 못하는 기분이 든다면 일상의 루틴을 바꿔보자.

퇴근길에 평소와 다른 길로 가보기, 서점에 가서 이제껏 읽어보지 않은 장르의 책을 펼쳐보기, 낯선 무리에 섞여보기 등 그 어떤 소소한 일이든 상관없다.

이러한 일들을 계획해서 실천하는 것은 짐 캐리 주연의 영화 〈예스맨〉의 플롯과 비슷해 보이겠지만, 룰이라 생각하고 기회가 찾아올 때마다 '예스'를 외치며 새로운 일에 뛰어드는 습관을 들이는 것이 좋다. 평소 같으면 선택하지 않을 행동을 규칙으로 정해 자주 실천함으로써 우연을 늘려나가는 것이다.

어떤 일에 '예스'라고 말하다 보면 우리가 평소에 얼마나 무의식적으로 '노'라고 대답했는지 알아차리게 된다. '예스'라 말하는 순간, 그동안 귀찮다거나 겁이 난다는 이유로 멀리했던 기회가 당신 앞에 찾아온다.

007　사소한 습관이 하루를 '작은 승리'로 이끈다

라이프핵은 인생을 바꾸는 사소한 습관이다. 아무리 거창한 목표를 세워도 혹은 인생을 크게 바꾸고 싶다고 해도 실제로 실행에 옮길 수 있는 사소한 행동에서 변화가 시작된다고 보는 것이다.

　습관이라고 하면 꾸준히 노력을 기울여야 하는 힘든 일처럼 느껴진다. 하지만 이런 습관을 일상에 자연스럽게 녹아들게 하려면 의욕이나 기분에 휩쓸리지 않고 매일 실행할 수 있는 간단한 일 몇 가지를 조합하는 것이 좋다.

핵심 습관과 보조 습관을 쌓는다

《해빗 스태킹》(다산4.0, 2017)의 저자 스티브 스콧은 '핵심 습관'과 '보조 습관'을 쌓아나가면 큰 목표를 이룰 수 있다고 이야기한다.

　예를 들어 핵심 습관이 '건강하게 생활하기'라면 5분 안에 실천 가능한 행동으로 몸무게 재기, 공복에 물 마시기, 일주일 치 식단 미리 짜기, 엘리베이터 대신 계단을 이용하기 등을 떠올릴 수 있다. 이처럼 '건강'이라는 목표를 중심으로 이를 보조할 수 있는 몇몇 습관을 떠올려 목록으로 만든다.

　하지만 목록에 있는 습관을 매일 실천하지 않아도 된다. 매일 실천해야 효과를 얻을 수 있는 습관도 있고, 일주일에 한 번만 실천해도 충분한 습관도 있기 마련이다. 목표에 조금씩 가까워지기만 한다면 습관을 잘 쌓아가고 있는 것이다.

매일 작은 승리를 거둔다 _____

사소한 습관을 차곡차곡 쌓아 인생을 바꿔나갈 때는 그 과정도 함께 즐기자.

행복이란 습관을 기르고 애를 써서 무언가를 손에 넣거나 누군가에게 인정받는다고 해서 얻어지는 것이 아니다.

오히려 사소한 습관을 실천하는 행위 자체로 '작은 승리의 기쁨'을 느끼고 더욱 열심히 행동에 옮길 수 있다면 하루하루를 즐겁게 살 수 있을 뿐만 아니라 그러한 습관이 미래로 향하는 문을 열어줄 것이다.

미국에서 고등학교를 다니던 시절, 영어 선생님이 매일 1쪽씩 글을 써오라는 숙제를 내준 적이 있다. 주제는 자유였지만, 6주 동안 무조건 하루에 1쪽을 채워야만 했다.

처음에는 매일 꼬박꼬박 써야 하는 게 부담스럽고, 무슨 내용을 써야 할지 막막하기만 했다. 그러다가 문득 그 정도의 분량이라면 선생님에게 《삼국지》를 소개해도 되겠다는 생각이 들었다. 그러자 그때부터 오히려 숙제하는 시간이 기다려졌다. 날이 갈수록 글이 2쪽, 그다음에는 4쪽으로 점차 늘어나는 것을 깨닫지 못할 정도였다. 그렇게 6주가 지나 결

국 오장원 전투 장면까지 무사히 쓴 나는 선생님께 이렇게 열심히 숙제를 한 적은 처음이라고 고백했다. 그러자 선생님은 빙그레 웃으시며 "그동안 고생했어. 이제 하루에 몇 쪽 정도는 거뜬히 쓰겠네"라고 말했다.

그 말이 맞았다. 하루에 1쪽씩 꾸준히 글을 쓴 결과, 글을 쓰는 속도가 10배 이상 빨라졌고 소재도 쉽게 찾을 수 있게 되었다. 게다가 무엇보다도 글 쓰는 행위 자체에 기쁨을 느꼈다. 숙제는 끝났지만 나는 지금도 꾸준히 글을 쓰고 있다.

당신도 사소한 습관을 반복하면서 인생을 서서히 바꿔보기 바란다.

다음 장을 넘기는 순간부터 당신의 여행이 시작될 것이다.

01

시간 관리
시간을 자유롭게 관리하는 법

한 손에 타이머를 들고 시간을 재보자.
시간을 정확히 인식하면 시간을 만들어낼 수 있다.
라이프핵은 자유로운 시간에서 시작된다.

008 시간은 분초 단위까지 정확히 의식한다

당신은 가장 가까운 역까지 걸어가는 데 걸리는 시간을 알고 있는가?

대략적인 시간을 묻는 것이 아니다. 화창한 날에 평소와 같은 속도로 걸었을 때 걸리는 정확한 시간을 분초 단위까지 파악하고 있느냐는 뜻이다. 비가 오는 날에는 시간이 얼마나 더 걸리는가? 다른 길을 이용했을 때는 어떤가?

예를 들어 내 경우는 자가용으로 출퇴근할 때 출근 시간은 28분 걸리고 퇴근길에는 덜 막히는 길을 이용하므로 24분 걸린다. 하지만 인근 회사원이 모두 퇴근하는 6시쯤 되면 사정은 달라진다. 그렇기에 늦어도 5시 40분에는 회사에서 출발해야 한다. 그러지 않으면 길이 막혀서 평소보다 5분이 더 걸린다. 이러한 수치는 출퇴근을 수백 번 반복하면서 경험적으로 알게 된 것이다.

시간을 대충 보내지 않는다

위에 언급한 출퇴근 시간은 조금 극단적일 수 있다. 하지만 아침은 몇 시에 먹고, 평소 샤워 시간은 얼마나 되고, 회식할 때는 몇 시까지 있으며 다음 날 잠이 얼마나 부족한 상태가 되는지 등 평소에 시간을 어디에 얼마나 사용하는지 의식적으로 측정할 수 있다. 이렇게 시간을 재다 보면 똑같은 시간을 평소보다 훨씬 세밀하게 의식할 수 있다.

그렇다고 해서 갑자기 '그렇다면 식사 시간을 5분 절약하자' '샤워를 서둘러 끝내자'라는 식의 결론을 내릴 필요는 없다. 시간을 정확히 재는 목적은 시간 사용을 파악하기 위한 것이다.

시간을 하루 단위의 자로 생각하면 쉽게 이해할 수 있다. 시간을 30분이나 1시간 단위로 대강 사용하면 자에 표시되는 눈금의 수가 24~48개가 된다. 하지만 시간을 좀 더 세밀하게 파악하면 눈금을 더 잘게 표시할수 있다. 시간 자체가 늘어나는 것은 아니지만, 의식적으로 '시간을 분해하는 능력'을 향상시킬 수는 있는 것이다.

'매일 하는 일'을 체크하는 루틴 메모를 만든다 _____

시간을 의식적으로 쓰기 위해 우선 기상 시간이나 취침 시간, 식사 시간, 출퇴근 시간처럼 매일 반복하는 루틴을 일주일 정도 메모해보자.

앞서 이야기했지만, 아직 이 단계에서는 시간을 절약하려고 애쓸 필요가 없다. 자신의 시간 사용 습관을 파악하는 것이 우선이다.

메모하는 것이 익숙해지면 이번에는 자신의 시간 사용 습관에 대한 감정이나 기분도 함께 적어보자. 너무 늦게 자는 것 같다거나 이때쯤 퇴근하니 다음 날 컨디션이 좋았다든가 하는 내용을 써보는 것이다.

사실 이처럼 간단한 '루틴 메모'를 적기만 해도 시간을 전혀 다르게 의식하게 된다.

일상의 시간을 좀 더 세밀한 잣대로 바라보기만 해도 '지금 5분만 서둘러도 결과가 달라진다'거나 '야근은 생각보다 효율성이 떨어진다'(026) 같은 점이 보이기 시작한다.

시간을 정확히 의식하면 시간을 늘릴 수 있다.

009

시간 계산(1)
타이머 지참은 필수

이메일 1통을 쓰는 데 시간이 얼마나 걸릴까? 평소에 간단하다고 여겼던 작업을 실제로 시간을 재보면 생각보다 많은 시간을 쓰고 있다는 점을 깨닫게 될 것이다.

이메일 1통에 걸릴 시간을 예상해보고 타이머로 직접 측정해보자. 이메일 1통에 3분 정도 걸리지 않을까라고 생각했다면 결과에 놀랄지도 모른다. 메일을 쓰기 전에 준비하는 시간, 오탈자 확인, 존칭어 수정 등을 하느라 걸리는 시간까지 더하다 보면 10분이 훌쩍 넘어버릴 때도 있다. 우선 타이머를 이용해 이처럼 잘못 계산한 시간을 정확히 바로잡는 것이 중요하다.

타이머 중에 추천하고 싶은 제품이 타니타(TANITA)의 바이브레이션 타이머다. 이 제품에는 시계, 카운트다운, 카운트업 기능이 포함되어 있으며, 소리가 아니라 진동으로 알려주기 때문에 사무실에서도 이용 가능하다.

이처럼 타이머를 이용해 마치 달리기 기록을 재듯 이메일 1통, 보고서 1장, 전화 1통 등 업무 중에 이루어지는 기본 동작에 걸리는 시간을 측정한 다음, 조금씩 시간을 단축시켜나가면 된다.

010
이메일 작성 시간은 1분 이내로

이메일은 하루에도 여러 번 처리하는 만큼 작은 변화로도 큰 효과를 얻을 수 있다. 목표는 높게 잡는 것이 좋으니 이메일 1통을 쓰는 데 걸리는 시간을 1분까지 단축하도록 노력해보자. 약간의 사전 준비만 하면 그리 어려운 일도 아니다.

예를 들어 답장을 쓸 때 보통 1줄, 길어도 3줄 안에 끝내는 규칙을 정한다. 너무 짧지 않나 싶지만 막상 살펴보면 의외로 내용의 많은 부분이 사족이었다는 것을 알 수 있다. 장황한 서두나 설명을 생략한다면 1줄의 문장으로 핵심 내용을 압축할 수 있다는 사실을 깨닫는다.

실제로 이메일 쓰는 시간보다 쓸 내용을 고민하는 데 시간이 더 많이 소요되는 사람도 이러한 '1분 규칙'을 적용하면 빠르게 1줄짜리 초고를 쓸 수 있다. 또한 받는 사람의 주소와 기본적인 인사말을 복사해서 붙여넣으면 시간을 더 절약할 수 있어, 심리적인 부담 없이 금세 메일을 완성할 수 있다.

이메일을 짧게 써버릇하면 좋은 점이 한 가지 더 있다. 이메일을 길게 쓰면 상대방의 답장도 길어지기 마련이지만, 처음부터 이메일을 짧게 써서 보내면 상대방의 답장도 한층 간결해진다.

011

시간 계산 (3)
통화 시간은 3분을 넘지 않는다

전화는 업무의 흐름을 끊는 가장 나쁜 '방해 요소'다. 여러 커뮤니케이션 수단 중에서 전화만큼 시간을 강제적으로 빼앗는 것도 없다. 전화는 채팅이나 이메일로는 불가능한 대화를 해야 할 때 혹은 충분한 이유가 있을 때만 마지막 수단으로 사용해야 한다.

하지만 전화는 늘 일방적으로 걸려오기 마련이다. 전화가 걸려왔을 때는 딱히 다른 일이 없더라도 "지금 3분밖에 통화를 할 수가 없어서요"라고 먼저 말해두는 것이 좋다. 이 한마디면 길게 통화하고 싶던 상대방도 용건만 간단히 말하게 된다.

'전화받지 않는 시간'을 따로 정해두는 것도 중요하다. 평소에 주변 사람들에게 "오전 중에는 업무가 바빠 전화를 받지 못할 수 있으니 용건이 있을 때에는 이메일로 연락해주세요"라고 알려두면 주위에서도 이를 자연스럽게 받아들이는 경우가 많으니 시도해볼 만하다.

부재중 음성메시지 기능을 이용해 '통화할 사람을 선택하는' 방법을 쓰는 사람도 있다. 휴대전화를 무음으로 해놓고 전화 건 상대방이 음성메시지 남기기를 기다리는 것이다. 대부분의 경우 음성메시지를 남기지 않고 끊어버리는데, 이는 그만큼 중요한 용건이 아니라는 뜻이므로 크게 신경 쓰지 않아도 된다. 조금 극단적인 방법이지만 불필요한 통화를 하지 않도록 상대를 가려 받는 것이 좋다.

SECTION 01

012

시간 계산 (4)

미디어별로 시간 차를 두자

전화처럼 업무에 갑작스럽게 끼어들고 심지어 즉각 대응해야 하는 미디어는 가급적 피하는 것이 좋다.

이메일이나 채팅 메시지도 갑자기 오는 것은 마찬가지지만, 시간 차를 두고 대응할 수 있다는 점에서 전화보다 낫다. 특히 채팅은 상황에 따라 답변할 시기를 선택할 수 있다는 장점이 있다.

마찬가지로 게임이나 인터넷서핑 등을 포함한 모든 미디어는 '시간 차를 두고 대응할 수 있는가?' '시간을 잡아먹는가?'라는 두 가지를 기준으로 생각하면 무엇을 우선해야 하는지 보이기 시작한다.

예를 들어 텔레비전 생방송이나 게임은 전화와 마찬가지로 시간을 잡아먹기 때문에 두 가지를 모두 즐기려면 시간이 부족하지만, 친구와 메신저로 메시지를 주고받는 일은 그렇게 시간이 많이 소요되지 않는다.

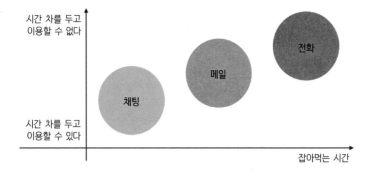

그러므로 이처럼 시간을 많이 잡아먹는 미디어는 하루에 한 가지만 하도록 정해두자.

지금 이 순간은 매우 소중하기에 우리는 가족이나 친구들과 함께 시간을 보내며 인간다운 생활을 누린다. 그러므로 다양한 미디어를 시간 차를 두고 사용하며 지금 이 순간을 소중히 지키도록 하자.

013

'시간을 계산할 때'는 시행착오를 고려해 2배로 잡는다

일이 걸릴 총 시간을 계획하더라도 실제는 그보다 더 많은 시간이 필요한 경우가 많다.

이는 심리학자이자 행동경제학자인 대니얼 카너먼과 아모스 트버스키가 '계획 오류(Planning Fallacy)'라고 보고한 현상으로 잘 알려져 있다. 어떤 일을 끝내는 데 걸리는 시간을 실제보다 과소평가하는 것이다.

예를 들어 '학위논문에 얼마나 필요하냐'라는 질문에 학생들은 평균 33.9일, 최악의 상황을 가정해도 평균 48.6일이 걸릴 거라고 대답했다. 하지만 실제로 걸린 시간은 평균 55.5일이었다. 이처럼 미래에 소요될 시간을 예측할 때는 누구나 낙관적으로 접근하기 때문에 예상이 빗나가는 경향을 보인다.

중요한 것은 시간을 잘못 계산하는 이유가 업무 숙련도가 떨어져서가 아니라 인지의 습관 때문이라는 점이다. 아무리 현실적으로 시간을 예측한다고 해도 그 예상은 인지과정을 거쳐 나오는 것이기 때문에 왜곡될 수밖에 없다.

예상이 빗나가는 것을 조금이라도 막으려면 처음 시간을 계산할 때, 2배로 잡는 것이 효과적이다. 3시간이면 끝날 것 같은 일에는 6시간을, 1일이면 끝날 것 같은 일에는 2일을 할애하는 것이다.

또 과거에 그 일을 처리할 때 예상보다 얼마만큼의 시간이 더 걸렸는지 데이터가 남아 있다면 이를 참고할 수도 있다. '작업 자체를 간소화하지 않는 이상, 예전보다 일찍 끝내는 것은 불가능하다'라는 점을 전제로 계획을 짜야 한다.

　계획의 오류는 시간뿐만 아니라, 예산이나 매출 예상 등 다양한 상황에서 발생할 수 있다. 피하기는 어렵지만 '모든 예측에는 계통적 오차가 존재한다'라는 사실을 알아두는 것이 좋다.

014   시간을 '시각화'한다

업무 중에 틈틈이 이메일을 확인하거나 업무와 관련이 없는 웹사이트를 구경하면서 쓸데없이 시간을 낭비한 경험이 다들 한 번쯤은 있을 것이다.

이럴 때 시간 관리 서비스를 이용해 컴퓨터 작업 시간을 '시각화'하면 자신이 시간을 어떻게 쓰고 있는지 객관적으로 분석할 수 있다.

시간 관리 서비스는 컴퓨터에 작은 프로그램을 설치하면 언제 어떤 작업에 시간을 몇 분이나 사용했고, 어떤 사이트에 몇 분 동안 접속했는지를 기록해주는 서비스다. SNS에 일정 시간 이상 접속하면 경고를 보내는 기능도 있다.

내가 애용하는 시간 관리 서비스는 레스큐타임(RescueTime)인데, 이 서비스는 업무와 관련된 앱 혹은 웹사이트와 그렇지 않은 것을 구분하여

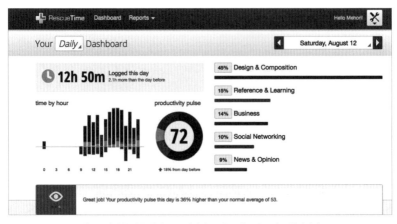

레스큐타임을 이용해 하루를 어떻게 보내고 있는지 수치로 확인한다

1일 생산성을 수치로 정리하는 기능이 있다.

예를 들어 시간 관리 서비스의 데이터를 통해 '오후에 SNS를 하며 시간을 낭비하는 경향이 있다'라는 사실을 인지하면 그 시간에 신속히 처리할 수 있는 작업들을 배치해 딴짓을 못하도록 막을 수 있다.

015 24시간 계획표를 짜보자

자신이 시간을 어떻게 쓰고 있는지 깨닫기 시작했다면 이제는 24시간 계획표를 짜보자.

008에서 '루틴 메모'를 작성하면서 시간을 언제 어떻게 써야 하루가 원활히 돌아가는지, 어떤 일을 규칙적으로 반복하고 있으며 불규칙한 일은 무엇인지 대충 파악했으리라 생각한다.

그렇다면 이제는 하루 24시간을 어떻게 쓰고 싶은지 원그래프로 나타내보자. 몇 시에 일어나 몇 시에 자야 컨디션이 좋은지, 그러려면 몇 시까지 출근해야 하며 몇 시에 퇴근해야 하는지 하루 일과를 도표로 작성해보는 것이다.

'24시간 계획표'는 꼭 지켜야 하는 규칙이 아니다. 시간을 최대한 계획표에 가깝게 썼더니 컨디션이 좋았던 경험 법칙을 기록으로 남긴 것뿐이다.

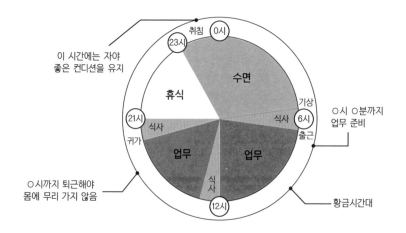

가끔은 술자리에 참석하느라 계획표대로 행동하지 못할 때도 있을 것이다. 그런 날에는 평소보다 늦게 자기 마련이므로 부족해진 수면 시간을 어떻게 확보할 것인지, 만약 독서나 여가 시간에 부족한 잠을 잤다면 그러한 활동들은 언제 보충할 것인지 의식적으로 판단할 수 있으면 된다.

고정적 시간과 유동적 시간

24시간 계획표를 작성하면 '고정적인 시간'과 '유동적인 시간'이 어느 정도인지 인식할 수 있다.

예를 들어 기상 시간이나 식사 시간 등은 대개 고정되어 있지만, 여가 시간이나 독서 시간 등은 상황에 따라 다른 시간대로 옮길 수 있다.

24시간 계획표를 처음 짤 때는 항상 컨디션이 좋을 것이라는 가정하에 이런저런 계획을 가득 채워 넣고 싶기 마련이지만, 그렇게 작성한 계획표는 현실적이지 못하다.

시간적 여유를 두지 않고 계획을 빡빡하게 세우면 아무리 생산성이 높아도 성취감을 느끼지 못한다. 따라서 고정적인 시간 사이에 유동적인 시간을 충분히 둬 자신의 뜻에 따라 쓸 수 있는 시간을 확보해두자.

독서나 공부처럼 오랜 시간을 투자해야 효과를 거둘 수 있는 일은 '시간이 나면 하지' 하고 유동적인 시간에 넣기보다는 고정적인 시간에 포함시키고, 이를 텔레비전 시청이나 게임 등을 하는 '자유 시간' 사이에 배치시키는 것이 효율적이다.

이러한 24시간 계획표를 짜는 목적은 하루 24시간 중에 습관처럼 사용하는 시간과 그날그날 기분에 따라 자유롭게 쓸 수 있는 시간의 균형을 맞추기 위한 것이다.

016 '통근 시간 절감'을 위해 이사를 고려한다

시간을 매일 측정하고 24시간 계획표를 만들면 고정적이라 바꿀 수 없는 시간들이 눈에 들어오기 시작한다.

식사, 목욕, 취침 등은 생활에 꼭 필요하기 때문에 시간을 줄이거나 다른 시간대로 옮길 수 없다. 하지만 통근 시간은 어떨까.

거주지에 따라 다르겠지만, 여러 조사에 따르면 대도시권 거주자들의 통근 시간은 45분~60분 정도가 전체의 30% 정도로 가장 많았고, 1시간 30분~2시간이라고 응답한 사람도 있었다(한국 국가교통부가 2018년 발표한 조사에 따르면 수도권 거주자 출퇴근 시간은 평균 1시간 30분 이상 – 옮긴이).

연간 통근 일수를 250일 정도라 하면 편도 2시간 거리를 통근하는 사람은 이동하는 데만 연간 약 1천 시간, 일수로 환산하면 41.6일을 쓴다는 계산이 나온다. 이러한 통근 시간을 편도 30분만 단축해도 1년에

250시간, 총 10.4일을 더 자유롭게 쓸 수 있게 된다.

직장의 위치나 임대료 문제 혹은 선호하는 거주 지역 등도 고려해야 하므로 무조건 직장과 가까운 곳에 살아야 한다고 말하기는 힘들지만, 만약 통근 시간 2시간이 부담이 된다면 좀 더 가까운 곳으로 이사를 하거나 좀 더 편한 이동 경로를 검토하는 것이 좋다.

시간의 용도를 바꾼다

만약 그것이 불가능하다면 통근 시간을 다른 용도로 바꿔 활용하는 방법도 있다.

그동안 사무실에서 하던 이메일 검토나 다른 소소한 잡무를 스마트폰을 이용해 끝마치면 통근 시간이 업무 시간으로 바뀌어 기존의 고정된 업무 시간을 다른 일에 활용할 수 있다.

017 황금시간대에 가장 어려운 업무를 해치운다

모든 시간은 평등하지 않다. 효율이 매우 높은 시간대가 있는 반면, 그 어떤 일도 손에 잡히지 않고 자꾸만 집중력이 흐트러지는 시간대도 있다. 그러므로 '오늘은 8시간 동안 근무하니까 8시간 분량의 작업을 처리할 수 있을 거야'라고 생각하면 곤란하다. 그건 마치 오르막길에서 액셀 대신 브레이크를 밟은 채 속도를 내려 애쓰는 것과 마찬가지다.

가장 집중력이 잘 발휘되는 시간대는 보통 충분한 수면을 취하고 눈을 뜬 뒤 1~2시간 지났을 때쯤이다. 업무에 따라 다르지만, 어떤 이들은 어려운 작업에 들어가기에 앞서 간단한 프로그래밍을 여러 시간 동안 해야 비로소 고도의 사고가 가능해지기도 한다.

이처럼 매우 고도의 집중력이 발휘되는 시간대를 몇 주에 걸쳐 달력에 언제, 어떤 조건에서였는지 자세히 기록하자. 그렇게 기록된 시간대가 바로 당신이 대부분의 성과를 거두는 '황금시간대'인 것이다.

자신만의 황금시간대의 조건이 어느 정도 파악되었다면 특별히 그 시간에 처리해야 할 업무를 따로 마련한다. 가장 컨디션이 좋은 시간에 가장 어려운 업무를 처리해버리는 것이다.

즉, 업무를 가장 효율적으로 끝낼 수 있는 시간대를 선택해 온 정신을 쏟고 나면 그다음은 전부 잔챙이만 남으므로 더 이상 그날의 성과에 신경 쓸 필요가 없다.

018 | 아침에 이메일부터 확인하지 않는다

아침에 사무실에 도착하자마자 혹은 아침에 눈을 뜨자마자 스마트폰을 집어 들고 이메일부터 확인하지는 않는가?

이메일은 '요청 사항'이 대부분이기 때문에 확인하고 나면 바로 대응해야 한다는 압박감에 휩싸이게 된다. 즉, 업무를 중요도에 따라 우선순위를 매겨 능동적으로 처리하지 못하고, 상대방의 요청에 대응하기에 급급해질 수밖에 없는 것이다. 그런 일을 가장 집중이 잘되는 시간에 하기에는 그 시간이 너무 소중하다.

온갖 연락이 이메일로 전달되는 시대므로 이메일을 수시로 확인하고 싶어지는 것은 당연하다. 하지만 그 행동을 의식적으로 절제할 필요가 있다.

이메일을 곧바로 확인하지 않는다고 주변에 알린다 _____

조금 말장난처럼 들릴 수도 있지만, 확인하지 않은 이메일은 아직 당신에게는 '존재하지 않는 것'이나 마찬가지다. 사무실에 도착하고 1~2시간이 지나고 나서 확인하자. 이메일은 중요하고 능동적으로 처리해야 하는 업무를 먼저 끝낸 다음에 가급적 천천히 확인하는 것이 좋다.

직장 분위기에 따라 남몰래 실천할 수 있지만, 가능하면 아침 10시 전에는 이메일을 보지 않는다고 알리는 것이 좋다. 업무에 소홀하지 않고 일관되게 지킨다면 의외로 주위에서도 당신의 방침을 이해해줄 것이다.

SECTION 01

019 계획은 하루·일주일·한 달 단위로 세운다

하루 계획은 전날 미리 세우는 것이 좋다. 당일이 되어 급히 세우는 것보다 시간 배분을 잘할 수 있기 때문이다.

하지만 일주일이나 한 달 치 계획은 어떨까? 하루 계획과는 달리 따로 시간을 들여 계획을 세워야 할까? 일주일이나 한 달 치 계획을 세울 때는 장기적인 관점이 필요하다. 그러려면 계획을 세우는 시간을 별도로 마련할 필요가 있다.

예를 들어 주 계획에는 다음과 같은 내용이 포함된다.

- 달력에 빠뜨리고 적지 않은 일정은 없는가?
- 이동 시간을 포함해 앞뒤로 잡은 일정이 있는가?
- 다음 주 업무에 할애된 시간은 얼마나 되는가?
- 휴식과 여가에 시간을 충분히 할애하고 있는가?

또 월 계획에는 다음과 같은 내용이 포함된다.

- 마감까지 며칠이 남았는가?
- 마감일로부터 날짜를 거꾸로 세었을 때, 지금 시작해야 할 장기적인 일정이 있는가?
- 예약이나 조정이 필요한 스케줄이 있는가?

일주일 계획은 금요일 오후처럼 휴일을 앞두고 **060**에서 소개할 주간 검토와 함께 작성하는 것이 좋다. 반면 한 달 계획은 월초에 세워 향후 한 달 동안의 일정을 미리 전망해보는 것이 좋다.

또한 이처럼 계획을 세우는 시간을 마치 치과 예약일처럼 달력에 기입해두는 것이 중요하다. 계획을 미래의 자신과의 약속이라 생각하고 계획을 세우는 시간을 미리 확보하면 향후 계획을 더 잘 실천할 수 있다.

020 모든 일정을 클라우드에 정리한다

종이 달력은 그만 사용하자.

이제는 구글 캘린더나 애플의 아이클라우드 캘린더 같은 캘린더 앱을 이용해 클라우드상에서 일정을 관리하는 것이 시간을 버는 길이다.

캘린더 앱이 종이 달력보다 편리한 이유는 스마트폰과 동기화가 가능하다거나 다른 사람과 일정을 공유할 수 있다는 점 등이 있지만, 가장 큰 장점은 일정을 얼마든지 입력할 수 있으며 검색도 가능하다는 것이다.

여전히 많은 사람이 캘린더 앱을 종이 달력처럼 쓰고 있어 실제로 매우 한정된 정보를 입력하는 경우가 많다.

캘린더 앱에 업무나 취미, 가족 행사 같은 일정뿐만 아니라 확보해야 하는 시간, 이동 시간 그리고 '이런 일을 해야지' 하고 생각한 애매한 일

일부러 일정을 겹쳐 관리한다

정까지 모두 포함해 종이 달력의 10배에 달하는 정보량을 요목조목 채워보자.

일정을 아무리 많이 입력해도 검색이 가능하므로 이러한 방식이 익숙해지면 일정뿐만 아니라 시간과 관련해 문득 떠오른 생각을 캘린더에 전부 입력할 수 있게 된다.

또 종이 달력으로는 불가능하지만, 캘린더 앱을 이용하면 적극적으로 활용할 수 있는 방법이 바로 일정 겹치기다. 예를 들어 책 읽는 시간을 2시간 확보할 생각이었는데, 업무 처리가 늦어져서 일정이 겹친다 해도 캘린더 앱으로는 두 가지 일정을 모두 관리할 수 있다.

일정이 겹치면 그만큼의 시간을 어딘가에서 확보해야 하는데, 일정을 눈으로 직접 확인하고 조정할 수 있어 편리하다. 이 점 또한 캘린더 앱의 장점이다.

10가지 캘린더를 만들어 조합한다

캘린더 앱의 또 다른 장점은 다양한 종류의 캘린더를 얼마든지 만들 수 있으며 정보를 '개인'이나 '업무' 같은 카테고리로 분류해서 관리할 수 있다는 점이다.

특히 업무는 '타인과의 약속'처럼 변경 불가능한 일정과 '<u>스스로 정한 작업 시간</u>'처럼 변경 가능한 일정을 별도의 캘린더에 나눠 관리하는 것이 좋다.

또 일정 전후의 이동 시간이나 독서에 할당한 시간 등도 시각화하여 관리할 수 있도록 별도의 캘린더에 저장하는 것이 좋다. 캘린더의 대표적인 항목으로 다음의 10가지를 참고하자.

- 업무(고정적): 회의, 약속 등
- 업무(유동적): <u>스스로 정한 작업 시간</u>, 코어타임(가변적 노동시간)
- 가정·개인(고정적): 약속, 마중
- 가정·개인(유동적): 외출 등
- 잡무: 우체국이나 은행 업무 같은 잡무
- 이동 시간: 일정 전후의 이동 시간 관리
- 기념일: 생일, 결혼기념일, 기일 등
- 여가: 오락, 독서 등에 할당한 시간
- 성장: 학습 시간
- 템플릿: 기상, 취침, 식사 등을 표시한 템플릿

모든 일정을 항목별로 색을 달리해 표시하면 업무가 얼마만큼 여가 시간을 압박하고 있는지, 여가나 휴식 시간이 충분한지 등을 눈으로 확인할 수 있다.

023에서 소개할 '놀기 우선 일정표 작성법'처럼 여가 시간을 미리 정하고 그 전후에 업무 일정을 넣기 위해서라도 캘린더를 여러 가지로 구분해 관리하는 것이 좋다.

일정은 1시간이 아니라 30분 단위로 정한다

대다수의 캘린더 앱이 새로운 일정을 추가할 때, 기본적으로 1시간 단위로 저장하게 되어 있다. 기본 설정을 그대로 사용하면 일정을 막연히 1시간 단위로 정하게 되므로 설정을 15분이나 30분 단위로 변경하자.

또 캘린더 앱을 쓸 때 종이 달력처럼 한 달 단위가 아니라, 1주나 2주 간격으로 표시되게 설정하면 최근 일정을 더욱 자세히 확인할 수 있다. 이렇게 시간을 15분이나 30분 간격으로 인식하게 되었다면 이를 다양한 상황에 활용해보자.

예를 들어 누군가와 약속을 정할 때도 별생각 없이 '3시부터 1시간 동안 회의'라는 식으로 정하지 말자. 일정을 1시간 단위로 설정해버리면 딱히 오랫동안 의논할 일이 아닌데도 정해진 시간을 채우기 위해 질질 끌게 돼버린다(**034** '파킨슨의 법칙' 참조).

이러한 시간 낭비를 피할 수 있도록 회의 시간을 '15시 15분부터 16시까지' 혹은 '15시 30분부터 16시까지'와 같이 정각에서 조금 지난 시각에 시작해 정각에 끝나도록 하여 총 소요 시간이 1시간이 되지 않게 설정해보자. 실제로 해보면 15~30분 정도 시간을 단축해도 의외로 회의 내용에 큰 차이 없는 경우가 많다.

그동안 별생각 없이 1시간 단위로 움직였던 일정을 전부 30분 혹은 15분 단위로 설정하면 시간을 더욱 세밀하게 쪼개 업무를 진행할 수 있다.

023 '여가 시간'을 캘린더에 미리 표시해둔다

사람들은 대부분 독서나 외출 같은 여가 시간을 '뺄셈 방식'을 이용해 관리한다.

즉, 하루 24시간 중에 업무 시간을 빼고 그에 필요한 이동 시간을 빼고 식사 시간처럼 꼭 필요한 시간을 빼고, 그렇게 남은 시간을 수면 시간과 저울질해가며 시간이 남으면 해야겠다고 생각한다.

일이 바쁜 시기에는 어쩔 수 없이 이런 방식을 쓴다고 해도 늘 이렇게 해서는 곤란하다.

008에서 자신의 루틴을 기록하고 015에서 '24시간 계획표'를 짜는 이유도 다음 날 좋은 컨디션을 유지하려면 휴식과 여가 시간을 충분히 누려야 한다는 것을 알기 때문이다. 오랫동안 충분한 휴식과 여가를 즐기지 못하면 결국 피로가 쌓여 전체적인 효율이 떨어진다.

그런 이들에게 나는 닐 피오레의 《내 시간 우선 생활습관》에서 소개하고 있는 '놀기 우선 일정표' 작성법을 추천하고 싶다. 이 방법은 휴식이나 여가 시간을 일하는 시간보다 먼저 정하고, 마치 이를 '성역'처럼 건드리지 않는 것이다. 그리고 여가 시간을 뺀 나머지 시간에 일을 처리한다.

성역과도 같은 여가 시간을 완벽히 지키는 일이 어렵기는 하지만, 이 방법을 쓰면 '이날은 저녁에 영화를 볼 거야' '이날 저녁에는 아무 일도 하지 않고 푹 쉬어야지'라는 식으로 일상에 즐거움을 더함으로써 나머지 업무 시간 또한 효율적으로 관리할 수 있게 된다.

024 '로딩 시간'과 '저장 시간'을 마련한다

게임을 시작하기 전에 데이터를 읽는 동안 '로딩'이라는 화면이 뜨는 것을 많이 보았을 것이다. 이와 마찬가지로 하루를 시작할 때도 일정이나 작업을 로딩할 시간이 필요하다.

이때 단순히 작업이나 일정만을 확인하지 말고, 그 전후 시간과 작업량도 함께 계산해보자. 출장지에서 회의가 예정되어 있다면 이동 시간을 확보했는지, 또 작업을 처리하기에 앞서 갖춰야 할 전제 조건은 없는지 확인하는 것이다.

또 동시에 소화할 수 있는 작업은 한데 묶어버리고, 불필요한 잡무는 삭제해버리자. 말하자면 하루 일정을 '최적화'하는 작업인 셈이다.

캘린더와 작업 관리 시스템이 이미 갖춰져 있다면 이러한 '로딩 시간'은 10분 정도면 충분하다. 식사 시간이나 출근하는 전철 안 등 고정된 시간과 장소에서 로딩을 끝마치는 습관을 들이자.

마찬가지로 하루의 끝에는 '저장 시간'이 필요하다. 다음 날의 일정과 작업을 잘 기록했는지 확인하는 시간으로, 이 또한 10분이면 충분하다.

'머릿속에 기억해뒀으니 괜찮겠지'라며 시간을 소홀히 해서는 안 된다. 안심할 수 있는 곳에 반드시 기록해둬야 편히 휴식을 취할 수 있다.

'저장 시간'도 언제 어디서 하느냐가 중요한데, 잠들기 직전에 하기보다는 업무에 더 이상 신경 쓰지 않기로 한 시간에 저장해두는 것이 좋다. 그래야 일 생각을 내려놓고 완전한 휴식을 취할 수 있다.

025 '30초 안에 찾기' 규칙을 철저히 지킨다

수첩, 지갑, 휴대전화, 필기도구 같은 일상적인 물건부터 최근 일정이나 현재 맡고 있는 프로젝트의 할 일 목록 등을 관리하는 앱까지 자주 사용하는 도구들을 곧바로 찾을 수 있게 정리해두고 있는가?

사용 빈도가 높은 도구들을 30초 이내에 찾을 수 없다면 정리 방법을 조정할 필요가 있다. 예를 들어 수첩이나 지갑은 정해진 자리에 두지 않으면 잃어버리기 쉽다. 달력에 저장한 일정도 빠뜨린 것이 없는지 정기적으로 확인하는 습관이 필요하며, 할 일 목록 앱을 이용한다면 빠르게 접속할 수 있도록 북마크나 단축키를 설정하는 것이 좋다.

30초 규칙 응용하기

이러한 30초 규칙을 점차 더 많은 분야에 적용할 수도 있다.

읽고 싶은 책이나 최근 클리핑한 링크, 계약서나 보험증서처럼 중요한 서류 등 사용 빈도가 결코 높지 않은 것들도 30초 안에 찾을 수 있는지 확인해두자. 또 30초라는 기준을 역으로 이용할 수도 있다. 30초가 넘도록 몇 번이나 찾은 물건은 사용 빈도가 높은 물건이라는 사실을 인식하고 앞으로 그 물건을 둘 자리나 관리 방법을 명확히 하는 것이다.

어떤 물건을 찾는 데 시간이 걸릴 때마다 '이걸 30초 안에 찾으려면 어디에 보관해야 할까?'라는 점을 생각해 다음을 대비하자.

SECTION 01

하루에 8시간씩 일해야 해낼 수 있는 공사가 있다고 하자. 만약 작업 시간을 늘린다면 실제로도 공사 기간이 단축되고, 완성도 또한 동일한 수준을 유지할 수 있을까? 건축 분야에서 그런 연구가 이뤄진 적이 있다.

그 결과, 일주일에 40시간인 노동시간을 25% 늘려 50시간으로 조정해도 시간당 효율이 16~24%나 저하되고, 피로가 다음 날까지 남아 이득은커녕 오히려 손해를 보는 경우도 있다는 결론이 나왔다.

이 연구는 육체노동을 대상으로 했기 때문에 정신노동과 직접적으로 비교할 수는 없지만, 잔업 중에 시간당 효율이 낮다는 점만은 분명하다.

이를 다음과 같은 악마와의 거래라 생각하면 좀 더 이해하기 쉬울 것이다.

악마가 '앞으로 n시간의 잔업 시간을 추가로 주겠다'라고 제의한다. 다만 다음과 같은 조건이 따른다.

- 1시간마다 효율이 10%씩 떨어진다.
- 다음 날이 되면 효율이 10%씩 더 떨어진다.

이런 조건이라면 몇 시간이 지났을 때, 이 거래가 손해로 돌아설까?

이러한 거래는 효율이 낮은 시간을 미리 당겨쓰는 것이나 마찬가지므로 정답은 '처음부터 손해'가 된다. 효율이 떨어지는 것을 어느 정도 감수하더라도 내일까지 반드시 해야 하는 일이 있지 않는 이상, 이 거래는 처음부터 지는 싸움인 셈이다.

실제로는 마감일과 작업량, 타인과의 약속이나 납기일 같은 다양한 요소가 개입되므로 이렇게 단순하지 않을 수 있다. 하지만 생산성을 하루만 따질 것이 아니라, 일주일이나 한 달 단위로 고려하려면 '잔업은 효율이 낮은 시간을 미리 당겨쓰는 것'이라는 점을 인식하고 거래에 나서는 것이 중요하다.

027 아이젠하워 매트릭스를 이용해
시간을 할당한다

"나는 두 가지 문제를 안고 있다. 하나는 긴급한 문제고, 다른 하나는 중요한 문제다. 하지만 긴급한 문제는 중요하지 않으며, 중요한 문제는 결코 긴급하지 않다."

미국 아이젠하워 전 대통령이 한 말이다. 이 말에서 업무를 긴급도와 중요도로 나누는, 일명 '아이젠하워 매트릭스'라는 도표가 고안되었다.

하지만 이러한 내용을 머리로는 알고 있어도 일에 쫓기다 보면 생각나지 않기 마련이다. 그럴 때 도표를 인쇄해서 점수를 적어놓는 방법을 쓰면 효과적이다. 예를 들어 긴급하지 않지만 중요한 일은 10점, 긴급하고 중요한 일은 5점, 긴급하지만 중요하지 않은 일은 1점, 긴급하지 않고 중요하지도 않은 일은 0점을 매긴다. 그리고 업무에 시간을 배분할 때 '그 업무가 도표의 어디에 해당하는지'를 적으면 그 칸에 해당하는 점수가 일종의 '문지기' 역할을 한다. 누구나 0점짜리 일은 하고 싶어 하지 않는 심리를 이용해 중요한 일을 먼저 처리하게 하는 것이다.

	긴급함	긴급하지 않음
중요함	실행해야 하는 작업 5점	장기적인 목표나 계획 10점
중요하지 않음	잡무 2점	삭제해야 할 작업 0점

028   80：20 법칙을 내 편으로 끌어들인다

짧은 시간 동안 생산성을 더욱 향상시키는 비결은 무엇일까. 더 열심히 노력하는 것도 더 뛰어난 재능을 발휘하는 것도 아니다. 바로 가장 중요한 부분에 집중적으로 시간을 쏟는 것이다.

이때 흔히 '80：20 법칙'이라 불리는 파레토 원칙을 참고해보자.

이탈리아의 경제학자 빌프레도 파레토는 부의 재분배의 불균형이나 농작물의 수확량 편재 등을 연구하면서 다양한 현상에 독특한 편중 현상이 나타난다는 사실을 발견했다. 예를 들어 전체의 80%의 이익을 20%의 고객이 창출한다거나 업무 성과의 80%는 전체 작업의 20% 부분에서 비롯된다는 식이다.

80：20이라는 비율은 일종의 기준이며 간혹 그 비율이 90：10까지도 성립되는 경우가 있지만 그 본질은 동일하다. 중요한 소수가 성과나 문제의 대부분을 지배하고 있다는 것이다.

이 법칙을 의식하면 결과와 가장 직접적으로 결부된 20% 부분에 시간을 집중적으로 사용함으로써 단시간에 성과를 거둘 수 있다.

80：20 법칙을 업무 관리에 이용한다 _____

예를 들어 10쪽 분량의 기획서를 10일 동안 작성했다고 해보자. 이 서류에서 가장 중요한 부분은 기획의 참신함과 독창성을 어필하는 1~2쪽인 경우가 많다.

그렇다면 이 1~2쪽만 만족스러운 수준으로 작성하면 나머지 8쪽은 상대적으로 시간을 덜 들여도 된다는 뜻이다. 시간도 이러한 점을 반영해 중요도에 따라 불균등하게 배분하는 것이 파레토 원칙을 이용하는 방법이다.

예를 들어 중요한 2쪽을 닷새 동안 공들여 작성해 완성도를 높여두고, 취지 설명이나 참고 자료 같은 부가적인 내용을 담은 나머지 8쪽은 하루나 이틀 만에 끝내버린다. 그러면 그리 길지 않은 시간에 완성도가 높은 성과를 거둘 수 있다.

이처럼 업무를 처리할 때 '이 작업이 성과와 직결되는 중요한 20%에 해당하는지' 수시로 자문해보는 것이 중요하다.

또 업무 시간 자체도 파레토 원칙에 따라 배분해서 쓸 수 있다. 성과의 80%를 좌우하는 중요한 20%에 해당하는 주요 작업은 반드시 집중력이 가장 높은 오전 시간에 제일 먼저 처리하는 것이다.

파레토 원칙은 문제를 줄이거나 어려움을 극복하는 데도 도움을 주는 중요한 개념이다. 전체적인 효율을 떨어뜨리는 원인의 80%가 가장 힘들고 손이 많이 가는 20%에서 비롯된다는 사실을 알고, 그 점을 미리 고려하는 것이다.

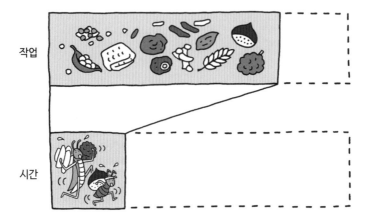

공부를 예로 들어보자. 교과서에 실린 문제를 전부 풀기에 시간이 부족할 경우, 가장 중요한 기초를 익힐 수 있는 20%를 집중적으로 공부함으로써 시간당 효율을 높일 수 있다.

'지금 나는 전체의 80%를 좌우할 20%에 집중하고 있는가?'라고 스스로에게 질문을 던지면 마치 마법처럼 시간을 효율적으로 쓸 수 있을 것이다.

완벽하지 않아도 좋으니
서류는 반으로 줄인다

파레토 원칙을 업무에 응용하는 또 다른 사례로 서류나 프레젠테이션 작성을 들 수 있다.

분량이 정해지지 않은 서류를 작성해야 하는 일이 생겼을 때 '10쪽 정도면 적당하겠지'라는 생각이 들었다면 같은 내용을 절반인 5쪽으로 만들 수 있는지 먼저 생각해보자.

프레젠테이션 슬라이드를 만들 때도 처음 개요를 짰을 때 전체 분량이 20쪽이었다면 이를 절반인 10쪽으로 줄일 수는 없는지, 또 슬라이드 1쪽에 담는 정보를 그 절반으로 줄일 수는 없는지 검토한다.

성실하고 꼼꼼한 사람이라면 "그러면 완벽한 자료를 만들지 못한다고!"라며 반론을 제기할지도 모른다. 하지만 '완벽하지 않다는 것'은 어디까지나 본인이 생각하는 이상적인 결과물과 비교했을 때 그렇다는 뜻이지, 막상 절반으로 줄여도 화를 내는 사람은 거의 없다.

작업량을 계산할 때 파레토 원칙을 고려해 처음부터 분량을 절반으로 줄이면 완성도에 거의 영향을 미치지 않는 소소한 부분에 소요되는 시간을 절약할 수 있다. 또한 처음부터 분량을 줄여서 시작하면 나중에 분량을 늘릴 일이 생기더라도 필요한 부분만 추가하면 되므로 훨씬 쉽다.

영어에는 '완벽을 추구하는 것은 어리석은 짓이다'라는 관용구가 있다. 작업량을 계산하는 단계에서는 '완벽'하기를 바라지 말고, 오히려 완벽하지 않은 상태를 추구하는 것이 시간을 현명하게 쓸 수 있는 방법이다.

030 업무 시작 의식을 통해 저항을 극복한다

작가 스티븐 프레스필드는 그의 창작 비밀을 소개한 《최고의 나를 꺼내라!》(북북서, 2008)에서 중요한 일이 생길수록 커지는 두려움인 저항(Resistance)에 대해 이야기한다.

'그렇게 열심히 하지 않아도 돼' '잠깐 SNS 하는 정도야 괜찮잖아'라는 식으로 꼬드기는 마음의 소리가 바로 저항이다. 이런 두려움은 나태하고 나약하기 때문에 생기는 것이 아니다. 누구에게나 존재하며 마치 관성의 법칙처럼 우리를 앞으로 나아가지 못하게 전력을 다해 방해한다.

스티븐은 이러한 저항을 이겨내려면 일에서 프로가 돼야 한다고 설명한다. 여기서 말하는 프로란, 승패나 성공 가능성에 지나치게 매달리지 않고 그저 눈앞에 놓인 타석에 꾸준히 오르는 사람을 가리킨다.

자신만의 의식을 만든다

이렇게 프로처럼 일하기 위해서 스티븐은 작업에 시작하는 일련의 과정을 '의식화(儀式化)'하는 방법을 추천한다.

늘 같은 시간에 자리에 앉아 정해놓은 순서대로 파일을 열고, 저항을 극복했던 전날과 동일한 순서대로 작업을 처리하는 것이다. 만약 오늘 계획했던 일을 제대로 처리하지 못했더라도 그런 자신을 탓하지 말고, 다음 날 다시 타석에 설 것을 대비해 일정을 조정한다.

여기서 '프로'란 그 일로 금전적 이득을 얻느냐를 따지는 것이 아니라, 그 일이 자신이 사랑하는 일이기에 꾸준히 반복할 수 있는 사람을 뜻한다.

업무 시작 첫 30분 동안
가장 하기 싫은 일을 처리한다

브라이언 트레이시의 《개구리를 먹어라!》(북앳북스, 2013)는 업무 관리나 시간 관리를 다룬 책 중에서 고전에 속한다. 이 책의 가장 중요한 주제는 우선순위가 높은 일이 남아 있는 동안, 우선순위가 낮은 일을 먼저 처리해서는 안 된다는 일명 '개구리를 먹는 법칙'이다. 이 책에서는 '당신의 직업이 개구리를 먹는 일이라면 아침에 가장 먼저 그 일을 해치워라. 그러면 그 하루 동안은 그보다 더 끔찍한 일이 일어나지 않을 것이다. 그리고 만약 두 마리를 먹어야 한다면 큰 것부터 먼저 먹어라'라고 조언한다.

이 말은 가장 하기 싫은 일을 아침에 가장 먼저 처리하는 것이 얼마나 중요한지를 말해주고 있다.

'의지'만을 믿지 마라

하지만 중요한 것은 그저 '중요한 일부터 시작해야지'라는 의지만 믿고 있어서는 안 된다는 점이다. 오히려 그보다는 '개구리를 먹는' 시간이 특별해지도록 정성껏 준비하는 과정이 일의 성공을 좌우한다.

그러려면 일을 시작하기 전에, 가급적 전날 밤에 다음 날 제일 먼저 처리할 업무를 결정해두자. 또 업무를 시작하자마자 30분은 어떤 방해도 받지 않고 핑계도 댈 수 없도록 회의 일정도 잡지 않는다.

그 30분 동안 중요한 업무를 다 끝내지 못해도 괜찮다. 일단 업무에 돌입해 하루를 활기차게 시작하는 것이 중요하다.

032 멈추고 싶은 순간 '일 미루기 일지'를 쓴다

일을 앞에 두고도 손이 저절로 멈춰버릴 때가 있다. 한참을 기다려도 도무지 일이 손에 잡히지 않는다. 이처럼 일을 '미루는 것'은 딱히 게을러서가 아니다.

《내 시간 우선 생활습관》의 저자 닐 피오레는 "일을 미루는 것은 어떤 일이나 결정을 시작하고 마치는 데 대한 불안을 감당하기 위한 일종의 방어기제다"라고 말한다.

이는 심리적인 불안감이 만들어낸 눈에 보이지 않는 벽과 같은 것이므로 안정감을 주면 불안감을 줄일 수 있다.

안정감을 주기 위한 방법 중 하나가 '일 미루기 일지'를 작성하는 것이다. 일을 미루고 싶어지는 충동이 들 때, 자신이 느끼는 두려움이나 불안감을 숨기지 않고 글로 표현해보는 것이다.

실제로 일지를 작성해보면 자신이 느끼는 두려움이 대부분 불필요하다는 사실을 깨닫게 된다.

예를 들어 실패에 대한 두려움과 불안감을 안고 있는 사람도 '실패할 생각으로 일을 하는 사람은 없어' '처음부터 완벽할 필요는 없어'라는 사실을 깨닫고 나면 스스로를 객관적으로 바라볼 수 있게 된다.

그런 다음 '일 미루기 일지'를 이용해 자신의 말버릇도 고쳐보자.

· 실패할까 봐 두려워. → 실패하는 건 겁나지만, 가급적 실패하지 않도록 이런 방법을 써보자.

SECTION 01

- 완벽하게 해낼 수 없을까 봐 겁나. → 일단 기본적인 틀을 만들어보자. 그러면 어떤 방향으로 나아가야 할지 보일 거야.

마음의 벽은 사실 스스로에게 건 저주와도 같다. '일 미루기 일지'를 이용해 그런 저주를 깨달을 수 있다면 저주를 풀 수 있는 힌트 또한 발견하게 될 것이다.

033 5분 동안 업무의 양을 파악한다

일을 미루는 이유 가운데 하나는 '얼마만큼의 시간과 노력이 필요한지 모르겠다'는 점이다.

마치 롤플레잉게임(가상 세계의 주인공이 되어 모험하는 게임-옮긴이)에서 얼마나 크고, 또 그 안에 얼마나 강력한 적이 있는지 알지 못하는 던전 (온라인게임에서 몬스터가 모여 있는 소굴-옮긴이) 입구에 서서 더 이상 들어가지 못하고 머뭇거리는 상황과 비슷하다고 할 수 있다. 현실 세계에는 '이어서 하기'라는 선택지가 없으므로 죽을 수도 있다는 생각이 들면 주저하게 되는 게 자연스러운 반응이다.

그런데 '이어서 하기' 기능이 현실에는 정말 없는 것일까? 실제로는 아무것도 하지 않은 채 몇 날 며칠을 보내는 것보다는 무슨 일이든 일단 도전하고, 실패하면 원인을 분석하는 편이 훨씬 시간을 절약할 수 있다.

이처럼 마음을 고쳐먹고, 실패에 대한 두려움이 클 때는 '일단 5분만 도전해보자'라는 생각으로 타이머를 설정하고 일을 시작해보자.

5분이면 입구만 슬쩍 들여다보는 정도지만, 적어도 어느 정도의 작업을 어떤 순서로 진행해야 하는지 대략적인 윤곽이 보일 것이다.

또 5분만 할 생각으로 일을 시작했다가 의외로 15분, 30분 동안 일에 몰두하는 경우도 있다. 하지만 그렇다고 우쭐해서는 안 된다. '난 아직 입구를 조사하고 있을 뿐이야' '먼저 전체적인 윤곽을 파악하고, 일단 뒤로 물러나자'라는 생각으로 '출구로 이어진 실'을 놓지 않은 채, 일을 미루고 싶은 마음이 사라질 때까지 천천히 나아가도록 하자.

파킨슨의 법칙을 이용해
'자신만의 마감일'을 설정한다

마감일을 정해 일을 시작하면 정확히 그날에 일을 끝마치게 된다. 다들 그런 경험이 한 번쯤 있으리라 생각하지만, 생각해보면 신기한 일이다. 어째서 마감일보다 하루나 이틀 정도 먼저 끝나지 않고, 정확히 그날이 돼서야 끝나는 것일까?

영국의 경영학자 시릴 노스코트 파킨슨은 영국의 식민지가 축소된 시기에 공무원의 수가 증가했으며 그럼에도 업무량은 줄어들지 않고 오히려 증가한 현상을 관찰하고, 그 내용을 정리해 '파킨슨의 법칙'이라는 이론을 발표했다. 그 핵심 내용을 한 문장으로 정리하면 다음과 같다.

"일은 주어진 시간을 다 소진할 때까지 늘어져버린다."

즉, 사람들은 마감일까지 2주가 남았다면 정확히 2주 뒤에, 1주가 남았다면 정확히 1주 뒤에 일을 끝마치려는 경향이 있다는 뜻이다.

이 법칙을 역으로 이용할 수도 있다. 실제 마감일보다 먼저 마감일을 설정하고, 그에 맞춰 업무를 처리해가는 것이다. 작업 기간이 남은 기간의 절반이 되게 마감일을 설정하고, 불필요한 업무를 늘리지 않는다.

이렇게 자신이 정한 마감일까지 대략적인 업무를 끝내놓으면, 실제 마감일이 다가오기 전까지 완성도가 떨어지지 않도록 필요한 조정 작업을 거친다. 이 방법을 사용하면 도중에 다른 일이 생기거나 업무 요건이 변동되는 경우에도 변화를 완충할 시간을 만들 수 있다.

035 연간 목표를 참고하며 분기별 목표를 반복한다

연간 목표를 세우는 사람이 많다. 1년은 얼핏 짧게 느껴지지만, 목표를 이루기 위해 꾸준히 노력하기에는 너무 긴 시간이다.

1월에 시작한 일을 12월까지 지속할 수 있는지도 문제지만 그보다도 도중에 다른 일이 하고 싶어진다거나 목표를 바꾸는 일이 생기기 때문이다.

작가 크리스 길아보는 연말이 되면 해마다 '한 해 리뷰'를 통해 1년 동안 잘한 점은 무엇이고 잘못한 점은 무엇인지 1주에 걸쳐 객관적으로 평가하는 시간을 갖는다. 그렇게 작성한 리뷰의 결과를 받아들이고 새해 계획을 세우는데, 그는 이때 '분기별' 계획표를 만든다.

형식은 자유지만, 반드시 아래와 같은 내용을 넣어 계획을 세운다.

- 대략적인 연간 목표
- 연간 목표를 이루기 위한 분기별 목표
- 분기별 마감일과 조정 일정

목표를 분기별로 세우면 마치 1년 동안 연말이 네 번 돌아오듯 마음을 새로이 할 수 있으며, 분기별 마감일마다 목표 달성도를 점검할 수 있다. 그리고 변화하는 상황에 맞춰 다음 분기의 목표를 수정할 수도 있다.

'연간 목표'는 일종의 비전이 돼버리고, 3개월마다 세우는 분기별 목표가 너욱 구체적으로 바뀌게 된다. 1년이라는 시간에 묶여 있기보다는 중간에 새로운 목표를 세워 의욕을 불어넣는 것이 중요하다.

036 음성인식 기능을 이용해 걸으면서 서류를 작성한다

걷는 시간에 잽싸게 메모하거나 이메일 초안을 작성할 수 있다면 편리할 뿐만 아니라 재미도 느낄 수 있지 않을까. 최근 정확도가 더욱 향상된 스마트폰의 음성인식 기능은 이를 가능하게 한다. 음성인식 기능의 장점은 완벽한 원고를 음성으로 쓰는 것이 아니다. 그보다는 걷거나 운전할 때처럼 글을 쓸 수 없는 시간을 활용할 수 있다는 데 의미가 있다.

나는 이미 책의 원고나 블로그에 올리는 기사 등 상당한 분량의 글을 음성인식 기능을 이용해 쓰고 있다. 그 덕분에 하루 집필 시간은 예전과 동일하지만, 집필량은 2배 가까이 늘었다.

예를 들어 차를 타고 출근할 때, 빨간불에 멈추기 전까지 다음 단락에 쓸 내용을 미리 생각해둔다. 그리고 차가 정차하면 스마트폰에 대고 트위터 한 줄 분량의 문장을 천천히 녹음한다. 이런 식으로 하면 통근 시간 동안 1,200자 정도의 초고가 완성된다.

음성인식 기능을 이용할 때는 천천히 말하는 것이 중요하다. 쉼표나 마침표 같은 문장부호도 음성으로 입력할 수 있다. 이렇게 작성한 글은 대부분 20% 정도 오탈자가 있어 그대로 쓸 수는 없다. 하지만 머릿속에 떠오른 생각을 그때그때 정리해두면 나중에 수정 작업만 거치면 되므로 전체적인 집필 속도가 비약적으로 증가한다.

이미 눈치챘겠지만 이 책의 원고 또한 절반 이상을 음성인식 기능을 이용해 작성했다.

037 텍스트익스팬더에 '자주 쓰는 문장'을 등록한다

일본어를 쓸 때 한자로 변환하기 어려운 인명이나 전문용어를 일일이 키보드로 입력하는 것은 시간 낭비다. 그런 단어를 에이토크(ATOK) 같은 일본어 변환 시스템 사전에 등록해두면 시간을 단축할 수 있다. 더 나아가 긴 주소나 단락을 통째로 등록해두면 많은 시간을 절약할 수 있다.

예를 들어 에이토크 사전에 자주 사용하는 이메일주소나 이메일을 쓸 때 자주 쓰는 표현 등을 저장해놓으면 필요할 때 바로 불러낼 수 있다. 이를 통해 적게는 몇 초에서 길게는 몇 분까지도 절약할 수 있다. 뿐만 아니라 귀찮은 작업을 단번에 해결하는 후련함도 맛볼 수 있다.

이러한 사전 등록 기능을 한층 발전시킨 서비스로 텍스트익스팬더(TextExpander)가 있다.

텍스트익스팬더는 예를 들어 '.tx' 같은 단축키를 입력하면 미리 등록한 긴 문장으로 자동 변환시키는 상용구 프로그램이다. 또한 이미지 파일도 저장할 수 있어서 여러모로 시간을 크게 단축할 수 있다.

일반적으로 하루에 세 번 이상 사용하는 표현은 등록해두는 것이 좋다. 예를 들어 은행 계좌번호를 알려줄 일이 많다면 '.bank'라는 단축키에 은행명·계좌명·계좌번호를 등록해 한 번에 입력하게 설정할 수 있다. 또 '.yo'라고 입력하면 이메일의 서두와 '잘 부탁드립니다'라는 인사말을 포함한 이메일의 기본 서식이 나오게 할 수 있어 매우 간편하게 일을 처리할 수 있다.

038 텍스트익스팬더를 이용한 공란 채우기식 이메일 작성법

앞서 소개한 텍스트익스팬더는 단순히 단축키를 긴 문장으로 변환시킬 뿐만 아니라, 더 복잡한 기능도 수행한다. 그 가운데 하나가 팝업 메뉴다.

이는 긴 문장의 일부를 나중에 채울 수 있게 공란으로 남겨두거나 풀다운 메뉴(pulldown menu)로 선택할 수 있어서, 이 기능을 사용하면 단축키로 긴 문장을 불러낸 다음 공란을 채워 문장을 완성할 수 있다.

예를 들어 단축키에 이메일의 기본 서식을 등록할 때, 메일 받는 사람의 이름이나 용건, 인사말 등을 필요에 따라 선택할 수 있도록 몇 가지를 설정한다.

그러면 나중에 단축키를 입력해 팝업창에 이메일 서식을 불러내고, 이때 미리 설정해둔 선택지 가운데 하나를 고르기만 해도 이메일이 완성된다.

업무용 이메일을 오탈자까지 검토해가며 작성하는 것은 비효율적이다. 미리 만들어둔 서식을 이용해 몇 초 만에 초안을 작성하고, 이에 필요한 사항을 추가해 메일을 쓰면 그만큼 시간을 절약할 수 있다.

마크다운으로 빠르게 문서를 작성한다

비즈니스 문서든 블로그 기사든 문장구조는 크게 다르지 않다. 글은 모두 제목과 지문으로 이뤄져 있으며, 경우에 따라 소제목이나 강조 표시, 목록이나 하이퍼링크가 들어가기도 한다.

하지만 이러한 글을 워드(Word)나 HTML 형식 등 각각의 규칙에 따라 작성하기란 매우 번거로우며, 다른 형식으로 변환할 경우 다시 편집 과정을 거쳐야 한다.

이 시간을 절약하기 위해 모든 글을 텍스트에디터를 이용해 마크다운 (Markdown) 형식으로 작성하는 이들이 늘어나고 있다. 마크다운은 텍스트 기반의 마크업 언어로 워드나 HTML 등 다양한 형식으로 변환이 가능하다.

마크다운은 15분 정도만 투자하면 금세 익힐 수 있고, 문서의 형식을

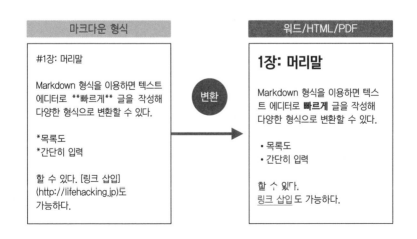

마크다운 형식

```
#1장: 머리말

Markdown 형식을 이용하면 텍스트
에디터로 **빠르게** 글을 작성해
다양한 형식으로 변환할 수 있다.

*목록도
*간단히 입력

할 수 있다. [링크 삽입]
(http://lifehacking.jp)도
가능하다.
```

변환 →

워드/HTML/PDF

1장: 머리말

Markdown 형식을 이용하면 텍스트 에디터로 **빠르게** 글을 작성해 다양한 형식으로 변환할 수 있다.

• 목록도
• 간단히 입력

할 수 있다.
링크 삽입도 가능하다.

신경 쓸 필요가 없어 그만큼 효율적으로 글을 쓸 수 있다.

맥에서는 율리시스(Ulysses)나 베어(Bear) 같은 텍스트 에디터가 마크다운을 지원해 인기가 있다. 또 윈도에서는 하루패드(Haroopad)나 스태틱 에디트(StackEdit) 등을 사용할 수 있다.

02

업무 관리
작은 승리를 쌓는 법

머릿속이 온통 일 생각과 스트레스로 가득 차 있지는 않은가?
종이 한 장을 이용해 간단한 방법을 실천하기만 해도
그런 무거운 짐을 내려놓을 수 있다.
업무 관리를 통해 좀 더 편하게 일해보자.

040 할 일 목록을 만들어 편하게 일하자

해야 할 일이 너무 많아 골치가 아플 때, 할 일을 종이에 적기만 해도 복잡한 머릿속이 정리되고 생산성을 높일 수 있다. '할 일 목록'을 작성하면 일을 좀 더 편하게 할 수 있다.

일을 다 처리하지도 못했는데, 해야 할 일을 적기만 해도 마음이 편해진다니 신기하지 않은가. 그 이유는 우리의 뇌가 여러 가지 일을 머릿속으로만 관리하는 것에 어려움을 느끼기 때문이다. 신경 쓰이는 일을 적어 객관적으로 바라볼 수 있게만 해도 뇌에 걸리는 부하가 줄어들고, 상황을 정리하는 힘이 증가한다.

목록을 작성할 때 몇 가지만 주의하면 적은 업무를 더 쉽게 처리할 수 있다. 할 일 목록을 작성하는 것은 미래의 자신에게 공을 던지는 행위와 비슷하다. 미래의 자신이 잘 받아낼 수 있도록 지금 공을 잘 던지는 것이다.

할 일 목록을 작성할 때 주의해야 할 3가지 _____

할 일 목록에 적을 각각의 항목을 '업무'라 칭하자. 할 일 목록을 작성할 때는 몇 가지 주의 사항에 따라 업무를 선별할 필요가 있다.

첫째, '해야 할 일'과 '하면 좋은 일'을 구분한다.

할 일 목록에는 '해야 하는 일'만 적도록 한다. '할 수 있으면 해야지'라거나 '하면 좋지'라고 생각하는 일은 다른 곳에 적어두자. 희망 사항이나 바람까지 할 일 목록에 전부 넣나 보면 한정된 시간과 집중력의 범위를 넘어설 만큼 목록이 길어져버리기 때문이다. '하면 좋은 일'을 처리하

087

느라 '해야 할 일'을 미루지 않도록 주의하자.

둘째, 우선순위를 매기지 않는다.

목록을 작성할 때, 중요한 업무순으로 우선순위를 매기는 사람이 있다. 하지만 이때도 주의가 필요하다. 많은 사람이 순위를 매기며 '이렇게 중요한 일이 있었구나'라는 식으로 스스로를 압박하며 일을 처리하려 든다.

하지만 아무리 우선순위를 매겨도 일할 시간이 없다면 그 일을 끝낼 수가 없다. 자신에게 남은 시간이나 집중력과는 무관하게 우선적으로 처리해야 할 업무의 수가 늘어나기만 한다면 스트레스만 쌓일 뿐이다.

우선순위는 모든 업무가 아니라, '제일 먼저 시작했을 때 마음이 편해지는 업무'처럼 일을 진척시키는 데 도움되는 몇몇 업무에만 한정적으로 매기는 것이 좋다.

셋째, 할 일 목록을 '불안한 일 목록'으로 만들지 않는다.

신기하게도 많은 사람이 목록을 작성할 때, 실행 여부를 판단할 수 없는 항목을 적는다. 예를 들어 '○○프로젝트를 진척시키기' 'A사 안건 정리하기'처럼 명확하지 않은 표현을 적는 것이다. 무엇을 얼마만큼 해야 '진척시켰다'거나 '정리했다'라고 말할 수 있을까.

할 일 목록을 '신경 쓰이는 불안한 일 목록'으로 만드는 사람에게 이런 경우를 자주 볼 수 있다. 이럴 때는 그런 불안감을 역으로 이용해 '○○ 부분의 코딩을 완성해서 프로젝트 진척시키기' 'A씨에게 전화 걸어 안건 마무리하기'와 같이 어떤 행동을 취해야 그러한 걱정과 불안감에서 해방될 수 있는지 업무를 보다 구체적으로 적어보자.

041 할 일 목록을 작성할 종이와 작성 방법에 신경 쓰자

할 일 목록에 적은 업무를 완수하면 작은 성취감을 맛볼 수 있다. 그러한 성취감을 꾸준히 만끽하다 보면 더 큰 업무도 기분 좋게 처리하는 습관이 길러진다.

할 일 목록을 작성할 때는 이처럼 기분 좋은 성취감을 추구할 수 있도록 사용할 종이의 종류나 작성 방법까지도 신경을 쓰는 것이 좋다.

종이의 크기만 하더라도 작은 카드에 쓰기를 좋아하는 사람이 있고, A4나 B4 용지에 편한 대로 끼적이기를 좋아하는 사람도 있는 등 각자 선호하는 크기가 다르다.

종이의 재질도 매끄러운 상질지를 좋아하는 사람, 리갈 패드(legal pad)처럼 바스락거리는 종이를 좋아하는 사람 등 제각각이다.

할 일 목록을 작성하는 방식은 크게 두 가지다. 각 항목의 앞에 원이

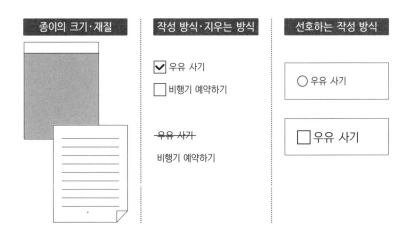

나 네모 모양의 체크 박스를 그려 넣은 다음 일을 하나씩 끝마칠 때마다 체크하는 방식이 있고, 할 일을 적은 다음 각 항목을 끝마칠 때마다 줄을 그어 지우는 방식이 있다.

글자의 크기는 어느 정도로 할 것인가, 줄을 그을 때 한 줄로 그을 것인가 아니면 두 줄로 그을 것인가, 어떤 펜을 사용할 것인가 등 별것 아닌 듯 보이는 사소한 차이가 그 일을 마친 순간 느끼는 성취감의 차이로 이어지기도 한다.

042 하지 말아야 할 일을 목록으로 작성해둔다

'해야 할 일'을 정리하는 것만큼 중요한 일이 있다. 바로 '하지 말아야 할 일'을 명확히 해두는 것이다.

하루 동안 쓸 수 있는 시간과 집중력은 한정되어 있다. 아무리 이를 악물고 노력해도 하루 동안 해치울 수 있는 일에는 한계가 있기 마련이다.

할 일보다는 오히려 '하지 말아야 할 일'을 많이 정할수록 생산성을 끌어올릴 수 있다. 말하자면 다음과 같다.

• 생산성 = 실행 가능한 작업량 – 배제 가능한 작업량

그러므로 평소에 '하지 말아야 할 일'을 규칙으로 정해두는 것이 중요하다.

'하지 말아야 할 일'을 정할 때는 '멍하니 있지 않기' '고민하지 않기'처럼 두루뭉술하게 쓰지 말고, '텔레비전 보지 않기' '나와 관련이 없는 회의에는 참석하지 않기'처럼 시간을 절약할 수 있는 구체적인 행동을 적도록 한다.

다만 주의할 점이 있다. 이처럼 '하지 말아야 할 일'을 목록으로 작성하는 것이 결코 '금욕적인 삶을 살자'라는 뜻은 아니라는 점이다.

가령 술 약속과 텔레비전 시청처럼 동시에 할 수 없는 일이 생겼을 때 '내가 원하는 것은 어느 쪽일까?'라고 고민하듯 마음속으로 우선순위를 정해두는 것일 뿐이다.

'하지 말아야 할 일' 목록에 넣을 내용으로 아래와 같은 것들이 있다.

- 발신자를 알 수 없는 전화는 받지 않는다.
- 오전에는 이메일을 확인하지 않는다.
- 나와 무관한 회의에는 참석하지 않는다.
- 어떤 자리에 참석하든 술을 마시지 않는다.
- SNS를 오전에 들여다보지 않는다.
- 쓸데없이 시간을 잡아먹는 사이트에는 들어가지 않는다.

'할 일 목록' 형식(1)
노트

할 일 목록을 항상 들고 다니고 싶을 때, 가장 많이 쓰는 방법은 노트에 정리하는 것이다.

시스템 다이어리의 '할 일 목록'란을 이용하는 방법도 있지만, 대부분 칸이 너무 작은 데다 그날 끝마치지 못한 일을 나중에 다시 찾아 확인해야 하는 번거로움이 있으므로 역시 백지 노트를 이용하는 것이 편하다.

나는 색상과 크기가 다양한 델포닉스(Delfonics)의 롤반(Rollbahn) 노트를 쓰고 있지만, 특별히 선호하는 괘선의 색이나 간격이 있다면 포켓 사이즈의 캠퍼스 노트나 일반 대학 노트를 사용하는 것도 괜찮다.

할 일 목록을 노트에 작성하면 달성한 업무가 그대로 자신의 이력으로 남을 뿐만 아니라, 노트를 앞에서부터 혹은 뒤에서부터 원하는 방향으로 자유롭게 쓸 수 있다는 장점이 있다.

040에서 '당장 해야 할 일'과 '하면 좋은 일'을 구분하라고 이야기했는데, 이처럼 노트를 사용하면 '언젠가 하고 싶은 일'을 노트의 뒷부분에 적어 따로 관리할 수 있다.

044

'할 일 목록' 형식 (2)
포스트잇

종이에 해야 할 일을 가지런히 정리해두는 것보다 해야 할 일을 주르륵 늘어놓는 것이 눈에 더 잘 들어온다면 포스트잇을 사용해보자.

포스트잇 한 장당 해야 할 일을 한 가지씩 적고, 이를 공간에 적절히 배치해 직관적으로 파악하는 것이다.

하지만 모니터 주변이 온통 포스트잇으로 도배되는 것은 피하도록 하자. 포스트잇의 장점은 종이를 자유롭게 뗐다 붙였다 할 수 있다는 점이므로, 일할 때는 눈앞에 잘 보이게 붙여두었다가 일을 마친 뒤에는 떼어서 보관하는 것이 좋다.

그러니 두꺼운 종이로 포스트잇을 붙여둘 메모판을 만들자. 메모판의 공간을 '오늘' '내일' '시간이 나면'과 같이 분류한 다음 할 일을 적은 포스트잇을 그때그때 옮겨 붙이는 것이다. 몇 번이나 뗐다 붙여도 떨어지는 일이 없도록 포스트잇 중에서도 가장 접착력이 강한 포스트잇을 사용하는 것이 좋다.

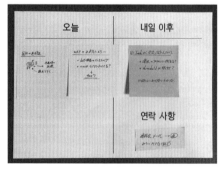

포스트잇에 적은 업무들을 관리할 메모판을 만든다

업무 관리_작은 승리를 쌓는 법

045

'할 일 목록' 형식 (3)
로디아의 메모 패드

포스트잇만큼 업무 관리에 많이 쓰이는 제품이 '로디아(RHODIA)'의 메모 패드다.

로디아의 메모 패드는 아름다운 연보라색 모눈 패턴이 찍혀 있고, 종이를 쉽게 뜯어낼 수 있도록 점선 커팅 처리가 되어 있다. 휴대하기 편한 다양한 사이즈의 제품이 있어 할 일 목록을 작성하기에 적합하다.

큰 사이즈의 제품도 있지만, 로디아의 메모 패드를 가장 효과적으로 사용하려면 한 손으로 쥘 수 있는 No.10(5.2×7.5cm)이나 No.11(7.4×10.5cm)를 구입해 장마다 해야 할 일을 한 가지씩 적는 것이 좋다.

포스트잇보다 배치를 빠르게 바꿀 수 있기 때문에 우선순위에 따라 메모지의 위치를 바꾸거나 순서대로 메모지를 겹쳐 사용할 수 있다.

할 일을 마치면 남은 메모지를 집게로 집어 보관해두었다가 다음 날 다시 책상 위에 꺼내어 업무를 시작한다. 이처럼 로디아의 메모 패드를 이용해 업무를 관리하면 문득 떠오른 생각을 그때그때 적어 필요한 순서대로 배치할 수 있다는 장점이 있다.

로디아의 메모 패드는 쉽게 뜯어지므로
한 장에 할 일을 한 가지씩 적어 관리할 수 있다

'할 일 목록' 형식 (4)
인덱스카드

노트나 메모 패드를 써본 경험이 있다면 인덱스카드를 한번 이용해보자.

인덱스카드는 현지 조사가 필요한 분야나 다수의 문헌을 취급하는 연구 등에 많이 쓰이는데, 머릿속에 떠오르는 생각을 빳빳하고 두꺼운 카드에 적어두었다가 나중에 카드를 한 장씩 넘기다 보면 아이디어가 떠오르기도 한다.

내가 애용하는 제품은 고쿠요에서 나온 '시카 10'이라는 B6 크기의 카드이다.

보통 인덱스카드 맨 위에 제목을 적는 부분이 있다. 여기에 해야 할 일을 쓰고, 그 일에 필요한 구체적인 업무를 그 아래에 적어 여러 업무를 하나로 묶어 관리한다.

혹은 앞면에 해야 할 일을 좀 더 자세히 적고 그에 필요한 업무는 뒷면에 적는 방법도 있다.

인덱스카드는 앞서 소개한 메모 패드를 이용하는 방식보다 효율적이므로 많이 작성해두었다가 한 장씩 넘기거나 나란히 펼쳐 비교해보면서 사용하는 것이 좋다. 쓰다 보면 다른 도구보다 인덱스카드로 관리하는 것이 더 효율적인 일을 발견할 수 있을 것이다.

'할 일 목록' 형식(5)
개인용 화이트보드

썼다 바로 지울 수 있는 화이트보드도 할 일 목록을 관리하기 좋은 도구다.

할 일 목록을 종이에 작성하는 경우에는 일을 끝마친 다음 체크 박스에 표시를 하거나 줄을 긋지만, 화이트보드는 끝마친 일을 흔적도 남지 않게 지워버릴 수 있다.

사소한 차이지만, 이렇게 지웠을 때 후련함을 느끼는 사람도 있을 것이다.

그러므로 개인용 화이트보드를 1개쯤 갖고 있는 것이 좋다. 화이트보드용 마커는 굵게 나오므로 화이트보드를 구입할 때는 큰 것을 구입한다. 또 자석이 붙는 재질인지도 확인한다.

대형 화이트보드는 눈에 잘 띄기 때문에 그 내용을 남들도 볼 수 있는데, 이것이 때로는 장점으로 작용하기도 한다.

남들이 지켜보고 있기 때문에 오히려 더 집중해서 일할 수도 있고, 누군가가 다른 일을 부탁하려 할 때 일이 바쁘다며 거절할 수도 있다.

할 일이 많다는 사실을 눈으로 확인시켜주면 거절해도 상대방 또한 수긍할 수밖에 없다.

할 일 목록을 작성할 때 사용하는 노트, 메모 패드, 포스트잇 등은 저마다 장단점이 있다. 할 일을 마친 후 종이를 북북 찢어버려야 속이 후련한 사람도 있고, 노트에 꼼꼼히 정리해야 마음이 놓이는 사람도 있는 등 사람마다 느끼는 감정이 다를 것이다.

어떤 도구를 사용하든 할 일 목록을 작성하는 데 익숙해지면, 여러 도구를 함께 사용해 좀 더 자신다운 방식으로 목록을 작성해보자.

예를 들어 어떤 사람은 노트에는 업무의 상세 계획을 적고, 그 밑에 실행해야 하는 업무를 작은 포스트잇에 적어 붙여놓았다가 일하는 동안에만 포스트잇을 떼어 책상에 붙여두기도 한다. 그 사람은 노트를 항공 모함이라 생각하고 할 일을 적은 포스트잇을 뗐다 붙였다 하는 모습을 전투기가 이륙하고 착륙하는 모습으로 상상하며 마치 '폭격'하듯 할 일을 해치웠다고 한다.

이 밖에도 로디아의 메모 패드를 이용해 할 일 목록을 만든 다음 일을 마치고 그 일을 적은 메모지를 노트에 붙여 진척 상황을 기록해두거나 화이트보드에 포스트잇을 붙여 진척 상황을 한눈에 파악하는 방법도 있다.

할 일 목록을 작성하는 방법에는 정답이 없다. 자신에게 가장 잘 맞는 방법이 틀림없이 있을 테니 자신만의 독특한 방법을 찾기 바란다.

'할 일 목록' 형식 (7)
컴퓨터나 스마트폰 앱 사용하기

컴퓨터나 늘 소지하고 다니는 스마트폰을 이용해 할 일 목록을 관리하는 것을 선호하는 사람도 있을 것이다.

개별 앱이나 서비스에 대해서는 다른 항목에서 설명하겠지만, 그에 앞서 아날로그적인 종이 대신 디지털 도구로 할 일 목록을 관리했을 때 어떤 장점과 단점이 있는지 알아보도록 하자.

할 일 목록을 디지털 도구로 작성했을 때의 가장 큰 장점은 동기화 기능을 이용해 늘 목록을 들고 다니면서 내용을 편집하거나 순서를 바꿀 수 있다는 점이다.

무엇이든 스마트폰으로 관리하는 것이 편한 사람은 당연히 이 방법을 택할 것이다.

특히 디지털 도구에서만 가능한 것이 바로 미리 알림(리마인더) 기능이다. 시간을 설정해서 따로 알림받아야 할 일이 많은 사람은 이 기능이 반드시 필요할 것이다.

하지만 디지털 도구에도 단점은 있다. 유혹이 많다는 점이다. 업무 관리 앱을 열려다가 다른 앱으로 손이 가거나 SNS에 빠져 시간 낭비할 위험이 크다.

정리하자면 종이보다 컴퓨터나 스마트폰으로 할 일 목록을 작성하는 것이 나은 경우는 아래와 같다.

• 알림 기능이 반드시 필요한 일을 하고 있을 때

- 업무가 너무 많아 손으로 일일이 적기 힘들 때
- 할 일 목록을 동기화해서 타인과 공유해야 할 때

업무나 일정에 따라 도구를 바꿔 사용하는 사람도 있다. 스마트폰으로 관리하는 것이 항상 가장 좋은 방법은 아니다. 어떤 도구를 쓰든 가장 편하게 처리할 수 있는 방법을 택하는 것이 중요하다.

050

해야 할 일에 '동사'를 넣으면 실행력이 향상된다

혹시 할 일 목록을 작성할 때 '이메일'이나 '서류'처럼 간략하게 쓰고 있지 않은가?

할 일 목록을 꾸준히 쓰다 보면 '무슨 뜻인지만 알면 되지'라는 마음이 생겨 어느 순간 대충 쓰기 쉽다. 알아보기 어려울 만큼 글자를 갈겨쓸 때도 있을 것이다. 사실 이것은 위험한 징후다.

할 일 목록은 미래의 자신이 잘 알아볼 수 있게 써야 한다. 그래야만 일이 편해진다. 따라서 해야 할 일을 쓸 때는 명확하면서도 실행에 도움이 되는 정보가 담기도록 써야 한다.

이때 참고할 만한 것이 1981년에 조지 도런 교수가 소개한 스마트(S.M.A.R.T.) 기법이다. 이는 프로젝트를 성공시키는 데 필요한 5가지 원칙이다.

설명하는 사람에 따라 스마트의 알파벳에 해당하는 용어가 다를 때도 있지만, 나는 이를 '구체적(Specific)이고 측정 가능(Measurable)하며 실행 가능(Actionable)하고 현실적(Realistic)이며 기한이 있다(Time-Based)'는 의미라고 설명하고 있다.

즉, 할 일을 적을 때는 언제·무엇을·얼마나 할 것인지 명확히 해야 한다는 뜻인데, 이때 특히 중요한 것이 '구체적인 행동'이 적혀 있는가 하는 점이다.

예를 들어 할 일 목록에 난순히 '블로그'라고 적는 것이 아니라, '○○에 대한 초안 작성하기'처럼 구체적으로 취할 행동을 적으라는 뜻이다.

할 일을 적을 때 '~하기'라는 형식으로 되어 있는지 아닌지 확인하는 것이 중요하다. 즉, 문장에 '동사'가 들어가 있는지 보는 것이다.

그리고 글을 얼마나 반듯하고 예쁘게 썼는가 하는 점도 그 일의 실행력에 영향을 끼친다. 할 일 목록을 작성할 때, 글씨를 대충 갈겨쓰면 대강 해도 된다는 심리적 신호를 보내게 된다. 그러니 할 일 목록을 반듯하게 적어 실행력을 향상시키자.

051 종이 한 장으로 할 일을 해치우는 Doing 목록

종이를 한 장 꺼내어 가운데에 세로 방향으로 선을 하나 그어보자. 그러면 작업 속도를 향상시킬 'Doing 목록'이 완성된다.

할 일 목록을 쓰면 뭔가 정리된 듯한 기분이 들지만, 사실 거기에 적힌 내용 중에는 한 가지 행동만으로는 실행 불가능한 것도 있다. 실제로 일할 때는 그보다 더 작은 단위의 행동을 순차적으로 실행해나가도록 목록을 작성해야 업무 처리 속도를 높일 수 있다.

이러한 목록이 바로 '지금 하고 있는 일'만을 열거한 'Doing' 목록이다.

세로 방향으로 그은 선의 왼쪽에는 앞으로 해야 할 일 가운데 5~15분 단위로 실행 가능한 일들을 적는다. 이미 작성한 할 일 목록을 보며 그 가운데 필요한 행동을 뽑는다는 느낌으로 작성하면 된다.

Doing	끼어든 업무
☐ 원고 오탈자 확인	☐ 이메일 답장하기
☐ 참고 문헌 확인	☐ 문의 사항 조사하기
☐ 투고 파일 정리	
왼쪽에 적은 항목은 위에서부터 순서대로 처리한다	도중에 다른 일이 끼어들거나 생각났을 때는 오른쪽에 메모해둔다

이 목록에 적힌 내용을 딴짓하지 않고 위에서부터 순서대로 실행한다. 만약 도중에 다른 일이 끼어들면 그 내용은 일단 오른쪽에 적어두고 다시 원래의 업무로 돌아간다. 이렇게 목록의 마지막 항목까지 전부 실행하고 나면, 이제 오른쪽에 적어두었던 일로 새로운 Doing 목록을 만든다.

이처럼 취해야 할 행동을 하나씩 처리해나가는 시스템이 바로 Doing 목록이다.

052

할 일 목록에 남아 있는
'좀비' 업무는 불안을 나타낸다

해야 하는데도 계속 할 일 목록에 남아 방치되고 있는 업무를 '좀비'로 변한 업무라 한다.

좀비 업무의 주변에는 늘 불안이나 공포가 숨어 있다. 예를 들어 '치과 방문하기'를 정해두고도 계속 실천하지 못하는 이유는 치과에 갔을 때 느낄 불쾌함을 회피하려는 심리 때문일 가능성이 있다.

이럴 때 적는 방식을 바꾸는 것도 방법이 될 수 있다. '치과 진료 예약하기'처럼 바꿔 적어 불안감을 조금이라도 해소시키려 노력하는 것이다.

계속 미루는 일 중에 애초에 그 일을 끝마치는 조건 자체가 명확하지 않은 경우도 있다.

예를 들어 '원고 마무리하기'라고 적었다면, 어느 시점에 '마무리했다'라고 말할 수 있는지 애매하기 때문에 결국 차일피일 미루다 좀비 업무로 만들기 쉽다. 이런 경우에도 '원고 2천 자까지 쓰기' '원고 오탈자 확인하기' '제출 여부 판단하기' 등 자신이 불안감을 느끼는 부분과 그렇지 않은 부분을 명확히 나눠 작업을 진행시키는 것이 좋다. 그래야만 불안감에 사로잡혀 일을 놓아버리는 것을 방지할 수 있다.

좀비 업무는 '무리해서라도 그 일을 해야 한다'라는 심정이 반영된 것이니만큼 할 일 목록을 작성하는 이유는 일을 좀 더 편하게 하기 위해서라는 기본 원칙으로 돌아가 업무를 실천할 수 있는 방법을 찾아보자.

053 닫힌 목록을 의식해 업무를 늘리지 않는다

마크 포스터의 저서 《굿바이! 바쁨》(교회성장연구소, 2009)에는 '닫힌 목록'
이라는 개념이 등장한다.

여기서 '닫혔다'라는 것은 이미 완전히 닫혀 더 이상 받아들일 수 없
다는 의미다. 할 일 목록을 작성할 때 너무 욕심을 내면 그날 주어진 시
간이나 집중력의 한계를 넘어설 정도로 항목이 불어날 수 있다. 이러한
사태를 방지하기 위해 '오늘은 여기까지'라고 명확히 선을 그어두고 그
날 할당된 업무만을 처리하는 것이다.

그 후에 추가된 일은 '내일 할 일' 목록에 넣어 시간적 여유를 두고 처
리한다. 그 대신 그날 하기로 정해둔 일은 무조건 그날 처리한다.

닫힌 목록을 작성해서 실천하면 하루가 지날 때마다 할 일이 확실히
줄어들기 때문에 부담감에서 벗어나 시간을 현실적으로 관리할 수 있
다. 지금부터 들어오는 일은 '내일 한다'라는 한 가지 기준을 정해둠으로
써 할 일 목록으로 시간과 집중력까지 관리할 수 있는 것이다.

하지만 전부 닫힌 목록으로 만들어 할 일을 방치해두면 '오늘 해야 할
일'이 점점 늘어날 뿐이다. 그러므로 할 일 목록에서 '완료한 업무의 수'
를 확인해 자신이 무리하지 않고 실행할 수 있는 하루 업무량이 어느 정
도인지를 파악해두자.

하루에 업무를 10건 정도 처리하던 사람이 갑자기 내일부터 20건을
해치울 수는 없다. 닫힌 목록에 적힌 업무량을 파악하여 전체적인 균형
을 맞추는 게 중요하다.

054 '위치 지정 알림' 기능을 활용한다

'퇴근길에 역 앞에서 장 보기' 같은 용건을 깜박한 채 집에 들어가버리면 다시 한번 나오기 위해 시간을 낭비하게 된다. 그러므로 특정한 장소와 연관된 일이 있다면 스마트폰의 알람 기능을 이용하는 것이 편하다.

예를 들어 인기 캘린더 앱 판타스티컬(Fantastical)이나 나중에 소개할 투두이스트(Todoist) 같은 업무 관리 서비스에는 위치 정보를 기반으로 한 알림 기능이 있으며, 아이폰의 미리 알림 앱에도 '특정 위치에서 알리기' 기능이 있다.

이 기능을 이용하면 지정한 장소에 도착했을 때 알림이 울리게 설정하거나, 지정한 장소에서 출발할 때 알림이 울리게 설정하여 할 일을 확인할 수 있다.

전자는 지정한 장소에서 곧바로 해야 할 일이나 상점 근처에 다다랐을 때 잊지 말아야 할 일을 상기시켜주며, 후자는 두고 가는 물건이 없는지 다시 한번 확인하거나 출발할 때쯤 '우체국 들르기' 같은 일을 떠올릴 때 도움이 된다.

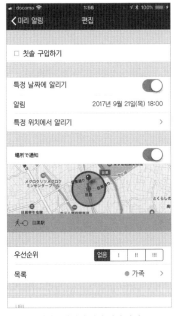

판타스티컬의 알람 설정 화면

055

머리를 비워 스트레스로부터 자유로워진다

할 일 목록을 사용하는 데 익숙해졌다면 이제 한발 더 나아가 일과 인생에서 스트레스를 몰아내보자.

데이비드 앨런이 소개한 GTD(Getting Things Done)라는 시간 관리 기술은 이를 가능하게 한다.

GTD의 매력은 아무리 할 일이 많아도 이를 간단한 시스템에 적용시켜 스트레스를 받지 않고 관리할 수 있다는 점이다. GTD를 실천하는 습관을 기르면 늘 명석한 사고를 유지할 수 있어 업무의 효율성을 향상시킬 수 있다.

머리를 비워 마음을 편히 한다

GTD의 가장 중요한 개념은 '머리를 텅 비우는 것'이다. '해야 할 일'이나 '신경 쓰이는 일'을 전부 머리 밖에 존재하는 신뢰할 수 있는 시스템에 맡기는 것이다.

그 본질은 할 일 목록을 작성하는 것과 마찬가지지만, GTD는 이 점을 더욱 철저히 한다.

종이 몇 장을 꺼내 머릿속에 떠다니는 '이것도 해야 하고, 저것도 해야 하는데……'와 같은 초조한 감정을 전부 적어보자. 이때 머릿속에 떠오른 일이라면 아무리 사소한 것도 다 적도록 한다.

업무와 관련된 일과 그렇지 않은 일을 따로 구분할 필요는 없다. 지금 진행 중인 업무, 줄곧 읽고 싶었던 책, 가고 싶은 곳, 깜박하고 미처 사지

업무 관리_작은 승리를 쌓는 법

못한 물건, 미래에 대한 불안감이나 걱정거리 등을 전부 적는다.

　종이를 가득 채울 때쯤이면 아직 끝마친 일도 없고 문제가 해결되지 않았는데도 왠지 모르게 마음이 한결 가벼워지는 기분이 들 것이다. 그리고 모든 할 일과 걱정거리가 눈앞의 종이에 담겨 있다는 사실이 안심되기도 할 것이다.

　바로 그 순간이 머리를 텅 비우고 스트레스로부터 해방된 상태다.

'해야 할 일'을 업무 흐름도에 따라 처리한다

그다음에는 이렇게 적은 모든 할 일을 업무 흐름도에 따라 하나씩 처리해나간다.

　첫 번째 질문은 '실행 가능한가?'이다. 예를 들어 '서류 작성하기'는 실행 가능하지만 '행사 입장권에 당첨될 수 있을지 걱정이다'와 같은 걱정거리는 어떤 행동을 취할 수가 없다.

　그러므로 실행 가능한 일은 할 일을 관리하는 쪽으로, 걱정거리는 이를 기록해두는 쪽으로 분류한다. 실행 가능한 일은 단일 업무인지, 아니면 다음 단계가 필요한 일인지 또는 2분 이상 소요되는 일인지 등 여러

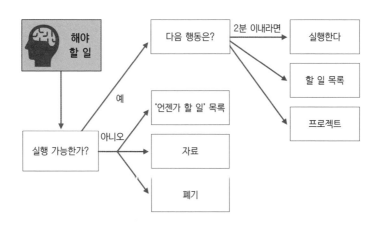

기준에 따라 다시 분류한다.

　머릿속에서 몰아낸 일들을 이런 식으로 전부 처리할 때쯤이면 다음에 해야 할 일은 무엇이며, 언젠가 해보고 싶은 일은 무엇인지 분류할 수 있게 되므로 그에 따라 실행해나가면 된다.

　이처럼 GTD는 매우 간단한 방법이지만, 이를 일상적인 습관처럼 실천할 수 있게 되면 비로소 진가를 발휘한다. 앞의 업무 흐름도는 GTD의 핵심적인 내용만을 소개하지만, GTD를 실천하기 위한 구체적인 노하우는 데이비드 앨런의 《쏟아지는 일 완벽하게 해내는 법》(김영사, 2016)에 더 자세히 나와 있으므로 이를 참고하기 바란다.

056 머릿속을 깨끗이 비우는 3가지 요령

GTD를 실천하는 습관은 한마디로 말하자면 '머릿속을 텅 비우는 것'인데, 익숙하지 않은 사람에게는 쉽지 않은 일이다. 머릿속을 깨끗이 비우려 해도 어딘가에 걱정거리가 그대로 남아 있는 경우가 많다. 즉, 머릿속을 깨끗이 비우는 데도 연습이 필요하다.

데이비드 앨런을 만난 자리에서 그에게 흥미로운 이야기를 들은 적이 있다.

예를 들어 책상 위에 책 한 권이 놓여 있을 때, 이를 정리하려고만 해서는 안 된다는 것이다. 그 책이 있던 이유는 틀림없이 그 전에 '이 책으로 ○○을 하자'라는 목적이 있었기 때문이므로 이를 GTD의 업무 흐름도에 따라 처리하지 않으면 그 후로도 같은 일을 반복할 것이라는 내용이었다.

이처럼 머릿속을 깨끗이 비운다는 것은 미처 의식하지 못했던 일을 표면으로 끄집어내는 작업이기도 하다. 처음에는 다음의 3가지에 주의하며 실천해보자.

1. 정리 정돈을 할 때, 그 물건을 사용해 '~을 할 생각이었다'라는 목적을 떠올려보자. 거기에 할 일이 숨어 있다면 GTD의 업무 흐름도에 따라 처리한다.

2. 생각한 만큼 머릿속을 비웠다면 책상, 서랍, 책상, 컴퓨터를 눌러보며 놓친 '할 일'을 찾아내자.

3. 할 일 목록을 살펴보다 혹시 '여기에 전부 적지 않았다'라는 기분이 들지는 않는지 주의하자. 만약 그런 기분이 든다면 일단 손을 멈추고, 그 근본 원인을 찾는다.

중요한 일을 빠짐없이 적었다는 믿음이 있을 때, 비로소 GTD 시스템이 힘을 발휘한다.

GTD를 실천하지 않더라도 이렇게 머릿속을 텅 비우는 행위 자체는 큰 도움이 되므로 꼭 연습해보기 바란다.

057

GTD 개념 (3)

2분 만에 할 수 있는 일은 그 자리에서 해치운다

GTD의 업무 흐름도에는 '2분 규정'이 있다. 머릿속에 든 내용을 정리할 때, 2분 안에 할 수 있는 일은 그 자리에서 처리해버리는 것이다.

혹시 2분이라는 시간이 별것 아니라 느껴진다면 이는 당신의 시간 감각이 여전히 무르다는 증거다. 물론 2분, 120초는 짧은 이메일 1통도 쓸 수 없을 정도로 짧은 시간이다.

하지만 규정된 시간이 '3분'이 아닌 이유는, 그런 일은 금세 5분, 10분까지 늘어날 만큼 '본격적'인 업무가 되기 쉽기 때문이다. 2분이라는 시간을 항상 염두에 두고 처음부터 할 일 목록에 그런 잡무가 들어가지 않도록 하는 것은 마치 달리기 코스에 놓인 자갈을 치우는 것과 같다. 할 일 목록이 쓸데없이 길어지지 않도록 집중력이 필요한 일만 남겨두자.

'미루는 것'을 방지할 수도 있다 _____

처음에는 2분이라는 시간이 어느 정도인지 감이 잡히질 않을 테니, 타이머를 설정해두자. '당연히 2분 만에 할 수 있지'라고 생각했던 일이 의외로 시간을 초과하는 경험을 반복하다 보면 2분이라는 시간에 자연스레 익숙해질 것이다.

2분이라는 시간을 설정하고 실행하다 보면 '아무리 해도 일이 정리되지 않아' 자꾸만 뒤로 미루는 것을 방지할 수 있다.

2분 규정의 마땅한 역할은 그 자리에서 해치울 수 있는 일을 즉시 실행하여 GTD의 시스템에 행동력을 불어넣는 것이다.

SECTION 02

058

오직 '다음 행동'만을 생각한다

GTD에는 또 한 가지 강력한 개념이 있다. '일을 할 때는 항상 다음 행동을 찾아 거기에 집중하라'라는 것이다.

이를 위해 GTD에서는 두 가지 이상의 행동이 필요한 일은 전부 '프로젝트'로 관리하게 되어 있다. 예를 들어 '회의 정하기'도 그 내용을 자세히 들여다보면 '관계자의 일정 조율하기' '회의실 예약하기' '의제 설정하기' 같은 여러 행동으로 구성되어 있다. 그러므로 다음과 같이 정리한다.

프로젝트 '회의 정하기'
1. 관계자의 일정 조율   2. 회의실 예약   3. 의제 설정

이 방법은 '다음 행동'에만 집중하면 된다는 장점이 있다. 가령 이 사례만 하더라도 관계자의 일정이 조율되지 않는 한, 회의실을 예약할 수 없다. 따라서 첫 번째 행동인 '일정 조율'에만 집중하면 되는 것이다.

이처럼 '다음 행동'을 생각하는 방식은 사소한 일이든 크고 복잡한 일이든 어디에나 적용할 수 있다. '일을 진척시키기 위해 다음으로 실행할 수 있는 일이 무엇일까?'라는 질문을 거듭해가다 더 이상 할 일이 없어진 시점이 되면 그 일이 완료되는 것이다. 평소에 사용하는 할 일 목록에도 '다음 행동'이 적혀 있는지 확인해보자.

해야 할 일이 아무리 불어나도 다음에 해야 할 구체적인 행동에만 집중한다면 실행 가능한 일만 남아서 할 일 목록이 한층 간결해질 것이다.

059 할 일은 콘텍스트로 관리한다

일을 할 때 '지금' '이 자리에서' 할 수 있는 일에만 집중하면 다른 일을 생각할 필요가 없어진다.

이를 가능하게 하는 GTD의 편리한 개념으로 '콘텍스트(context)'라는 것이 있다. 콘텍스트는 '맥락'이라는 의미인데, GTD에서는 장소나 상황에 따라 어떤 행동을 수행하는 데 필요한 것을 가리킨다.

예를 들어 가정에서 해야 하는 일은 직장에서 처리할 수 없고, 직장에서 해야 하는 일은 가정에서 처리할 수 없다. 또 출장을 가야만 해결할 수 있는 일도 있고, 온라인상에서만 가능한 일도 있다.

언제든지 '지금' '이 자리에서' 실행 가능한 일에만 집중할 수 있도록 GTD에서는 머릿속이 텅 빌 때까지 할 일을 전부 적은 다음, 이를 콘텍스트별로 목록을 분류해 관리한다.

할 일 목록을 직장과 가정, 사무실과 출장지처럼 장소별로 나눠 작성해보면 콘텍스트의 편리함을 실감할 수 있다. 콘텍스트가 반드시 장소일 필요는 없다. 고객별로 목록을 작성하는 것 또한 콘텍스트의 일종이며, 책임 범위처럼 좀 더 추상적인 것을 분류 기준으로 삼을 수도 있다.

알람 기능이나 일정 관리 앱을 이용해 저마다 다른 콘텍스트로 목록을 만들어도 좋고, **074**에서 소개할 투두이스트 같은 서비스를 이용해 할 일에 라벨(태그)을 붙여 여러 콘텍스트로 구분해서 사용할 수도 있다.

콘텍스트를 이용해 당장 다음에 취해야 할 행동에만 집중하면 업무가 한층 간결해져서 '지금' '이 자리에서' 해야 하는 일에만 집중할 수 있다.

060 일주일에 한 번은 할 일을 머릿속에서 지운다

GTD를 꾸준히 실천하기 위한 가장 중요한 습관으로 '주간 검토'라는 것이 있다.

머릿속이 텅 빌 때까지 할 일을 종이에 한 번 적어도 금세 새로운 일이나 걱정거리가 머릿속을 파고들기 마련이다. 그래서 일주일에 한 번 따로 시간을 내서 머릿속이 다시 텅 빌 때까지 할 일과 걱정거리를 전부 적어보는 것, 그것이 주간 검토다.

주간 검토를 작성하는 목적이 한 가지 더 있다. 목록에 들어 있는 항목 가운데, 이미 할 필요가 없어진 일이나 방치되고 있는 일을 정리해 업무 관리 시스템의 신선함을 유지하는 것이다.

GTD가 익숙하지 않은 사람들은 주간 검토를 꾸준히 작성하기가 어렵다고 입을 모은다.

하지만 데이비드 앨런은 그래도 괜찮다고 이야기한다. 꾸준히 실천하지 못하고 중간에 포기해도 GTD가 필요해진 순간에 주간 검토를 다시 작성하고 재도전하는 것도 하나의 방법이다. GTD가 습관으로 굳어질 때까지 몇 번이고 실패하더라도 점차 발전해나가면 된다.

주간 검토는 새로운 일이 잘 생기지 않는 금요일 오후 시간에 쓰는 것이 효과적이다.

이때, 아래와 같이 질문 형식으로 확인 목록을 만들어두는 것도 좋다.

- 일할 때 신경 쓰이는 것은 없는가? → 업무 형태로 처리하기

- 가정에서나 개인적으로 신경 쓰이는 것은 없는가? → 업무 형태로 처리하기
- 할 일 목록의 내용 중에서 지울 만한 것은 없는가?
- 캘린더나 이메일의 내용 중에 처리하지 못한 일은 없는가?

위의 질문에 모두 답하고 나면 GTD 시스템이 다시 원활하게 잘 돌아가 스트레스 없는 상태로 돌아오는 한 주를 잘 맞이할 수 있다.

061 마인드맵을 이용해 큰일을 구체화한다

어디서부터 손대야 할지 막막할 정도로 큰일을 분해해 행동을 이끌어내기에 편리한 방법이 바로 토니 뷰잰이 창시한 마인드맵이다.

마인드맵은 중앙에 표현하고 싶은 '중심 이미지'를 그리고 이를 중심으로 키워드나 그림이 마치 가지처럼 방사형으로 뻗어나가게 해서 사고를 정리하고 발상을 넓히는 데 도움을 주는 사고 기법이다.

마인드맵은 MECE(Mutually Exclusive and Collectively Exhaustive), 즉 중복과 누락이 없게 작성해야 한다는 오해를 종종 받는데, 계획 단계에서는 그렇게 하는 것이 오히려 부정적인 영향을 끼친다.

첫 단계에서는 각 부분의 모순이나 모호한 의존관계를 그대로 표현하자.

예를 들어 도서 기획을 마인드맵으로 표현할 경우, 뻗어나갈 가지에

'1장' '2장'이라고 적는 것보다는 '쓰고 싶은 내용'이나 '포함시킬 내용' 등을 표시해야 전체적인 내용을 대강 짐작할 수 있다. 내용을 표시한 다음에는 가지별로 필요한 구체적인 행동을 적는다.

이런 작업을 반복하면서 마인드맵을 발전시켜 모호한 일을 구체적인 행동으로 바꿔 실현시켜나간다.

062 하향식과 상향식 접근 방식을 구분해서 쓴다

목표를 거창하게 세웠지만, 막상 실행에 옮기려니 뜻대로 되지 않은 적이 있지 않은가? 그럴 때는 작은 일부터 차근차근 시행해 거대한 목표를 이뤄보는 것이 좋다.

업무 기술이나 업무 관리를 다룬 책들을 보면 대목표를 중목표나 소목표로 나눠 실행하는 방법을 많이 소개하고 있다. 논리적으로 맞는 이야기 같지만, 사실 이 방법을 실제로 적용해보면 생각만큼 잘되지 않을 때가 많다.

예를 들어 '창업'이라는 대목표를 세웠다고 해보자. 그 목표를 이루기 위한 중목표는 무엇일까? '비즈니스 아이디어 떠올리기'나 '창업 자금 모으기' 등이 중목표에 해당할지 모른다.

그렇다면 '아이디어 떠올리기'의 소목표는 무엇일까? '해당 분야 공부하기' '경쟁사 연구하기'일까? 이쯤 되면 뭔가 이야기가 모호해진다는 것을 당신도 눈치챘을 것이다.

목표를 분해해도 그것이 효과적인 행동으로 이어지지 않을 때, 그 목표는 실현 불가능한 것이 된다.

하향식 접근 방식과 상향식 접근 방식 _____

대목표를 중목표, 소목표로 분해해나가는 방법을 하향식 접근 방식(top-down approach)이라고 한다. 막연하고 거창한 목표를 구체적으로 분해할 수 있는 경우에는 이 방식이 매우 효과적이다. 하지만 분해해도 뭔가 막연하기만 할 때는 상향식 접근 방식을 도입해보자.

상향식 접근 방식(bottom-up approach)은 '언젠가 창업을 하고 싶다'라는 대목표를 세웠을 때, '오늘 실천함으로써 목표에 더욱 가까워질 수 있는 행동은 무엇일까?'라는 점에 주목하는 방법이다.

예를 들어 앱 개발 회사를 차린다는 목표를 세웠을 경우, '특정 언어나 프레임워크 공부하기' '이미 상업화된 앱 시스템 연구하기' 같은 행동은 지금 당장 실행할 수 있을 뿐만 아니라 앞날에 도움이 된다.

이처럼 '앞날에 도움되는 행동'이라는 점이 상향식 접근 방식의 핵심이며, 그런 행동을 매일 반복하다 보면 '이 분야라면 가능성이 있어 보인다'와 같은 중목표가 점차 명확해질 것이다.

목표에 맞게 행동의 방향성을 조정한다 _____

하향식 접근 방식과 상향식 접근 방식은 상호보완적인 관계에 놓여 있다. 아무런 목표도 세우지 않은 채, 무작정 상향식 접근 방식을 시도했다가는 잘못된 길로 빠져버린다.

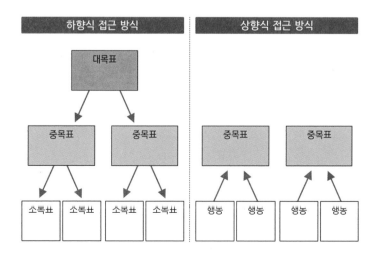

다소 모호해도 좋으니 우선 대목표와 중목표를 세우고, 이를 출력해서 늘 갖고 다니자. 주간 검토를 할 때, 이 목표를 참고해 일주일 동안 해야 할 일의 방향성을 조정한다.

하루하루의 행동이 장기적인 목표와 같은 방향으로 나아가면 상향식 접근 방식에 따라 취한 행동이 하향식 접근 방식에 따라 상상한 목표와 차츰 겹쳐질 것이다.

063 초반 20%의 시간으로 80%를 완성한다

프로젝트가 클수록 작업을 시작한 '직후'에 '많은 시간'을 할애해서 작업을 단숨에 진행시키자.

이처럼 초반에 엄청난 기세로 일을 시작하는 것을 '로켓 스타트(Rocket Start)'라고 한다. 정지 상태의 로켓이 초반에 엄청난 에너지를 이용해 단숨에 날아오르듯, 큰 프로젝트에 초반부터 폭발적인 기세로 달려들면 전체적으로 볼 때 일이 훨씬 수월해진다.

이것은 예측한 시간이 실패할 것을 전제로 한다. 규모가 큰 작업일수록 마감 전날 밤새워 시간에 맞추기보다는 초반에 밤새울 기세로 작업해 일을 진행시키는 것이 전체 작업량을 더욱 정확하게 예측할 수 있다.

시간을 극단적으로 다르게 써본다

80:20 법칙(028)을 고려해 20%의 시간 동안 80%의 작업을 완료하는 것을 목표로 삼자. 예를 들어 100쪽짜리 서류를 한 달 동안 작성해야 한다면 3~4일 동안 80쪽을 어떻게든 써보는 것이다.

그러려면 초반에 '마치 마감 직전'인 것처럼 엄청난 시간을 할애해야 한다. 이렇게까지 시간을 극단적으로 쏟아부어야 결과가 달라진다.

실제로 이렇게 해보면 10 정도로 생각했던 작업량이 실제로는 20 정도라는 걸 깨닫고 시간을 늘리는 경우가 대부분이다. 하지만 이미 초반에 엄청난 속도로 일을 진행해서 일정이 밀리는 일은 생기지 않는다.

064 치명적인 '쇼스토퍼'를 의식한다

'쇼스토퍼(Show Stopper)'는 원래 무대에서 유래된 표현이다. 직역하면 '쇼를 중단시킬 만큼 멋지다'라는 뜻으로, 배우의 연기가 매우 훌륭해서 박수가 멈추지 않아 무대가 중단되는 것을 의미한다.

그런데 이 단어에 '쇼를 중단시킬 만큼 치명적인 해프닝'이라는 또 다른 의미가 더해지게 되었다.

가령 프로그래밍 업계에서 출시 직전에 발견되는 중대한 버그가 대표적인 '쇼스토퍼'에 해당한다. 출장길에 가방이나 옷은 다 챙겨놓고 정작 중요한 프레젠테이션용 노트북이나 전원 어댑터를 깜박하는 사태도 쇼스토퍼라 할 수 있다.

쇼스토퍼는 꼭 피해야 하지만, 복잡한 업무와 바쁜 시간에 쫓기면 얼마든지 일어날 수 있다. 그러므로 일을 할 때 미리 일어날 만한 쇼스토퍼를 생각하면 그 상황을 해결할 수 있는 최소한의 조건을 알 수 있다.

한 예로 출장 갈 경우 갈아입을 옷을 깜박해도 어떻게든 해결되지만, 자료나 노트북을 챙기지 못하면 쇼스토퍼가 된다. 회의에 필요한 자료의 경우, 의제와 관련된 부분을 빠뜨리면 쇼스토퍼가 되지만 그 밖의 참고자료를 준비 못 했더라도 경우에 따라서는 별문제 없이 넘어갈 수도 있다.

이처럼 쇼스토퍼를 고려하면 '결과의 수준에 상관없이 적어도 이 선만 지킨다면 실패하는 일은 없다'라는 마음으로 안심하고 작업을 진행시킬 수 있다는 장점이 있다.

065 작업을 마무리하는 단계에서 멈추고 퇴근한다

혹시 하던 일을 중간에 끊지 못하는 성격이라 그날그날 업무를 어떻게든 마무리하려는 편인가? 물론 하던 일을 확실히 끝맺고 퇴근하면 개운할 것이다. 하지만 하루 안에 도저히 끝마칠 수 없는 일을 하고 있을 때는 주의가 필요하다.

이런 일이 발생하지 않도록 일부러 하던 일을 중간에 끊고 퇴근했다가 다음 날 그 일을 이어서 하면 하루를 좀 더 수월하게 시작할 수 있다.

이는 마치 자동차를 내리막길에 주차했을 때, 사이드브레이크를 풀면 차가 자연스럽게 굴러가는 것과 비슷하다. 전날 하던 일을 '이어서' 하기 때문에 어떤 일을 시작할 때의 노력을 들일 필요가 없게 된다.

일을 내리막길에 주차하는 방법으로 예를 들어 글을 쓰다 도중에 멈추는 방법이 있다. 뒷부분을 이어서 쓰고 싶은 마음이 가득할 때, 일부러 멈추는 것이다.

아니면 오후 6시에 일을 마칠 경우, 타이머를 오후 5시 50분에 맞춰 뒀다가 마지막 10분 동안 그때까지 한 작업과 다음에 할 일을 메모해두는 방법도 있다. 마치 장기의 '봉수(封手, 바둑이나 장기에서 대국이 하루 만에 끝나지 않을 때, 그날의 마지막 수를 종이에 써서 봉해놓음-옮긴이)'처럼 그 메모가 다음 날 제일 먼저 해야 할 일을 알려주는 것이다.

'내리막길'에 주차하는 습관은 불필요한 야근을 줄이는 효과도 있다. 일을 질질 끌지 않고 끝나는 시간을 정해두면, 그 시간이 가까워졌을 때 '주차'하기 적당한 장소를 찾는 습관이 생긴다.

066 끝마친 작업은 템플릿화한다

큰일을 하나 끝마쳤다고 해서 그것으로 끝이 아니다. 끝마친 일에 '이름'을 붙여 나중에 다시 확인할 수 있게 저장하자.

예를 들어 '2017.10.10회의자료'라는 이름의 폴더에 그동안 작성한 회의록뿐만 아니라 당시에 이용한 자료나 웹사이트 링크, 사진이나 음성 녹음 파일 등을 전부 넣어 아카이브(archive, 백업이나 다른 목적으로 한 곳에 파일을 모아두는 것-옮긴이)해둔다.

그러면 나중에 이와 비슷한 일이 들어왔을 때, 이 폴더의 내용을 바탕으로 일을 시작하면 시간과 노력을 절약할 수 있다. 단, 이때 주의할 점이 있다. 새로 들어온 일이 예전에 한 일과 아무리 비슷하더라도 반드시 새 폴더를 따로 만들고, 기존의 파일도 전부 복사해서 사용해야 한다.

조금 수정하면 된다고 원본을 수정하면 아카이브해둔 의미가 사라진다. 슬라이드 한 장만 수정하면 된다 해도 반드시 원본 파일을 복사해서 사용하자.

이렇게 여러 번 쓸 만한 파일은 별도의 '템플릿 폴더'에 복사해서 언제든지 업무 양식으로 다시 쓸 수 있게 해둔다. 그러다 보면 프레젠테이션의 기본 양식이나 늘 쓰는 자료, 자기소개서, 회사나 조직의 로고 등을 저장한 파일, 100에서 소개할 체크리스트 등이 전부 템플릿 폴더에 쌓인다.

템플릿이 다양할수록 과거의 경험을 바탕으로 많은 것이 준비된 상태에서 일을 시작할 수 있다.

067 일에도 다이어트가 필요하다

할 일 목록을 작성하는 데 익숙해지면 누구나 한 번쯤 겪는 일이 있다. 바로 할 일 목록을 최대한 길게 작성하고는 '내가 일을 이렇게나 많이 하고 있어'라는 만족감에 취해버리는 것이다.

성취감을 느끼는 것이 문제되지는 않지만, 거기서 한 발짝 더 앞으로 나아가보자. 할 일 목록을 길게 작성한 다음, 거기서 꼭 필요한 일만 남기는 업무 다이어트를 해보는 것이다.

머릿속에 떠오른 할 일을 옮겨 적은 목록에는 온갖 잡음이 섞이므로 중점을 둬야 할 몇 가지 사항을 기준으로 할 일을 줄여나가는 것이 좋다.

1. 이제는 불필요해진 일이 아닌가? 목록에 추가한 시점에는 중요했지만, 시간이 경과되어 중요성이 감소한 일은 망설이지 말고 목록에서 삭제한다.
2. 중요한 일이지만, 매일 조금씩 하지 않고 일주일 치를 몰아서 한 번에 처리할 수 있지는 않은가?
3. '늘 하던 일'이라 만성적으로 반복하고 있는 일은 아닌가? 그만둬도 문제가 없거나 방치해도 되는 일은 내버려둔다.

우선 할 일 목록에 적은 일을 일단 절반으로 줄여본 다음, 며칠 뒤에 다시 그 절반까지 줄일 수 있는지 도전해보자. 불필요한 일을 줄이는 것도 할 일 목록을 사용하는 목적 가운데 중요한 하나이다.

068 첫 번째 업무를 정한다

영어에 '코끼리를 먹으려면 한 번에 한 입씩'이라는 표현이 있다. 코끼리처럼 거대한 일이나 목표도 하루하루 조금씩 해치우다 보면 끝내 달성할 수 있다는 뜻이다. 이처럼 매일 정해진 양을 끝내야 하는 중요한 업무는 아침에 제일 먼저, 집중력이 가장 높은 시간대에 처리하는 것이 좋다. 맨 처음 실행하는 일을 '첫 번째 업무'라고 한다.

어떤 일을 첫 번째 업무로 삼을 것인가 하는 점은 그 사람이 장기적으로 이루고 싶어 하는 일이 무엇이냐에 따라 달라진다.

책을 집필하기 위해 원고를 쓰는 중이라면 첫 번째 업무로 '하루에 1천 자 쓰기'를 정해보자. 하루에 1천 자만 써도 반년이면 18만 자다. 퇴고를 거치면서 글자 수가 줄어든다고 해도 책 한 권 분량으로 충분하다.

'논문이나 자료 1편 읽기' '자격시험 공부 하루에 몇 쪽씩 하기'나 프로그래밍 과정 중 가장 복잡하고 창의력이 요구되는 부분을 첫 번째 업무로 삼아도 좋다.

작은 성공을 반복한다

이때 첫 번째 업무를 꼭 끝마칠 필요는 없다는 점을 기억하자. 중요한 것은 첫 번째 업무를 실행에 옮기는 것이다. 예를 들어 그날 쓴 1천 자의 글이 결과적으로 최종 원고에 포함되지 않을 수도 있다. 하지만 그런 노력이 그다음 1천 자를 더 빨리 완성시키는 원동력이 될 수 있다. 이처럼 작은 성공을 매일 반복함으로써 더욱 장기적인 성공을 이끌어낼 수 있다.

069 메일에서 업무만 뽑아내는 '메일함 비우기'

메일 수신함을 할 일 목록처럼 이용하는 사람을 종종 보는데, 이는 그리 추천할 만한 방법이 아니다. 메일을 다 정리한 후에 업무를 시작하려고 하면 하루 종일 메일만 확인하다 끝나버린다.

정리 블로그(43folders.com)를 운영하는 멀린 만은 '메일을 땅콩처럼 취급하라'라고 이야기한다. 즉, 메일 자체는 껍질에 불과하므로 '용건'이라는 '알맹이'만 안전한 곳에 따로 저장하고, 메일은 수신함에서 빨리 삭제하는 것이다.

멀린은 이 방법에 '메일함 비우기(Inbox zero)'라는 명칭을 붙였는데, 대략 다음의 방식으로 메일 수신함을 비운다.

- 3분 안에 답변할 수 있는 메일은 곧바로 답장을 보낸 다음 아카이브
- 일정 관련 메일은 내용을 캘린더에 저장한 후 아카이브
- 업무 관련 메일은 내용을 할 일 목록으로 옮긴 뒤 아카이브
- 답장이 필요한 메일은 '메일을 확인했습니다. 자세한 답변은 나중에 드리겠습니다'라고 짧게 답장한 후, 할 일 목록에 '답변 작성하기'를 추가하고 메일 자체는 아카이브

중요한 것은 메일 자체가 아니라, 메일에 담긴 내용을 신뢰할 수 있는 외부 시스템에 옮기는 것이다. 메일 수신함에 있던 메일을 전부 비우고 나면 큰 성취감을 느낄 수 있으니 한번 시도해보기 바란다.

070 지메일을 이용해 메일을 나중에 처리한다

모든 메일을 받자마자 처리해야 하는 것은 아니다. 저녁에 받은 메일을 다음 날 아침까지 혹은 다음 주까지 기다렸다가 처리하는 경우도 있다.

그런 메일을 수신함에 그대로 방치하는 것이 아니라, 처리하고 싶은 시간을 정해 다시 알려주는 서비스가 있다. 지메일(Gmail) 또는 맥 OS용 앱인 스파크(Spark) 등이 대표적이다. 예를 들어 알림 기능을 이용해 내일, 주말, 다음 주처럼 날짜와 시간을 지정하면 메일이 수신함에서 사라졌다가 지정한 시간에 다시 새 메일처럼 수신함에 표시된다.

메일이 실제로 삭제되는 것이 아니라 일시적으로 표시되지 않는 것뿐이지만, 당장 처리해야 한다는 부담에서 벗어날 수 있다. 그러니 당장 처리하지 않아도 되는 메일은 알림 기능을 이용해 나중에 확인하도록 하자.

이미 받은 이메일을 지정한 날짜 및 시간에 다시 알려준다

메일을 예약발송 한다

메일을 받으면 신속히 대응하는 것이 예의지만, 메일에 답변을 하자마자 또다시 그 메일에 대한 답변이 돌아오는 일이 반복되어 도무지 다른 일을 할 수 없을 때가 가끔 있다. 그렇기 때문에 답신을 곧바로 써도 실제로 발송하는 시간은 뒤로 미루는 기술을 익히는 것이 좋다.

이는 업무를 의도적으로 지연시킨다기보다는 연락을 주고받는 속도를 스스로 통제하는 것이라 보는 편이 정확하다.

메일이 오가는 속도에 휩쓸리지 않고, 자신의 일정에 맞춰 연락을 주고받기 위해서라도 메일을 언제 보낼 것인지 의식하는 것이 좋다.

시간을 설정해두고 정해진 시간에 메일을 보내는 방법도 있기는 하지만, 가능하다면 메일을 작성하자마자 시간을 설정해 정해진 시간에 메일이 자동으로 발송되는 예약발송 시스템을 이용하자.

지메일이나 아웃룩 이용자는 부메랑(Boomerang)이라는 애드온을 통해 이메일을 예약발송 할 수 있다. 예를 들어 금요일 저녁에 작성한 메일을 곧바로 보내지 않고 월요일 아침에 발송하거나 밤늦게 쓴 메일을 다음 날 오전 중에 보내고 싶을 때 이용할 수 있다.

또 부메랑에는 상대방의 답장이 필요한 메일에 알림 표시를 하는 기능도 있다. 이 기능은 여러 사람과 이메일을 주고받으며 일할 때, 어떤 메일에 답장이 오지 않았는지를 자동적으로 파악할 수 있어 편리하다.

몰스킨 노트로 GTD를 실천한다

라이프해커들이 애용하는 몰스킨 노트에 대해서는 **199** 이후에 좀 더 자세히 이야기하겠지만, 여기서는 몰스킨 노트를 이용해 GTD를 관리하는 방법이 있다는 것을 먼저 소개하려 한다.

몰스킨의 특징은 포켓 사이즈인데도 192쪽이나 된다는 것인데, 바로 그 점 때문에 GTD로 머릿속을 깨끗이 비우고 할 일을 적기에 알맞다.

예를 들어 앞부분부터 100쪽까지는 '다음 행동'을 적고, 그다음 부분은 '프로젝트' 목록을 적는 데 쓰고, '언제가 할 일'의 목록은 노트의 맨 뒷장부터 거꾸로 써나간다.

콘텍스트는 4색 볼펜을 사용해 색깔별로 표시하고, 지금 진행 중인 행동과 프로젝트 목록이 적힌 쪽은 포스트잇 플래그를 붙여 표시한다. 또 아직 정리되지 않은 업무는 메모 패드에 적어 노트의 뒷부분에 있는 확장형 메모 포켓에 넣어두고, 언제 어디에 가든지 늘 이 노트를 지참하자. 노트가 자신의 두 번째 뇌가 되는 것이다.

몰스킨 노트로 GTD를 실천하는 사례

에버노트로 업무를 관리한다

에버노트(Evernote)는 클라우드를 기반으로 한 메모 서비스다. 웹페이지를 클리핑해서 텍스트나 이미지 등을 컴퓨터나 스마트폰에 동기화해서 사용할 수 있는데, 업무 관리에 활용할 수도 있다.

우선 에버노트를 할 일 목록을 적는 곳으로 사용할 수 있다. 할 일 앞에 체크박스를 생성할 수도 있고, 항목 사이에 이미지나 자료를 직접 삽입할 수도 있어 자유롭게 쓸 수 있다.

또 다른 방법으로는 웹페이지를 클리핑한 다음 나중에 읽고 싶은 자료에 체크박스를 추가해두었다가 필요할 때 검색하는 방법이 있다.

에버노트는 검색을 할 때 '체크박스가 있는 노트'로만 검색할 수도 있고, 노트별로 알람을 설정해 검색 범위를 줄일 수도 있다. 이러한 기능을 이용해 읽고 싶은 자료를 불러낼 수 있다.

에버노트는 체크박스가 있는 노트만 검색할 수도 있다

074
멀티플랫폼이 되는 할 일 관리 앱 투두이스트를 사용한다

컴퓨터와 스마트폰에서 모두 사용할 수 있는 업무 관리 서비스 가운데 가장 추천하고 싶은 것이 투두이스트(Todoist)다.

투두이스트는 간단한 할 일 목록을 GTD를 활용한 정리 방법으로까지 손쉽게 확장할 수 있다. 또한 웹브라우저, 윈도, 맥, iOS, Android를 모두 지원하며, 어디서나 동일한 조작감으로 사용 가능하다는 장점이 있다.

투두이스트의 가장 큰 특징은 모든 내용이 목록으로 만들어진다는 점이다. 처음에는 한 장짜리 목록으로 시작한 다음, 익숙해지면 콘텍스트별로 여러 개의 목록을 만들거나 목록에 하위 목록을 추가하는 방법으

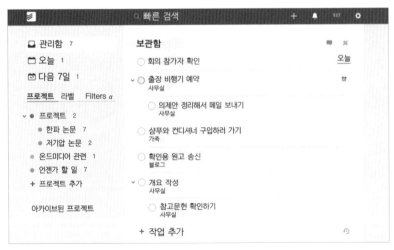

투두이스트는 라벨을 이용해 할 일을 세분화할 수 있다

로 업무를 관리해나가자.

투두이스트는 작업을 라벨별로 분류하고, 필터 기능을 이용해 특정 작업을 검색할 수도 있다.

예를 들어 할 일에 '사무실' '자택' '15분' 같은 라벨을 붙여두었다가 필터를 이용해 '사무실에서 15분 안에 할 수 있는 일'이라는 식으로 범위를 좁혀 검색하면 원하는 내용을 빠르게 찾을 수 있다.

SECTION 02

컴퓨터로 이용할 수 있는 5가지 업무 관리 앱&서비스

투두이스트는 범용성이 높은 서비스이지만, GTD를 좀 더 활용하여 업무를 세부적으로 설정하고 싶을 때는 다른 앱이나 서비스를 이용해보자. 그러한 앱과 웹서비스 중에서 가장 인기가 많은 5가지를 소개해보겠다.

1. 리멤버 더 밀크(Remember the milk): 할 일 목록을 관리하는 간편한 서비스로 인기가 많다. 투두이스트의 사용법이 복잡하게 느껴질 때 우선적으로 도전해볼 수 있는 선택지다.

2. 투들두(Toodledo): 얼핏 보기에 할 일 목록보다 표 계산 프로그램에 가까워 보일 만큼 지속 시간이나 우선도까지 전부 열로 표시할 수 있는 서비스다. 세부적인 정보까지 입력해서 관리할 수 있어 고정 팬이 많다.

3. 옴니포커스(OmniFocus): 맥 전용 GTD 앱이다. 프로젝트, 콘텍스트, 검토 같은 기능이 포함되어 있을 뿐만 아니라, 업무를 좀 더 상세한 조건으로 모아 볼 수 있는 개요(Perspective) 기능 또한 뛰어나다.

4. 싱스(Things): 맥 전용 업무 관리 앱으로 세련된 디자인을 자랑한다. 복잡해지기 쉬운 할 일 목록을 깔끔하게 정리할 수 있다는 점에서 옴니포커스와 설계 방향이 정반대임을 알 수 있다.

5. 마이크로소프트 투두(Microsoft To-Do): 마이크로소프트사가 분더리스트(Wunderlist)를 인수해서 개발한 간단한 할 일 관리 서비스다. MS 오피스나 아웃룩 서비스와의 강력한 연계가 기대된다.

직접 찾아보자

이러한 앱이나 서비스는 대부분 모바일 앱이 있어 스마트폰과 연동해서 쓸 수 있다. 이 밖에도 팀 단위로 이용하는 데 특화된 서비스도 있으니 한번 알아보자.

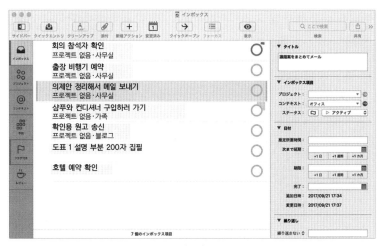

옴니포커스

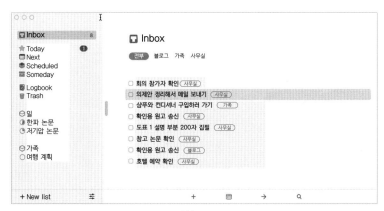

Things

스마트폰으로 이용할 수 있는 업무 관리 앱

컴퓨터를 이용하지 않고 스마트폰만으로 할 일 목록을 간단히 관리하고 싶을 때 이용하면 좋은 모바일 앱도 있다. 간단한 손동작만으로 다룰 수 있는 앱부터 운동 관리 앱까지 원하는 용도에 맞게 다양한 앱을 선택할 수 있다.

1. 클리어(Clear Todos): 화면을 탭해서 할 일을 추가하고, 화면을 좌우로 움직여 할 일을 완료하고, 화면을 아래로 끌어 내려 목록을 바꾸는 등 손가락 하나로 조작할 수 있는 편리한 iOS 앱이다.

2. 30/30: 스트레칭을 한 뒤 스쾃을 하고 나서 가볍게 복근 운동을 하는 식으로 일련의 동작을 지정된 시간 동안 실시할 수 있는 iOS 앱

클리어   30/30   해비티카

이다. 정해진 순서대로 작업을 진행해야 할 때 사용하면 편하다.

3. 해비티카(Habitica): 업무 관리와 RPG 같은 게임을 조합한 독특한 앱이다. 할 일을 끝마칠수록 더 많은 몬스터를 쓰러뜨려 보상을 얻고 레벨이 올라가는 구조로 되어 있다.

03

집중력 및 스트레스 대책
의욕을 시스템화하는 법

근성만으로 일할 수는 없다. 집중력을 모으고,
스트레스에서 벗어나는 방법을 이용해
의욕을 오랫동안 지속시켜나가자.

48 : 12 시간 분할법

아무리 정신력이 강한 사람도 하루에 쓸 수 있는 집중력에는 한계가 있다. 일할 때 마치 단거리달리기를 하듯 집중력을 일시적으로 높일 수는 있지만, 그 상태를 언제까지고 계속 유지할 수는 없다. 아무리 이런저런 라이프핵을 이용해 몇 초, 몇 분의 시간을 벌어도 집중력이 흩어진 상태로 일하면 그러한 노력을 물거품으로 만들 수 있다.

그러므로 우리에게는 단시간 동안 불타오르며 모든 정신력과 체력을 소모하는 방법이 아니라, 높은 집중력을 계속 유지하면서도 마치 마라톤을 하듯 긴 시간 동안 자신의 페이스를 잃지 않는 방법이 필요하다.

48 : 12 시간 분할법

그럴 때 사용할 수 있는 방법이 48 : 12 시간 분할법이다. 이것은 작업하는 1시간 동안, 48분은 집중하고 12분은 휴식을 취하는 방법이다. 집중하는 48분 동안은 전화도 가급적 받지 않고, 그 어떤 방해도 받지 않는 상태에서 집중력을 높여 일한다. 이 시간에는 단순 작업보다는 그날의 성과를 좌우할 만한 중요한 업무를 처리하도록 하고, 일하기 전에 미리 타이머를 설정해두자.

48분이 지나면 12분 동안 휴식에 들어가는데, '컨디션이 좋다거나 일에 집중이 잘된다'라는 이유로 휴식 시간을 넘겨버리면 안 된다. 그때는 별문제가 없어 보여도 나중에 집중력이 바닥나서 오히려 더 큰 손해를 볼 수 있다.

143

또 휴식을 취하는 중에는 가급적 컴퓨터로 다른 작업을 하지 않는 것이 좋다. 쉴 때는 시선을 멀리 두고 머리를 비운 채 진정한 휴식을 취하도록 한다. 그래야만 그다음 48분 동안 다시 집중해서 일할 수 있다.

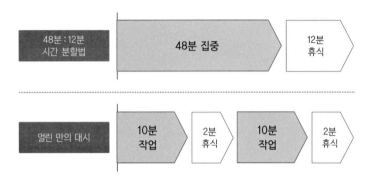

집중을 짧게 여러 번 반복하는 대시

1시간을 48분 : 12분으로 나눈 것은 어디까지나 임의적 기준이다. 집중 시간과 휴식 시간의 알맞은 비율은 사람마다, 혹은 그날의 컨디션에 따라 달라지므로 자신에게 맞는 최적의 비율을 찾아야 한다.

50분 : 10분(50분 동안 집중하고 10분 휴식)으로 나눈 사람도 있을 수 있고, 30분 : 10분 주기가 더 잘 맞는 사람도 있을 것이다.

라이프핵을 초창기에 널리 알린 블로그 43Folders의 운영자 멀린 만은 이보다 좀 더 짧은 주기를 반복하는 대시(dash)를 제안했다. 10분 작업 후 2분 휴식을 1시간 동안 다섯 차례 반복하는 방법으로, 프로그래머처럼 자잘한 업무를 반복하는 사람에게 효과적이다.

이 밖에도 하루 동안 페이스를 점차 변화시켜가는 방법도 있다. 아침 시간에는 집중 시간을 길게 잡고 오후에는 집중력이 흩어지는 점을 고려해 집중 시간을 조금 줄이면, 일하는 내내 좋은 컨디션을 유지할 수 있다.

078 '한 번에 한 가지씩'을 명심한다

간혹 수많은 일을 마치 곡예사가 저글링을 하듯 동시에 빠른 속도로 처리할 수 있다고 호언장담하는 사람들이 있다. 그러나 이는 대부분 사실이 아니거나 혹은 그렇게 하려고 애쓰는 것일 뿐이다.

두 가지 작업을 동시에 할 수 없다. 동시에 가장 가까운 상태라 하더라도 결국은 조금씩 번갈아 하는 것뿐이다. 그리고 그렇게 일을 번갈아 하면 그때마다 '아까 어디까지 했더라?' '이제 뭘 해야 하지?'라고 다시 생각하는 수고가 든다.

미국 심리학회의 어느 연구에 따르면 두 가지 작업을 번갈아가며 동시에 하는 경우와 한 가지 일을 끝마친 다음 다른 일을 하는 경우를 비교하면 어떻게 해도 전자가 후자보다 느리다고 한다. 그리고 이때 발생하는 손실이 후자에 비해 약 40%나 된다고 한다. 이 정도면 결코 간과할 수 없는 수준이다.

그러므로 일은 항상 '한 번에 한 가지만' 하는 것을 규칙으로 정하자. 아무리 바빠도 이 사실만 명심하면 늘 높은 생산성을 유지할 수 있다.

하지만 일하다 보면 전화를 기다릴 때처럼 잠시 하던 일을 멈추고 다른 일을 해야 하는 경우가 생긴다.

그럴 때는 업무를 잠시 중단해도 쉽게 되돌아갈 수 있도록 어떤 일을 잠시 중단했으며 어디까지 하고 있었는지를 포스트잇에 기록하도록 하자.

079 비슷한 업무는 '일괄 처리'를 기본으로 한다

레스토랑 주방이나 공장 생산 라인에서는 작업의 효율성을 높이기 위해 '담당 구역을 정해 각자 한 가지 작업에만 집중하는 방식'을 택하고 있다.

예를 들어 자동차 공장의 경우, 어떤 직원은 부품 하나만 계속 조립하고 또 다른 직원은 나사가 잘 조여졌는지 확인만 하는 것처럼 각자 맡은 일을 제대로 처리해 전체적인 품질을 보장하고 있다.

하지만 대부분의 사람은 이런 식으로 일하지 않는다. 전화를 받고, 서류를 작성해 출력하고, 이메일에 답장을 보내는 등 하루 종일 다양한 일을 처리해야 한다.

이럴 때 알아두면 좋은 것이 비슷한 작업을 '일괄 처리'하는 방식이다.

일괄 처리는 컴퓨터에 입력한 데이터를 일정 기간이나 일정 단위로 묶어서 한꺼번에 처리하는 방식을 말한다. 원래 초창기 컴퓨터에서 천공 카드를 이용해 프로그램을 일괄적으로 입력하던 것을 의미했으나, 그 후 '비슷한 작업을 한 곳에 모아 처리하는 것'을 지칭하게 되었다.

예를 들어 서류 작성이나 이메일 보내기처럼 전혀 관련 없는 작업을 반복하면 그때마다 사용하는 앱을 바꿔야 할뿐더러 사고도 바꿔야 한다. 그보다는 이메일 5통에 답장을 보내고 전화로 두 가지 용건을 처리하는 식의 비슷한 작업을 모아서 한꺼번에 처리하는 편이 훨씬 능률적이다.

일괄 처리를 잘하고 싶다면 큼직한 포스트잇을 책상 위에 붙이자. 그리고 각각의 포스트잇을 '이메일' '전화' 등으로 분류한 다음, 할 일을 적어나간다. 이렇게 하면 보다 수월하게 '일을 모아서 처리'할 수 있다.

080 포모도로 테크닉을 이용해 '긴 페이스'를 만든다

집중 시간과 휴식 시간을 반복하며 업무를 신속히 처리하는 방법으로 '포모도로 테크닉(Pomodoro technique)'이라는 것이 있다.

포모도로 테크닉은 프란체스코 시릴로가 제안한 시간 관리법으로, 타이머를 이용한다. 포모도로는 이탈리아어로 토마토라는 뜻으로 이 명칭은 그가 토마토 모양의 조리용 타이머를 사용한 것에서 유래됐다고 한다. 기본적인 내용은 **077**의 시간 분할법과 다르지 않다.

포모도로 테크닉의 순서는 다음과 같다.

1. 타이머를 25분으로 설정하고 작업을 시작한다.
2. 타이머가 울리면 3~5분 동안 휴식을 취한다.
3. 작업과 짧은 휴식을 4~5차례 반복할 때마다 한 번씩 15~30분 동안 길게 휴식을 취한다.

포모도로 테크닉의 집중 시간과 휴식 시간은 모두 대략적인 기준이므로 작업 내용에 따라 시간을 조정하는 것이 좋다.

하지만 이 방법에는 앞서 설명한 시간 분할법에 없었던 한 가지 요소가 존재한다. 그것은 바로 작업과 휴식을 여러 차례 반복할 때마다 한 번씩 길게 휴식을 취한다는 점이다.

이는 '휴식에도 두 종류가 있다'라는 점을 의식한 것으로 보인다. 짧은 휴식 시간에는 긴장했던 두뇌를 쉬게 해 다음 집중 시간에 대비하고, 긴

SECTION 03

휴식 시간에는 작업 자체에서 오는 피로를 푸는 것이다.

　예를 들어 어려운 프레젠테이션 자료를 만들 때, 첫 번째 작업 시간 (25분) 동안 2~3장의 슬라이드를 만들고 휴식을 취했다고 하자. 하지만 잠깐 쉰다고 해도 하루 종일 슬라이드를 만든다면 점차 피곤해질 것이다.

　그렇기 때문에 작업과 짧은 휴식을 4~5차례 반복할 때마다 한 번씩 작업에서 벗어나 머리를 푹 쉬게 하는 것이다. 산책을 해도 좋고, 다른 작업을 준비해도 좋다.

　포모도로 테크닉의 묘미는 이처럼 짧은 집중 시간 동안 작업에 몰두해야 하는 점과 짧은 휴식을 반복하며 작업을 오랜 시간 지속해야 하는 점을 모두 고려한다는 것이다.

081 컴퓨터와 스마트폰 알림을 전부 꺼본다

한창 일에 몰두해 있다가 갑자기 울린 전화벨이나 인터폰, 메일 수신 알림음 혹은 휴대전화 진동 소리에 흐름이 끊길 때가 있다.

아주 잠시, 게다가 작업과 관련된 일로 방해받았다면 금세 다시 일에 집중할 수 있다. 하지만 전혀 다른 일이 끼어들면 다시 작업을 시작해도 기존의 페이스를 되찾기까지 약 23분이 걸린다는 연구 결과가 있다.

특히 복잡한 작업을 하고 있을 때는 겨우 3초만 스마트폰 알림에 시선을 빼앗겨도 원래의 페이스로 돌아갈 때까지 상당한 시간이 걸린다.

집중력을 계속 유지하려면 불필요한 방해를 받지 않는 환경을 만드는 것이 중요하다. 예를 들어 요즘은 컴퓨터든 스마트폰이든 이메일부터 최신 뉴스, 앱의 업데이트 정보에 이르기까지 온갖 알림이 기본값으로 설정되어 있다. 이러한 알림 기능은 처음부터 전부 꺼두자.

- 가급적 메일 수신을 자동에서 수동으로 변경한다.
- SNS의 팔로우나 댓글 알림은 전부 끈다.
- 컴퓨터나 스마트폰의 알림 설정을 꺼두거나 적어도 '방해금지 모드'를 이용해 집중해야 하는 오전에는 아무 표시도 뜨지 않게 한다.

그래도 연락을 피할 수 없다면 주위에 오전에는 업무에 집중하고 싶으니 급한 용건이 아니면 오후에 해달라고 부탁하고, 비상시 쓰는 전화번호를 남기면 업무 중에 방해받는 일을 조금은 줄일 수 있다.

전화와 인터넷을 모두 끊고 일한다

요즘은 어디서에서나 스마트폰으로 인터넷이 가능하다. 이는 편리하지만, 집중할 시간이 필요한 이에게는 방해 요소가 되기도 한다.

집중하려는 사람에게 인터넷은 천적이다. 그런 사람은 다소 강경한 방법이기는 하지만, 인터넷 접속을 끊어버리자. '30분 동안 집중하자'라고 마음먹었다면 유선랜 케이블을 빼고, 와이파이 접속을 차단한다.

사정이 있어서 인터넷을 완전히 차단할 수 없다면 지정한 시간 동안 웹사이트나 앱의 접속을 차단해주는 서비스 프리덤(https://freedom.to)을 이용해보자. 마찬가지로 전화도 일정 시간 동안 차단해두면 좋다.

장시간 동안 이메일을 확인하지 않거나 전화받지 않으면 업무에 지장이 생길 수도 있으므로 이 방법은 상황을 살펴가며 써야 하지만, 실제로 해보면 다음과 같은 사실을 깨닫는다.

- 잠시라도 '전화가 올 가능성이 전혀 없는' 상황을 만들면 그것만으로도 안심하고 일에 집중할 수 있다.
- 당신이 인터넷이나 전화를 차단해뒀다는 사실을 의외로 사람들은 눈치채지 못한다.

집중할 수 있는 시간은 스스로 확보해야 한다. 집중이 필요한 순간에는 이런 대담한 방법도 한번 사용해보자.

083　자신의 '탈선 패턴'을 의식한다

메일이 오지 않았는지 하루에도 몇 번씩 확인하지 않는가? 아니면 정보를 수집한다는 핑계로 뉴스 사이트를 들락날락하거나 SNS에 올라오는 정보를 한없이 들여다보지는 않는가? 이러한 행동은 단순히 게으름을 피우는 것이라기보다는 메일을 확인하거나 새로운 정보를 발견했을 때 뇌가 쾌락을 느끼기 때문에 자꾸 반복하게 되는 일종의 습관이다.

이러한 '탈선'에도 몇 가지 패턴이 있다. 일하다가 가끔 딴짓할 수도 있다. 그렇다고 자신을 탓하기보다는 '탈선 패턴에 빠진' 사실을 인식하고 이를 방지할 대책을 세우는 편이 훨씬 도움이 된다.

만약 이메일을 수시로 확인한다면 오전 10시와 오후 3시처럼 정해둔 시간에만 메일을 처리하도록 규칙을 정하자. 사이트에 자주 접속하는 사람은 스테이포커스드(StayFocused)처럼 지정한 시간이 지나면 사이트를 차단하는 프로그램을 이용해보자.

실패 패턴을 성공 패턴으로

'탈선 패턴'에 빠져 저지르기 쉬운 짓이 있다면 '그에 대한 대책' 또한 반복하면서 차츰 하나의 패턴으로 자리 잡게 된다.

"나는 집중력이 부족해"라고 말하는 사람이 있는데, 집중력도 운동선수의 근육처럼 단련시킬 수 있다. 실패를 통해 배우다 보면 동일한 패턴에 빠져 딜신하는 일이 짐자 줄어들 짓이다.

굵직한 업무를 하나 끝낼 때마다 컴퓨터를 다시 시작한다

일에 집중이 잘될 때는 창을 여러 개 띄우고 탭을 몇 개씩 열어놓아도 업무를 척척 처리할 수 있다.

하지만 굵직한 업무를 하나 마무리한 후에도 앱이나 탭을 그대로 열어두면 시간이 갈수록 화면은 물론이고 머릿속까지 점차 뒤죽박죽이 된다. 그러므로 굵직한 업무를 하나 끝낼 때마다 컴퓨터나 인터넷 창을 다시 열거나 모든 앱을 닫아버리자.

아침에 출근해 컴퓨터를 켜고 창이 하나도 열려 있지 않은 상태에서 기분 좋게 업무를 시작하듯 하루에도 몇 번씩 비슷한 상황을 연출하는 것이다.

'자료 작성이 끝나면 컴퓨터 다시 시작하기' '정보를 어느 정도 수집하고 나면 컴퓨터 다시 시작하기' 같은 규칙을 정해 실천하면, 화면과 머릿속을 말끔하게 유지할 수 있고 업무에도 리듬이 생긴다.

재시작에도 요령이 있다

요즘 몇몇 기기에서 재시작을 하면 마지막에 사용한 앱과 작업창이 다시 열리기도 하므로 미리 모든 앱을 완전히 종료시킬 필요가 있다.

크롬(Chrome) 브라우저 이용자라면 열어둔 사이트를 전부 저장하고 싶을 때 '북마크'의 '열린 페이지를 북마크에 추가'를 누르고, 날짜별로 폴더를 만들어 저장해두자.

085 업무에 점수를 매겨 균형을 맞춘다

집안일과 육아 혹은 시스템 관리와 블로그에 올릴 글쓰기 등 아무리 해도 좀처럼 '끝'이 보이지 않는 일들이 있다.

이런 일들을 할 때는 항상 의욕적으로 움직이기가 쉽지 않는데, 힘든 일을 한 가지 끝낸다고 해서 그 일로부터 완전히 해방되는 것이 아니기 때문이다.

그럴 때면 '이렇게 힘들고 괴로운 일보다 자잘한 일을 두 가지 하는 편이 낫지 않을까?'라는 생각도 당연히 들 수 있다.

이때 힘든 일부터 자잘한 일까지 각각 점수를 매겨놓으면 '일주일에 50점 달성하기'라는 식으로 목표를 정해 관리할 수 있다. 블로그 관리를 예로 들자면 다음과 같다.

- 10점: 긴 글을 업로드했을 때
- 5점: 짧은 글을 업로드했을 때
- 3점: 블로그에 올릴 글의 초고를 쓰거나 자료를 수집했을 때
- 1점: 블로그를 관리하거나 과거에 올린 글을 정리했을 때

점수를 매길 때는 힘든 일의 점수를 자잘한 일의 점수보다 최소한 2~3배 높게 정해서 가끔 힘든 일에 시간을 내지 못하면 일주일 치 목표를 채울 수 없게 한다.

높은 점수의 어려운 장애물을 준비하고 이를 뛰어넘기 위해 한계를

SECTION 03

152   153

넘어 노력하라는 의미가 아니라 '매주 20점을 채우는 정도면 할 수 있을 것 같아' '25점 정도까지는 좋은 컨디션을 유지할 수 있어'라는 식으로 자신에게 알맞게 페이스를 조정하기 위해서다.

의욕을 잃지 않는 동시에 힘든 일을 일정한 페이스로 해낼 수 있도록 적절한 균형을 찾아보기 바란다.

086 내키지 않는 일은 '선택'으로 바꾼다

'도무지 마음이 내키질 않아' '하고 싶은 마음이 들지 않아'라는 식으로 의욕이 떨어지기 시작할 때, 머릿속에는 자꾸만 '~해야 하는데……'라는 생각이 들기 쉽다.

'이 일은 꼭 해야 해' '이걸 시작해야 하는데…… 안 그러면……' 무의식중에 이런 말이 튀어나오는 이유는, 설령 그 일이 누군가가 맡기지도 않은 자신의 일이라 해도 그 일을 마치 '강요당한 것'처럼 바라보기 때문이다.

이처럼 의욕이 떨어졌을 때 그 일을 '선택'으로 바꿔 생각하면 다시한번 능동적으로 그 일에 임할 수 있다.

'나는 이 일을 하기로 선택했다'라고 스스로 선택한 일이라고 되새기는 것이다.

'분해'하는 것도 중요하다

하지만 그렇게 해서도 의욕이 돌아오지 않는다면 그때는 어떻게 해야 할까. 그럴 때는 선택할 수 있는 수준까지 일을 분해해보자. 예를 들어 '이메일을 받으면 곧바로 답장하기'라는 일을 선택할 수 없다면 '맨 처음 받은 이메일에 답장하기'를 선택한다.

선택하는 것으로 무의식중에 '강요당하는' 상태에 빠져 있던 마음을 다시 한번 '나는…'이라는 주체적인 상태로 되돌릴 수 있다. 이런 작은 선택을 반복하다 보면 좀 더 많은 의욕을 이끌어낼 수 있게 된다.

154　155

선택과 보람을 적절히 조정한다

사람은 자신이 상황을 통제한다고 느낄 때 더 의욕을 불태운다. 그리고 그러한 의욕은 자신이 하고 있는 일이 좀 더 장기적인 가치관이나 인생의 보람과 직결된다는 확신이 들수록 강해지는 경향이 있다.

그렇기에 자신이 일에서 추구하는 의미나 이루고 싶어 하는 장기적인 목표 등이 지금 하고 있는 일과 같은 방향을 가리킬 때, 사람은 엄청난 힘을 발휘할 수 있다. 목표를 명확히 하는 것이 좋은 이유가 바로 여기에 있다.

하지만 일상적인 업무를 그런 가치관이나 목표와 동일 선상에 놓기란 쉽지 않다. 영업하러 나가야 하는 건 알지만, 그런 행동 자체와 자신의 보람 사이에 그 어떤 직접적인 연관도 찾을 수 없는 경우가 이에 해당한다.

그럴 때는 보람을 상황에 맞게 바꿔 순간적으로 강한 동기를 부여한다. 예를 들어 영업하러 가는 일을 좋아하는 식당에서 점심 먹는 일과 결부시켜 '나는 그 식당에 가기 위해 나가는 거야'라는 선택으로 바꾸는 것이다. 갑자기 시시한 소리를 하는 것처럼 들리겠지만, 이 방법을 쓰면 적어도 당장 눈앞에 닥친 일을 시작할 수는 있다.

그리고 일단 그 일을 시작했다면 또 그때의 상황에 맞춰 자신을 설득하자. '기분 좋게 영업하러 나가는 것은 내 가치관에 부합된 행동이지 않을까?'라고 말이다. 선택과 보람을 상황에 맞게 조정해 자신에게 끊임없이 동기를 부여하고 이 동기가 새로운 행동이 될 수 있도록 하자.

088 스탠딩 책상을 사용해 집중력을 높인다

당신은 하루에 몇 시간을 의자에 앉아 보내는가? 주로 컴퓨터로 일하는 사람 중에는 하루에 10~12시간을 앉아서 보내는 사람도 적지 않을 것이다.

의자에 내내 앉아 있으면 자세가 경직되어 어깨가 뭉치고 허리에 통증이 생길 수 있다. 집중력도 점차 흐트러진다. 그럴 때 활용하면 좋은 제품이 서서 일할 수 있는 스탠딩 책상이다.

시판 중인 스탠딩 책상 중에는 책상 다리를 늘였다 줄였다 해서 높이를 조정하는 제품이나 책상 위에 놓은 채로 올렸다 내렸다 할 수 있는 제품 등이 있다. 하지만 이런 제품들은 꽤 고가라서 사무실에서 쓰기 위해 개인이 구입하기에는 좀 부담스럽다.

이럴 때 스탠딩 책상으로 이용할 수 있는 것이 귤 박스와 비슷한 크기의 상자다. 책상 위에 상자를 놓고, 그 위에 노트북을 올려 사용하는 것이다.

서서 일할 때 손은 가급적 허리 부근에 오는 것이 좋으므로 노트북에 외부 키보드를 연결해서 상자 위에 노트북을 두고, 그보다 아래쪽에는 키보드 두는 곳을 따로 만드는 것이 좋다.

실제로 스탠딩용 책상을 사용해보면 집중력이 향상되는 것은 물론이고 가벼운 하체 운동이 되어 기분까지 좋아지는 효과가 있다. 처음에는 짧게 사용하고, 익숙해지면 횟수와 시간을 점차 늘려나가는 것이 좋다.

대화 중에 상대방의 이름을 사용하여 기억한다

처음 만난 사람의 이름은 잘 외워지지 않는 법이다. 얼굴과 이름이 일치되지 않는 것은 물론이고, 시간이 지날수록 기억이 희미해져서 그가 어떤 사람이었고 자신이 그와 어떤 대화를 나눴는지조차 기억나지 않는다.

이런 일을 방지하기 위한 방법이 하나 있다. 처음 만난 사람의 이름을 들으면 그때부터 대화 중에 그 사람의 이름을 사용하는 것이다.

이는 다감각을 이용한 기억법으로, 시각뿐만 아니라 자신이 소리 내 말한 순간의 청각이나 주변의 광경 혹은 대화 속에서 느낀 감정 등을 통해 정보를 다면적으로 수집해 기억을 보존할 확률을 높인다.

캐리커처도 암기력을 향상시킨다

사람들은 상대방의 얼굴을 마치 사진처럼 기억하려 애쓰지만, 그리 효과적이지 않다. 특징을 최대한 배제한 평균적인 얼굴로 기억하면 다른 사람과 잘 구별되지 않아 결국 어떠한 인상도 남길 수 없기 때문이다.

오히려 거리의 예술가들이 그리는 캐리커처처럼 특징을 극대화해서 '눈 밑에 점 있는 사람' '이마가 넓은 사람' 식으로 기억하는 편이 더 인상에 남는다. 그 사람에게 실제로 이렇게 말하는 것은 실례지만, 기억하기 위해 혼자 사용하는 것은 문제없다. 시각과 청각, 분위기나 느낌 등을 총동원해서 상대방의 첫인상이 희미해지지 않도록 하자.

090 기억력을 끌어올리는 '기억의 궁전'을 지어보자

영화로도 유명한 토머스 해리스의 소설《양들의 침묵》속편《한니발》에서는 천재적인 두뇌를 지닌 살인마 한니발 렉터를 '기억의 궁전'에 방대한 정보를 저장하고 있는 인물로 묘사하고 있다. 한니발은 몸이 구속되어 있는 상태에서도 기억 속의 어느 한 추억을 자유롭게 산책하면서 세세한 정보를 전부 기억하는 재능을 이용해 소름 끼치는 활약을 펼친다.

이 정도의 기억력을 소유한다는 것은 역시 소설에서나 가능한 일이지만, '기억의 궁전' 자체는 중세 학자들도 실천했을 만큼 오래된 기억법이다. 이 방법의 핵심은 머릿속으로 상상한 장소에 강렬한 기억을 저장하고 그 기억을 꺼내기 위한 열쇠, 즉 초기억(metamemory, 기억과 기억 과정에 대한 지식이나 신념을 의미−옮긴이)을 환기시키는 것이다.

자신만의 기억의 궁전을 지을 때는 당신이 구석구석까지 잘 알고 있는 방이나 건물, 마을을 이용하자. 어떤 장소를 떠올리고, 그 자리에 열쇠가 될 이미지가 놓여 있는 장면을 상상하며 기억한다.

예를 들어 나는 여권번호를 떠올릴 때면 공항에 갈 때 늘 이용하는 버스정거장에서 웬 검은 옷차림을 한 남성이 손을 흔들며 "가지 마!"라고 외치는 장면을 상상한다. 검은 옷은 사령(死靈)을 연상시키기 때문에 '40(사·영)', '가지 마'는 '197'('가지 마'의 일본어 '行くな'는 숫자 1·9·7의 앞 글자와 발음이 같다−옮긴이)이라는 식으로 몇 가지 요소를 이미지에 결합하면 정확한 번호를 재구성한다.

기억의 궁전에 둬야 할 것은 정확한 기억 정보가 아니라, 어디까지나

기억을 떠올리는 데 필요한 열쇠라는 점에 주의하자. 그러므로 이러한 열쇠에 해당하는 이미지를 쉽게 잊어버리지 않도록 스토리식 기억법 등을 이용해 최대한 기묘하고 강렬한 인상을 남길 수 있게 만든다.

자신의 방을 이용해 간단한 '기억의 궁전'을 만든다 _____

기억의 궁전을 처음 만드는 사람은 우선 방 하나부터 시작하자. 이미지를 둘 장소로 책상 위나 침대 위, 방의 모서리처럼 모습을 또렷하게 떠올릴 수 있는 곳을 미리 생각한다.

예를 들어 지금 내 기억의 궁전에서는 거대한 고양이가 책상 위에서 울어대고 있는데, 그 광경은 내가 기억하고 싶은 어떤 일을 연상시킨다.

그 모습을 지우고 그 자리에 새로운 기억을 심고 싶을 때는 새로운 이미지를 예전 이미지에 덮어씌우는 것이 효과적이다.

'기억의 궁전'은 편리한 도구지만 결코 하루 만에 지을 수 없다. 익숙한 장소를 머릿속에 재구성하면서 상상의 이미지를 조금씩 덧붙이는 연습이 필요하다.

하지만 익숙해지면 오히려 잊기 힘들어질 만큼, 당신만의 기호로 가득 찬 상상의 세계가 다양한 기억을 불러일으킬 것이다.

091 길고 복잡한 비밀번호를 암기하는 요령

알다시피 비밀번호는 길고 복잡하게 그리고 이용하는 서비스마다 달리 설정하는 것이 좋다.

나는 '원패스워드(1Password)'라는 비밀번호 관리 프로그램을 이용해 약 1천 개의 강도 높은 비밀번호를 여러 대의 컴퓨터와 스마트폰에 동기화해서 관리하고 있다.

하지만 원패스워드를 사용하더라도 원패스워드에 로그인할 때 필요한 마스터 암호는 반드시 외우고 있어야 하며, 가끔 아이폰에서 입력하라고 요구하는 아이클라우드 비밀번호처럼 기억해야 할 비밀번호가 몇 가지 생기기 마련이다.

이럴 때 이용하면 좋은 방법이 막대 인간 스타일의 과학 웹툰 xkcd(https://xkcd.com)에 소개된 '임의 단어 연결법'이다.

SECTION 03

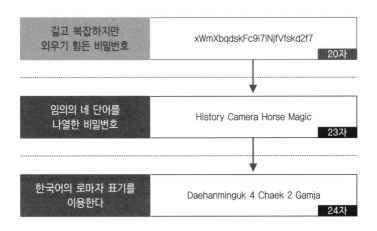

길고 복잡하지만 외우기 힘든 비밀번호	xWmXbqdskFc9i7iNjfVfskd2f7 20자
임의의 네 단어를 나열한 비밀번호	History Camera Horse Magic 23자
한국어의 로마자 표기를 이용한다	Daehanminguk 4 Chaek 2 Gamja 24자

'password' 같은 뻔한 단어는 당연히 비밀번호로 쓸 수 없지만, 임의로 단어 4개를 골라 '나열'하면 오직 당신만이 알 수 있는, 복잡하면서도 쉽게 기억할 수 있는 비밀번호를 만들 수 있다.

알파벳 표기만으로는 알아보기 어렵게 한국어 단어의 발음을 로마자 표기로 하여 비밀번호를 만드는 방법도 효과적이다.

092 활기찬 삶을 위한 수면 규칙 '10-3-2-1 규칙'

생산성이 높은 사람이나 과거에 수많은 작가 혹은 예술가가 입을 모아 말한 '결정적인 습관'이 바로 수면이다. 수면이야말로 인생을 바꾸는 사소한 습관 가운데 가장 중요한 것이라 할 수 있다.

많은 사람이 하루에 6~7시간 정도밖에 자지 않는데, 이런 생활이 반복되면 술에 취해 있는 것과 비슷한 상태에 빠진다는 연구 결과도 있다. 그리고 이렇게 쌓인 피로는 주말에 푹 쉬는 것만으로는 회복되지 않는다고 알려져 있다.

수면 시간을 힘들게 1시간 줄이면 다른 일에 쓸 수 있는 시간이 연간 365시간 늘어나기는 하겠지만, 그 1시간에 잠을 더 자는 것이 오히려 능률을 2배 가까이 올린다는 점을 기억해야 한다.

크레이그 밸런타인이 'Early to Rise'라는 블로그에 소개한 '10-3-2-1

기상 시각

click!

규칙'은 충분한 수면 시간을 확보하는 데 도움이 된다. 그 내용은 다음과 같다.

- 취침 10시간 전부터는 카페인을 삼간다.
- 취침 3시간 전부터는 음식이나 술을 섭취하지 않는다.
- 취침 2시간 전부터는 회사 일처럼 긴장감을 높이는 일을 하지 않는다.
- 취침 1시간 전부터는 스마트폰이나 텔레비전, 컴퓨터 등의 화면을 들여다보지 않는다.

카페인을 취침 10시간 전부터 삼가라는 이유는 개인마다 차이는 있겠지만 카페인이 체내에서 분해되는 데 걸리는 시간이 일반적으로 6~9시간 정도이기 때문이다.

또 3시간 전부터 음식물 섭취를 금하는 이유는 소화 활동이 숙면을 방해하는 것을 막기 위해서다. 그리고 2시간 전부터 일하지 말라는 이유는 긴장을 풀기 위해서이며, 1시간 전부터 화면을 들여다보지 말라는 이유는 화면의 강한 빛이 수면을 방해하기 때문이다.

이상적인 수면 시간은 7~10시간 정도로, 사람마다 제각기 다르다. 하지만 실제로 많은 사람이 수면 부족에 시달리고 있다는 점을 고려해 평소에 잠을 충분히 자는 습관을 들이도록 하자.

093
스파이어를 이용해 긴장과 스트레스를 푸는 호흡법을 배운다

'숨을 죽이다'라는 표현이 있듯이, 업무량이 늘어나거나 긴장감이 고조되면 자신도 모르게 숨이 매우 얕아질 때가 있다.

얕고 짧은 호흡은 스트레스로 이어지며 이 호흡 자체가 스트레스 상태에 대한 반응을 나타내기도 한다. 규칙적으로 호흡을 가다듬고 심호흡하면 이러한 긴장 상태를 완화시킬 수 있으므로 실천해보자.

1970년대 하버드대 의학대학원의 허버트 벤슨 교수가 개발한 '이완 반응'이라는 명상법을 하루에 10~20분간 실천하면서 호흡을 가다듬으면 스트레스 반응과 정반대되는 효과를 얻을 수 있다고 알려져 있다.

사람들이 제안하는 호흡법에는 다양한 종류가 있지만, 스트레스가 심한 사람은 심호흡조차 얕아지기 쉬우므로 주의가 필요하다.

이런 사람에게 유용한 제품이 호흡을 모니터링하는 스파이어(Spire)다. 바지나 치마 또는 속옷 안에 착용해 피부에 살짝 닿게 하면 호흡을 측정해 스트레스가 발생할 만큼 긴장된 상태에 놓였을 때 진동으로 알려준다.

스마트폰과 연동시켜 기록을 저장하고, 이를 검토해서 편안하게 호흡하는 시간을 늘려나가자.

몸에 부착해 호흡을 모니터링하는 스파이어

분노를 억제하는 3가지 방법

발끈하지 않으려고 아무리 조심해도 갑자기 예상치 못한 일을 겪거나 심한 말을 들으면 누구라도 분노가 치밀어 오르는 듯한 감정을 느낄 것이다. 그런 발작적인 반응은 마음가짐만으로 막을 수 있는 것이 아니다.

분노를 그대로 드러내 인간관계를 도저히 회복할 수 없는 수준까지 깨뜨리거나 감정을 주체 못 해 충동적으로 행동하면 후회만 깊게 남는다.

그런 상황이 닥치면 분노가 단지 심리적인 작용뿐만이 아니라 신체적인 작용이기도 하다는 점을 기억하자. 말투나 몸의 자세에 신경을 쓰는 것만으로 분노를 어느 정도 제어할 수 있다. 예를 들면 다음과 같다.

1. 손바닥: 분노가 치밀 것 같은 순간이 오면 손바닥을 쫙 편다. 사람은 분노를 느끼는 순간 긴장해서 주먹을 꽉 쥐기 쉬운데, 의식적으로 손바닥을 펴면 긴장이 누그러진다.
2. 어깨: 이와 마찬가지로, 긴장되어 올라간 어깨를 의식적으로 내려 몸을 편안한 자세로 만든다.
3. 목소리: 화가 치밀어 오르면 자연스레 목소리가 커지고 말이 빨라진다. 그러므로 말하는 속도를 그 절반 수준으로 떨어뜨린다. 천천히 말하면 큰 소리를 내기가 어려워지며 냉정함을 되찾을 수 있다.

이러한 방법들은 분노에 휩쓸리지 않고 자신을 객관적으로 바라보며 냉정하게 대처하는 방법을 찾는 계기가 되어줄 것이다.

095 좌절했을 때 긍정의 말을 대량 투하한다

다른 사람과 비교를 당해 괴롭다. 일을 실패해서 좌절감이 든다. 살다 보면 이런 어려움을 얼마든지 겪을 수 있다. 이럴 때, 움츠러드는 자신을 다시 일으켜 세울 수 있는 방법을 몇 가지 알아두면 도움이 된다.

이때 참고하면 좋은 것이 1955년에 앨버트 엘리스 박사가 창시한 '합리적 정서행동치료(Rational Emotive Behavior Therapy)' 이론이다. 이 이론에서는 좌절이나 불안 같은 심리적 문제의 원인이 부정적인 사건 그 자체가 아니라, 그러한 사건을 바라보는 관점에 있다고 본다.

예를 들어 '다른 사람에게 비판을 받아 괴롭다'라는 생각의 이면에는 '나는 비판받아서는 안 된다' '비판받을 만한 상황이 생겨서는 안 되는데, 그런 일이 벌어졌다'라는 해석이 숨어 있다. 이처럼 '~여야 한다'라는 숨어 있는 마음을 비합리적 신념(irrational belief)이라고 하는데, 엘리스박사는 이런 신념이 좌절감과 절망감을 낳는다고 보았다.

이를 타개하려면 부정적인 사고의 이면에 숨어 있는 '사실은 ~여야하는데'라는 식의 자신을 구속하는 생각을 적극적으로 의심해야 한다.

예를 들어 '일을 실패해서 좌절감이 든다'라는 생각의 이면에는 '나는 결코 실패해서는 안 되는데……'라는 마음이 숨어 있다. 이럴 때 '누구나실패는 하는 법이야. 나라고 해서 실패하지 않으리라는 보장은 없지'라고 생각을 고쳐먹고, '그래도 이런 면에서는 성공하고 있어' '이런 점은잘했잖아'라는 식의 긍정적인 생각만으로도 움츠러든 당신을 일으켜 세워줄 것이다.

백색소음으로 집중력을 높이고 스트레스는 낮춘다

조용한 사무실보다 소란스러운 카페에서 집중이 더 잘될 때가 있다.

이런 현상이 일어나는 이유는 뇌의 인지적 특징 때문이다. 사람은 조용한 환경에 놓이면 작은 소리나 기척에도 즉각적으로 반응하는 경향이 있다. 하지만 어느 정도의 소음이 있는 공간에서는 주변 소리에 주의를 기울이지 않아도 되기 때문에 오히려 자신의 생각에 더 몰두할 수 있다.

따라서 소리를 이용하면 집중력을 높일 수 있다. 그중에서도 특히 다양한 음높이의 소리가 합쳐진 잡음인 백색소음을 쓰는 방법이 효과적이다.

이러한 백색소음이나 바람 소리, 시냇물 소리 같은 배경 소리를 만들어내는 사이트 중에 추천하고 싶은 것이 노이즐리(Noisli)다.

소리를 원하는 대로 조합할 수 있는
노이즐리 앱

노이즐리에는 백색소음 외에도 빗소리나 장작 타는 소리, 천둥소리 등이 있으며, 주파수대의 차이에 따라 각각 핑크 노이즈와 브라운 노이즈로 명명한 소음도 있다. 좋아하는 소리를 조합해서 등록한 뒤 스마트폰 앱으로 다시 들을 수도 있다.

노이즐리를 이용해 당신의 집중력을 가장 오래 지속시킬 최고의 소리 조합을 찾아보기 바란다.

좋아하는 음악으로 '부스터 플레이리스트' 만들기

백색 소음이나 배경 소리를 이용하지 않고, 그저 좋아하는 음악에 맞춰 일하기만 해도 능률이 오른다는 것이 연구를 통해 밝혀졌다. 음악이 작업 중 발생하는 스트레스를 감소시키거나 단조로운 작업에 변화를 줘 능률을 올리는 등 다양한 영향을 끼치는 것이다.

그러나 복잡한 사고를 요할 때는 가사 있는 음악이 방해될 때도 있고, 세대 혹은 개인의 경험에 따라 클래식이나 팝 등 장르별로 능률의 차이가 나기도 한다.

어려운 설명은 접어두고 핵심만 말하자면 결국 음악의 리듬을 자연스럽게 탈 수 있느냐 없느냐 하는 것이 관건인 셈이다. 그러므로 직접 플레이리스트를 만들어 효과가 어느 정도인지 실험하는 것이 가장 좋다.

나는 프로그래밍처럼 단조롭지만 확실한 목적이 있는 작업을 할 때는 신스팝이 잘 맞는다는 사실을 경험으로 깨달았다. 그래서 '프로그래밍용'이라 이름 붙인 플레이리스트에 기분 좋게 일할 수 있는 곡들을 넣어두고 일할 때마다 랜덤으로 재생하고 있다.

이 밖에도 '원고 집필용' '휴식용' 등 몇 가지 플레이리스트를 더 만들어 그때그때 기분에 따라 바꿔 듣고 있다. 일하다 보면 느긋하게 일하고 싶을 때도 있고, 반대로 속도를 높여 빠르게 작업을 진행하고 싶을 때도 있기 때문이다.

그리고 직장에서는 오래 껴도 귀가 아프지 않게 모니터링 헤드폰을 쓰고 있다. 착용감이 편해 내내 끼고 있어도 귀가 덜 피곤하다.

098 최적의 낮잠 시간은 10~20분

매일 충분한 수면 시간을 확보하는 것이 가장 이상적이지만, 여건상 힘들 때가 많다. 그럴 때 낮잠을 짧게 자면 주의력이나 기억력을 회복할 수 있다고 알려져 있다.

일본에서는 낮잠 자는 사람을 게으르게 보는 경향이 있는데, 예부터 많은 나라가 시에스타 같은 낮잠 풍습을 지켜왔으며, 서양에는 오후에 필요한 에너지를 충전하기 위해 짧게 낮잠을 자는 파워 냅(Power nap)이 상당히 정착되어 있다.

알맞은 낮잠은 사람이나 피로한 정도에 따라 다르겠지만, 단시간에 집중력을 회복하고 업무에 복귀하기에 가장 적당한 시간은 10~20분 정도라는 연구 결과가 있다.

그리고 60분 정도 길게 자는 것도 효과적이라고 한다. 그러면 집중력뿐 아니라 기억력 등 여러 기능이 어느 정도 회복된다고 알려져 있다.

낮잠 잘 자는 요령

만약 낮잠을 30분 정도 자면 집중력은 회복할 수 있지만, 깊이 잠들기 전에 눈을 떠서 몸이 수면 상태에서 깨기까지 좀 시간이 걸릴 수 있다.

타이머를 설정하고 10~20분 정도 낮잠 자려 해도 처음에는 익숙지 않아 좀체 잠들지 못할 수도 있다. 그래도 눈을 계속 감고 있는 것만으로도 시각적인 정보가 줄어들어 효과를 볼 수 있으니 한번 실천해보자.

099

수면 주기를 파악해
가장 잠이 얕은 순간에 일어난다

인간의 수면은 일정한 주기에 따라 얕아졌다 깊어지기를 반복한다고 알려져 있다.

잠이 들면 처음에는 얕은 수면 상태에 빠졌다가 그다음에는 깊은 수면 상태와 꿈을 꾸는 렘수면 상태에 빠지게 된다. 수면 주기는 90분 정도며 아침이 밝아올수록 수면은 점차 얕아진다. 이러한 주기가 반복되는 가운데 깊은 수면 상태에서 알람 소리에 강제적으로 눈을 뜨면 몸이 무겁고 피곤한 상태에서 하루를 시작하게 된다.

이런 일이 발생하지 않도록 슬립사이클 알람 시계(Sleep cycle alram clock)라는 스마트폰 앱을 이용해보자. 이 앱을 실행한 채로 스마트폰을 머리맡에 놓아두면, 자는 동안의 움직임을 가속도계가 기록해서 수면 주기를 측정한다. 그리고 설정해둔 30분 중에서 가장 잠이 얕아지는 순간을 찾아내어 알람을 울려준다.

수면의 '개선점'을 체크

슬립사이클 알람 시계에는 수면 상태를 그래프로 표시하는 기능도 있어 수면 시간이 평소보다 흐트러지거나 충분히 휴식을 취하지 못했을 때의 수면 주기를 보고 개선할 점을 고민해볼 수도 있다.

마찬가지로 수면 패턴을 모니터링하는 스마트워치 같은 기기도 최근 많이 출시됐으므로 '양질의 수면'을 취할 수 있도록 한번 이용해보자.

체크리스트로 자잘한 실패를 방지한다

고도의 훈련을 받은 전문가도 가끔은 믿을 수 없는 실수를 저지를 때가 있다. 혹시 그 사람의 노력이 부족했던 탓일까?

외과의사 겸 작가인 아툴 가완디는 베스트셀러가 된 자신의 저서 《체크! 리스트》(21세기북스, 2010)에서 그런 실수가 개인의 재능이나 노력과는 상관없이 대부분 '무지'나 '무능'에서 비롯된다고 설명했다.

'무지'란 '어떻게 대응해야 할지 몰랐다'라는 뜻으로, 절차에 대한 정보 부족을 의미한다. 반면 '무능'이란 어떻게 해야 하는지 알고 있었음에도 그 지식을 적절히 실행하지 못한 경우를 가리킨다.

수술이 실패하고, 비행기가 추락하고, 투자를 잘못해 손실을 입는 사례 중에는 원래 막을 수 있었던 사소한 실수가 원인이 된 경우가 매우 많다. 작가는 이러한 일을 방지할 수 있도록 결코 간과해서는 안 되는 항목을 열거한 체크리스트를 만들 것을 제안했다.

예를 들어 발송하기 전 파일이 제대로 첨부됐는지, 수신자의 주소가 잘못되지는 않았는지, 상관없는 사람이 참조자로 돼 있지는 않은지 등을 체크한 후 보내면 이메일을 잘못 보내는 일이 크게 줄어든다. 실패나 불안 요소가 있으면 이를 체크리스트에 추가해 리스트를 점차 다듬어간다.

체크리스트는 평소에 업무를 보는 책상 위에 붙여놓거나 에버노트 같은 앱에 텍스트파일로 저장해두고 필요할 때마다 꺼내 보는 것이 좋다.

101 자동화할 수 있는 것은 전부 자동화한다

아무리 효율성을 높이고 시간을 잘 활용해도 한 사람이 하루에 할 수 있는 일에는 한계가 있다. 그러므로 자동화할 수 있는 것은 전부 자동화하는 것이 중요하다.

예를 들어 식기세척기나 로봇 청소기 같은 제품은 단순히 가격만 놓고 보면 꽤 부담스러운 금액이지만, 장기간 사용하면 그만큼 막대한 시간을 절약할 수 있으므로 투자할 만한 가치가 있다.

이러한 도구를 이용한 자동화는 시간을 절약시켜줄 뿐 아니라, 그걸 위해 준비에 필요한 생각이나 노력까지도 덜어준다. 예를 들어 로봇 청소기를 사용하면 청소 시간을 절약할 수 있을 뿐만 아니라, 청소할 시간을 내기 위해 전후의 일정을 조정해야 하는 수고에서도 해방될 수 있다.

의외로 자동화할 수 있는 것

가계부를 작성하거나 요금을 지불하는 일처럼 흔히 직접 해야 한다고 생각하는 일 중에도 자동화할 수 있는 것들이 있다.

예를 들어 뱅크샐러드, 브로콜리 같은 앱을 이용하면 은행의 출납 기록부터 신용카드 이용 기록까지 자동적으로 집계되어 가계부가 자동적으로 작성된다.

처음에는 수고나 투자 혹은 학습이 필요하다. 하지만 일단 자동화되면 늘인 시간이나 투자를 서서히 되찾을 수 있다. 생활에서 자동화가 가능한 부분이 늘어날수록 그만큼 시간과 집중력을 다른 데 쓸 수 있게 된다.

자동화 여부를 결정하는 기준은 절약 시간이 아니라 이용 횟수다

자동화가 원활하게 이뤄지면 즐겁기 마련이다. 즐거운 나머지 자동화를 하는 것 자체가 목적이 돼버릴 정도다. 하지만 실제로는 어디까지가 효과적이고, 어디부터가 쓸데없는 짓일까?

별난 주제를 다루는 것으로 유명한 막대 인간 스타일의 과학 웹툰 xkcd가 이 주제에 대한 표를 소개한 적이 있다. '그 절차를 하루에 몇 번 실행하는가?'를 가로축에 놓고 '자동화로 절약할 수 있는 시간'을 세로축에 두었을 때, 자동화에 투자하기에 타당한 시간을 표시한 것이다.

예를 들어 매일 실시하는 작업을 하루에 5분 절약할 수 있다면 그런 자동화시스템을 만들기 위해 투자해도 좋은 시간은 약 6일이 된다. 일주일을 전부 투자하더라도 5년이 지나면 이득이 된다.

이 표는 재미 삼아 만든 측면도 있지만, 매일 수차례 반복하는 작업이라면 며칠을 투자해 자동화하더라도 손해가 아니라는 사실을 기억해두자.

		그 작업을 시행하는 횟수(5년간 지속한다고 가정)		
		50회 / 일	5회 / 일	매일
절약하는 시간	5초	5일	12시간	2시간
	30초	4주	3일	12시간
	1분	8주	6일	1일

집중력 및 스트레스 대책_의욕을 시스템화하는 법

103 IFTTT로 웹과 생활을 자동화한다

IFTTT(If This Then That, 이프트)는 웹서비스와 다양한 생활기기를 연결하여 자동화하는 서비스다.

이 독특한 이름은 '만약 이 조건이 성립하면 저것을 하라'라는 의미로, 단순히 조건(Trigger)과 반응(Actions)만 설정하면 서비스를 이용할 수 있다는 점에서 유래되었다.

IFTTT를 사용하면 웹서비스의 자동화가 가능해져 가령 트위터에 쓴 글이 페이스북에도 자동적으로 올라가게 하거나 특정인으로부터 메일이 왔을 때 이를 스마트폰에 알릴 수도 있다.

IFTTT를 지원하는 기기를 이용하면 홈오토메이션도 가능해진다. 예를 들어 스마트 체중계에 올라가면 체중을 에버노트에 자동적으로 기록한다거나 집에 도착하는 순간 조명이 자동으로 켜지게 할 수 있다.

스마트폰과 연계해서 사용하자

IFTTT는 스마트폰과도 연동된다.

나는 스마트폰의 위치 정보를 이용해 내가 사무실에 드나들 때마다 출퇴근 시간이 자동적으로 드롭박스상의 파일에 기록되게 해놓았다. 이렇게 해두면 한 달에 한 번 제출해야 하는 출근부를 작성할 때 편리하다.

IFTTT는 조합을 어떻게 하느냐에 따라 매우 흥미로운 자동화시스템을 만들어낼 수 있다.

아래와 같은 예를 참고하여 일과 생활을 자동화할 수 있는 다양한 애플릿(applet, 초소형 응용프로그램을 뜻하는 말로 IFTTT에서는 행동을 지시하는 명령문을 가리킨다—옮긴이)을 만들어보자.

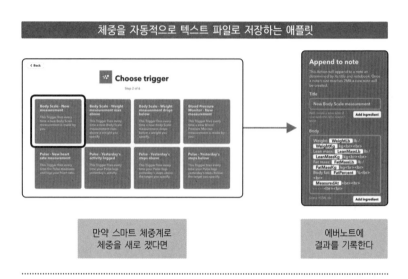

104 출퇴근 시간을 자동으로 기록한다

IFTTT를 사용한 자동화 애플릿은 그 종류가 매우 다양한데, 그중에서도 특히 강력한 힘을 발휘하는 것이 바로 스마트폰의 위치 정보를 이용한 애플릿이다.

스마트폰에 IFTTT 앱을 깔아두면 특정 장소에서 출발하거나 혹은 그 장소에 도착했을 때 어떤 동작이 일어나게 할 수 있다.

이러한 기능을 이용하면 앞서 이야기한 것처럼 자동적으로 출퇴근 시간을 드롭박스나 구글 스프레드시트에 저장해둘 수 있다. 타임카드 제도를 이용 중인 직장인의 경우, 출퇴근 기록을 분 단위까지 상세하게 기록할 수 있다.

좀 더 구체적으로 설명하자면 IFTTT에서 '특정 장소에 도착하거나 그곳을 출발했을 때'를 조건으로 설정하고, 그 결과가 드롭박스에 저장한 파일에 추가되도록 애플릿을 작성하는 것이다.

그러면 특정 주소 근처에 도착했거나 그곳을 출발했을 때의 시각이 파일에 한 줄씩 추가된다.

IFTTT를 이용해 지도상의 장소를 드나들 때마다
출퇴근 시각이 기록되게 한다

SECTION 03

아이폰 · 아이패드의 자동화는 워크플로로

아이폰·아이패드에서 사용하는 여러 앱의 기능을 조합해 자동화할 때
쓸 수 있는 강력한 앱이 바로 워크플로(Workflow, 애플이 2017년에 워크플로
사를 인수한 후, iOS12에 기존 워크플로 앱을 흡수한 '단축어' 앱을 추가했다—옮긴
이)이다.

예를 들어 사진을 선택했을 때 '가로 폭을 전부 800픽셀로 통일하고
포맷을 변환한 후에 메일로 전송하는' 일련의 과정이 자동적으로 이뤄
지게 하고 싶다면 워크플로 앱 내에서 그에 필요한 앱과 동작을 순서대
로 배치하면 된다. 해당 작업의 아이콘을 지정해 홈화면에 추가할 수도
있다.

또 질문 대화상자를 열어 구체적인 답변을 입력하도록 설정할 수도
있다. 예를 들어 '레스토랑 결제는?' '팁을 얼마나 주고 싶은가?'와 같은
질문을 표시하고 입력한 값에 대한 결과를 표시하는 등 세세한 부분까
지 설정할 수 있다.

위치 정보처럼 스마트폰이 자체적으로 보유한 정보에도 접근할 수 있
으므로 '지도' 앱을 경유해서 산출한 귀가 시간을 자동적으로 가족에게
문자로 보내게 할 수도 있다.

워크플로를 사용하면 엄청난 양의 시간과 탭 동작을 절약할 수 있다.

106 백업할 땐 '3-2-1 규칙'

업무 관련 서류부터 사진까지 요즘은 온갖 중요한 데이터가 대부분 컴퓨터나 스마트폰 속에 저장되어 있다. 사람들은 평소에 이 점을 크게 의식하지 못하다가 컴퓨터나 스마트폰을 잃어버리고 나서야 자신의 중요한 데이터를 얼마나 무방비하게 두었는지 깨닫는다.

이를 대비하기 위해서는 백업이 필수인데 백업할 때는 다음과 같은 '3-2-1 규칙'을 따라야 안전성을 높일 수 있다.

1. 백업은 적어도 세 군데에 한다.
2. 적어도 두 가지 이상의 방법을 사용한다(USB 메모리나 외장하드 등).
3. 적어도 하나는 오프사이트 백업으로 한다.

세 군데 백업하라는 이유는 그중 어느 한 군데에 문제 생길 경우를 대비하기 위해서다. 백업에 실패할 수도 있으므로 서로 다른 곳에 백업한다.

두 가지 이상의 방법을 사용하라는 이유는 가령 외장하드 2개에 백업해놓더라도 디스크 자체가 파손될 경우 양쪽 모두 쓸 수 없어지기 때문이다. 똑같은 방법으로 백업하면 얼마든지 똑같은 이유로 문제가 발생할 수 있다는 점 또한 생각해야 한다.

적어도 하나는 오프사이트 백업으로 하라는 이유는 화재나 자연재해 등이 발생해 그 현장에 백업해두었던 정보가 소실될 경우를 대비해서다. 나중에 설명하겠지만 클라우드에 데이터를 백업해두는 것이 좋다.

107 백블레이즈로 백업을 자동화한다

컴퓨터를 백업하려고 할 때, '하드디스크를 좀 더 정리한 후에 해야지' '지금 하는 작업만 마치고 해야지'라는 생각에 빠지기 쉽다.

하지만 컴퓨터는 언제 문제가 발생할지 알 수 없다. 예기치 못한 순간에 컴퓨터가 고장 나더라도 복구할 수 있게 하는 것이 진정한 백업이다. 이럴 때 이용하면 편리한 서비스가 백블레이즈(Backblaze)다.

백블레이즈는 컴퓨터가 유휴 상태일 때 암호화된 데이터를 미국에 있는 데이터센터로 전송해 백업해주는 앱 서비스다. 개인 백업(Personal Backup) 서비스는 용량과 속도 모두 무제한이다.

백업한 데이터가 필요해졌을 때는 온라인상에서 파일이나 폴더 단위로 다운로드하거나 혹은 데이터가 담긴 USB메모리나 외장하드를 택배로 받는 유료 서비스를 이용할 수도 있다.

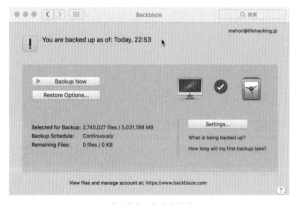

백블레이즈의 관리 화면

헤이즐로 컴퓨터 파일을
자동적으로 정리한다

컴퓨터를 쓰다 보면 다운로드한 파일이나 일을 하느라 잠시 저장한 파일이 점점 늘어난다.

그런 파일들은 언젠가 정리를 해야 하는데, 대부분은 일정한 규칙에 따라 자동적으로 처리할 수 있다. 이를 가능하게 하는 것이 맥 전용 앱인 헤이즐(Hazel)이다. 헤이즐은 폴더별로 설정한 규칙을 자동적으로 적용해 파일을 정리해준다. 예를 들면 다음과 같은 식이다.

• 데스크톱에 저장한 압축파일은 사흘이 지나면 빨간색 태그를 달고,

헤이즐로 파일을 자동적으로 관리

사흘이 더 지나면 삭제한다.

- 이미지 파일은 매일 23시에 다른 폴더로 옮기고, 30일 후에 삭제한다.
- 특정 폴더로 이동된 파일은 파일명을 연월일과 제목으로 구성된 이름으로 변경하고, 월별로 하위 폴더에 정리한다.

이러한 작업들이 전부 자동으로 이뤄지므로 비슷한 작업을 일일이 반복하지 않고 예외적인 파일들만 수동으로 처리하면 된다.

윈도에서도 비슷한 기능을 지닌 드롭잇(DropIt)이라는 프로그램을 사용할 수 있다. 그리고 스크립트 언어를 다룰 수 있는 사람이라면 이런 규칙을 적용하는 프로그램을 직접 작성해볼 수도 있을 것이다.

시간을 창출하는 궁극의 수행 '프로그래밍'을 배운다

24시간 내내 전원을 켜두는 나의 컴퓨터에서는 온갖 자동화 프로그램이 작동 중이다. 오전 1시가 되면 미국 서버에서 자동으로 데이터를 다운로드한 다음 간단한 준비 작업을 거쳐 작동하는 프로그램도 있고, 구글 알리미를 통해 받은 정보에서 노이즈를 제거한 후 나중에 확인해봐야 할 웹사이트의 목록을 자동으로 생성하는 프로그램도 있다. 그리고 모든 프로그램이 정상적으로 작동하고 있는지 체크하는 프로그램도 있다.

글로 풀어서 쓰니 제법 어렵게 들리지만, 실제로는 그저 단순한 명령들을 조합한 것에 불과하다.

오늘날에는 대다수가 IT기술을 습득하므로 단순히 컴퓨터로 작업을 실행하는 능력만으로는 경쟁력을 갖추지 못한다. 만약 수동으로 했을 때 여러 시간이 소요되는 작업을 스크립트 언어나 툴을 이용해 현격히 짧은 시간에 실행할 수 있다면 어떨까. 그만큼 작업 시간도 단축할 수 있고, 그 시간을 다른 일에 활용할 수도 있을 것이다.

문제는 그런 프로그래밍 언어를 배울 시간을 내는 일인데, 해결하고 싶은 과제가 이미 있다면 프로그래밍 언어를 공부할 수 있는 환경을 구축하고 인터넷의 도움을 받아보자.

처음 시도하는 사람은 프로그램을 작동시키기까지 2~3일 정도 걸릴 것이다. 하지만 처음 쏟는 시간과 노력이 나중에 10배로 되돌아온다고 생각해보자. 게다가 새로운 기술을 익히는 경험도 되니 이것만큼 좋은 투자가 어디 있겠는가.

파일 조작을 자동화하고 싶다면 맥 이용자는 셸 스크립트(Shell script)나 애플 스크립트(Apple Script), 윈도 이용자는 배치 파일(Batch file)이나 윈도10에 추가된 배시(Bash, Bourne-again shell) 등을 배우는 것이 좋다.

여기에 파이선(Python) 같은 스크립트 언어에 대한 지식만 갖추면 지루한 단순 작업을 대부분 컴퓨터에 맡길 수 있다.

04

정보 수집과 학습
정보를 요약하고 관리하는 법

모든 정보를 다 들여다볼 수는 없다.
오히려 정보를 전략적으로 줄여야 기술을 빠르게 익히고
작업의 효율성도 높일 수 있다.
이처럼 정보를 현명하게 잘 선별하는 방법을 알아보자.

110 '정보 다이어트'를 통해 센스를 기른다

정보를 철저히 줄이면 오히려 가치 있는 정보를 더 많이 얻을 수 있다.

정보를 수집한다고 하면 흔히 온갖 정보를 들여다봐야 한다고 생각하기 쉽다. 하지만 모든 뉴스·블로그·유튜브·SNS를 다 볼 수는 없을뿐더러, 필요한 정보뿐만 아니라 막대한 양의 불필요한 정보까지 접하게 되므로 매우 비효율적이다. 그러므로 정보를 버리는 센스, '정보 다이어트'가 필요하다.

단, 정보 다이어트가 성공하려면 중요한 정보를 모아서는 안 된다. 중요한 정보는 넘쳐나기 때문이다. 정보의 객관적인 중요성보다는 자신의 개인적인 흥미를 기준으로 정보를 선별하는 것이 좋다. 그러기 위해서는 다양한 분야에 관심을 가지기보다 가급적 자신만의 특별한 '전문 분야'를 갖는 것이 좋다.

이런 장르 혹은 이런 주제에 대해서만은 누구에게도 지고 싶지 않다는 생각이 드는 분야를 선정한 다음, '나는 그 정보를 걸러내는 필터다'라는 생각으로 세상에 있는 정보를 선별한다.

그러기 위해서는 누구나 접근할 수 있는 사이트가 아니라 자신을 비롯한 극히 소수의 사람만이 읽는 정보원이나 외국어 자료 등에 집중하는 것이 좋다.

모든 것을 다 알아야 할 필요는 없다. 자신만의 전문 분야에서 반드시 알아야 하는 정보에만 안테나를 세우고 다른 정보는 다이어트하면 정보의 S/N비(신호 대 잡음비)가 향상되어 귀한 정보를 손쉽게 얻을 수 있다.

111

정보를 수집하는 타이밍과
읽는 시간이 겹치지 않게 한다

정보를 수집할 때 필요한 또 다른 요령은 정보를 수집하는 타이밍과 그 정보를 실제로 읽는 타이밍을 엇갈리게 하는 것이다.

예를 들어 뉴스 사이트에 올라온 기사를 위에서부터 순서대로 읽는 것이 아니라, 다음과 같은 단계를 거친다.

1. 흥미로운 기사는 나중에 읽을 수 있게 저장한다.
2. 저장한 기사를 가장 관심이 가는 순서대로 읽어나간다.

이는 마치 낚시할 때, 물고기를 잡은 순서대로 손질하지 않고 낚시를 끝마친 뒤에 제일 큰 생선부터 다듬는 것과 비슷하다.

포켓을 이용하면 수집한 정보를 한꺼번에 몰아 볼 수 있다

이러한 정보를 임시 저장할 때 이용하기 좋은 것이 포켓(Pocket)이라는 서비스다. 포켓은 브라우저에 확장 기능을 설치하면 버튼 하나만으로 웹페이지를 저장해주며, 심지어 본문만 깔끔하게 볼 수 있어 저장한 정보들을 한꺼번에 빠르게 읽기 편하다.

컴퓨터에 저장한 내용이 앱을 통해 스마트폰으로 동기화되므로 컴퓨터로 수집한 기사를 이동 중에 스마트폰으로 읽을 수 있어 시간도 절약된다.

112

플로 정보는 3가지로 분류해서 처리한다

정보에는 스톡(stock) 정보와 플로(flow) 정보가 있다. 도서관에 있는 자료처럼 잘 축적되어 정리된 정보를 스톡 정보라고 하며, 뉴스나 SNS에 올라오는 글처럼 며칠이 지나면 신규성을 잃고 흘러가버리는 정보를 플로 정보라고 한다.

플로 정보는 대다수가 세간의 이목을 끌려고 애쓰는 잡음에 불과하다. 대부분은 무시하고 핵심적인 내용만 간단히 훑어보는 것이 좋다.

플로 정보를 처리하는 방법은 분류다. 방대한 정보를 다루기 쉽게 작은 단위로 분류해 처리하는 것이다. 이곳에 올라오는 정보는 반드시 확인하고, 저곳에 올라오는 정보는 가볍게 훑어보는 식으로 플로 정보를 정보원별로 미리 분류해두면 S/N비가 낮고 잡음이 많은 것을 알게 된 곳은 시간을 적게 할애하거나 아예 끊어낼 수 있다.

나는 플로 정보를 다음과 같은 3가지로 분류하는 방법을 추천한다.

1. 필수 정보: 자신의 관심사에 가장 잘 맞는 정보를 제공해주는 정보원에 있는 정보다. 필수 정보원은 올라오는 정보를 꼼꼼하게 확인하고 싶은 곳이므로 3~4곳만 엄선한다.
2. 스캔 정보: 가끔 흥미로운 정보가 올라오는 곳에 있는 정보로 기사제목을 훑어보다가 관심 가는 것이 있으면 확인해 자세히 읽어본다. 필수 정보원보다 수는 2배가 많지만, 할애하는 시간은 그 절반정도다.

3. 스킵 정보: 읽을 만한 글을 거의 없지만 만일에 대비해 가볍게 훑어 보는 정보원에 있는 정보다. 기사 제목 1개를 읽는 데 1초 이상 쓰지 않을 만큼 시간을 짧게 할애한다. 90% 이상은 그냥 넘겨버리고 어지간히 관심이 가지 않는 이상 내용을 읽지 않는다.

이처럼 플로 정보를 3가지로 분류하기 시작하면 시간이 지날수록 '정보가 많은 데 비해 각각에 할애하는 시간은 더욱 줄어드는' 경향이 더 심해진다. 익숙해질 때까지는 각각의 정보원에 너무 많은 시간을 할애하지 않도록 타이머를 설정하고 읽는 연습을 하자.

북마크와 목록으로 분류를 관리한다

이처럼 플로 정보를 3가지로 분류할 때는 브라우저의 북마크나 트위터·페이스북 같은 SNS의 목록이나 그룹을 이용할 수 있다.

더 나아가 주제별로 더 상세하게 분류하는 것도 가능하다. 예를 들어 나는 IT 관련 뉴스를 국내 뉴스와 국외 뉴스로 나누고, 이를 다시 각각 3개의 폴더로 분류해놓았다. 또 트위터에는 국내외 IT 저널리스트, 기업

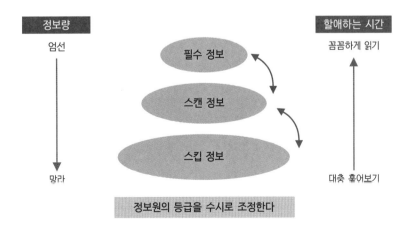

사이트, 공식 계정으로 분류한 리스트를 만들어 체크하고 있다.

한동안 이런 식으로 운용하면 그동안 '필수 정보원'이라 여겼던 사이트에 더 이상 유용한 정보가 올라오지 않는다는 것을 깨닫는 일도 생긴다. 그러면 그 정보원을 '필수'에서 '스캔'으로 격하시키는 등 수시로 정보원의 등급을 조정하면서 운용하자.

중요한 점은 모든 정보원에 올라오는 기사나 정보를 전부 읽는 것이 아니다. 정해진 시간 내에 흥미를 끄는 정보를 골라낼 수 있느냐 없느냐이다.

113 구글 알리미를 이용해 정보를 받는다

어떤 식으로 신뢰할 만한 정보원을 엄선하고 그 수를 점차 줄여나가는 것이 좋을까.

관심이 가는 주제에 대해 수시로 검색하면서 주요 사이트나 서적, 잡지 등을 기억하는 것도 좋은 방법이기는 하다.

하지만 인터넷은 매일같이 새로운 정보가 등장하는 곳이며, 자신이 알지 못하는 블로그에 어쩌다 그 주제에 대한 글이 올라올 수도 있다. 그런 정보를 빠르게 알아차릴 수 있는 시스템이 있다면 당연히 좋을 것이다.

이럴 때 이용하면 편리한 서비스가 구글 알리미다. 구글 알리미는 설정한 검색어나 선택한 주제와 관련된 최신 정보를 매일 자동으로 전달해주므로 일일이 검색해야 하는 수고를 덜 수 있다.

'비즈니스' '연예' '스포츠' 같은 광범위한 주제의 정보를 원한다면 스마트뉴스(SmartNews)나 Google 뉴스 같은 뉴스 큐레이션 서비스에 관심 있는 주제를 설정해두자.

그렇게 자동으로 전달받은 기사를 읽다가 가치가 높은 정보원을 발견할 때마다 자신의 목록에 하나씩 추가해가면 된다.

RSS로 정보를 한 곳에 집약한다

매일 갱신되는 정보를 확인하고 싶은 웹사이트나 블로그의 수가 늘어날수록 이를 일일이 돌아다니면서 읽기가 쉽지 않아진다. 이럴 때는 갱신된 정보만 한 곳에 모아 확인하는 것이 효율적이다.

이를 가능케 하는 것이 많은 웹미디어나 블로그에서 채택하고 있는 RSS(Really Simple Syndication, Rich Site Summary, 맞춤형 뉴스 서비스)라는 시스템이다.

RSS는 SNS를 통해 정보가 확산되기 시작한 이후 예전만큼 힘을 발휘하지 못하고 있지만 많은 정보를 빠르게 훑어볼 때는 여전히 유용하게 쓸 수 있다.

RSS 기능을 쓰고 싶다면 피들리(Feedly)나 피드빈(Feedbin) 같은 RSS 리더 서비스를 이용해보자.

이런 서비스에 구독하고 싶은 사이트의 URL을 추가하면 사이트에서 제공하는 RSS 피드(웹사이트 측에서 갱신 정보 등을 RSS 형식으로 배포하는 행위 혹은 그렇게 배포된 정보-옮긴이)가 등록되어 갱신된 정보를 확인할 수 있다. 그러면 이렇게 받은 정보를 112에서 소개한 방법처럼 필수 피드, 스캔 피드, 스킵 피드 폴더에 분류해둔다.

RSS를 사용하면 수십 개의 사이트에서 전달되는 수백 개의 기사를 약 15분 만에 훑어볼 수 있다.

115 불쾌한 뉴스는 애초에 보지 않는다

신문사나 뉴스 사이트 중 아무 데나 들어가 주요 뉴스를 보면 한 가지 특징을 볼 수 있다. 대부분이 최근에 일어난 부정적인 사건을 다룬 기사 거나 내일이면 잊어버릴 단순 관심 끌기용 기사라는 점이다.

그중에는 재해, 범죄, 부정부패, 정치적 논쟁 등을 다룬 다양한 뉴스가 있다. 사람들의 공감을 얻어 어떻게든 해결했으면 하는 문제와 비리도 있다. 하지만 그런 뉴스가 올라올 때마다 꼼꼼하게 읽어도 대부분의 경우 시간 낭비로 끝나버린다.

그러니 애초에 그런 뉴스를 일일이 찾아 읽지 말고, 그 시간을 좀 더 유익한 정보를 얻는 데 활용하자.

이는 결코 시사적인 문제를 모른 척하라는 뜻이 아니다. 세간을 떠들 썩하게 하는 사건은 굳이 알려고 하지 않아도 다른 사람의 입이나 SNS 등을 통해 자연스레 들어오기 마련이다. 누군가가 당신에게 그 정보를 전달하기까지 시간이 걸리기는 하겠지만 그 정도 차이는 충분히 허용할 수 있다.

만약 어떤 정보가 전달되지 않는다면 그만큼 중요한 정보가 아니라는 의미이니 불필요한 정보를 미리 걸러낼 수도 있다.

부정적인 뉴스를 매일 접하면 어느새 익숙해져 점차 냉담해진다. 반면 자극적인 뉴스는 사람들에게서 감정적인 반응을 이끌어내려 할 것이다. 그런 정보에 놀아나지 않으려면 애초에 그런 뉴스를 보지 않거나 그 뉴 스가 자신에게 들려올 때까지 기다리는 기간을 갖는다.

보지 말아야 할 것이 한 가지 더 있다. 실제 뉴스가 아니라, 이를 재편집한 가공 뉴스를 올리면서 스스로 뉴스 사이트라 칭하는 이른바 '2차 정보 사이트'다.

이러한 사이트들은 관심을 끌기 위해 일부러 선정적인 내용만을 골라 자극적인 제목을 붙여 올리는데, 그런 기사를 하루에 수십 개씩 올리기 때문에 페이스북 같은 SNS를 하다 보면 그런 기사를 공유하는 친구를 가끔 본다.

이런 정보를 애초에 걸어낼 수 있도록 페이스북에서는 특정 페이지를 선택적으로 차단할 수 있다. 또 트위터에서는 뮤트 기능을 이용해 특정 사이트의 이름이나 URL을 포함한 트윗이 표시되지 않게 할 수 있다.

트위터나 페이스북 이용자는 팔로우하는 사람들에게도 신경을 써야 한다. 만약 2차 정보 같은 잡음만 계속 공유하는 사람이 있다면 일정 기준을 세워 팔로우를 취소하거나 트위터라면 중요한 사람만 넣은 리스트를 만들어 그들의 글만 읽는 방법을 쓰는 것이 좋다.

또한 절대로 읽지 않거나 공유하지 않을 정보의 종류를 스스로 정하는 것도 중요하다.

'SNS 타임라인에 온통 쓸데없는 정보만 가득하다'라고 불평하는 사람이 있는데, 자신의 관심 분야의 정보가 많이 올라올 수 있도록 늘 타임라인을 관리해야 한다.

117 누젤로 지인이 공유한 정보를 모아서 본다

'휴대전화 신모델 발표'처럼 수많은 매체에 소개되는 뉴스만 해도 독자적으로 취재한 내용과 고찰을 담은 기사부터 다른 기사의 내용을 베껴 시간만 낭비하게 하는 기사까지 그 수준이 천차만별이다.

누젤(Nuzzel)은 트위터나 페이스북 같은 SNS 계정을 등록해두면 당신이 팔로우하는 사람들이 가장 많이 공유한 뉴스를 선별해서 보여주어 불필요한 뉴스를 보는 데 시간을 빼앗기지 않게 한다. 팔로우한 사람들이 많이 읽은 기사인 만큼 당신도 마찬가지로 흥미롭게 읽을 가능성이 매우 높으며, 수준 높은 기사만 소개될 것이다.

'친구의 친구'가 읽은 기사는?

예를 들어 해외 IT업계의 소식을 알고 싶다면 업계 관련 정보를 평소에 많이 올리고 있는 저널리스트나 작가의 SNS를 팔로우하자. 그러면 그 분야에서 매우 중요한 기사를 누젤에서 발견할 수 있게 되므로 시간을 대폭 절약할 수 있을 뿐만 아니라, 새로운 정보원을 찾게 될지도 모른다.

또한 친구의 친구가 읽었거나 인기 있는 기사를 모아 보여준다. 친구의 친구는 사실 남이지만, 친구가 팔로우하므로 어느 정도 신뢰할 수 있다.

그런 사람들이 공유하는 정보는 내가 앞으로 더 다양한 분야에 관심을 갖게 도와주며, 어떤 새로운 발견을 하는 계기가 될지도 모른다.

118 필터버블을 고려해 정보원을 늘린다

관심 없는 정보를 보고 싶은 사람은 없다. 관심 있는 것 중에서 자신만의 전문 분야를 정해 꼭 봐야 할 정보를 택해야 한다. 하지만 그 분야에만 몰두하면 우물 안 개구리가 될 수 있으므로 주의해야 한다.

가령 페이스북이나 구글에서는 이용자의 성향에 맞춰 필터링한 정보를 제공한다고 알려져 있다. 하지만 이 기능이 지나치게 강조되면 평소 시사 문제에 무관심한 사람이 중동에 대해 검색할 경우, 그와 관련된 기사가 한 줄도 나오지 않는 일이 생길 것이다. 이처럼 필터링된 정보만을 접하게 되는 것을 '필터버블'이라 하는데, 편중된 정보만 받아들이다 보면 왜곡된 가치관에 갇히게 된다.

필터버블이 문제되는 이유는 일반적인 검색이나 SNS를 통해 나오지 않는 정보일 때, 그런 정보가 존재한다는 것조차 알 수 없기 때문이다.

이런 필터버블을 방지하려면 로그인 상태에서 검색한 결과만 보지 않고, 포털사이트의 실시간 검색을 이용하거나 계정을 로그아웃한 상태에서 검색하는 방법 등을 사용하고 있다. 완벽하지는 않지만 꽤 효과적이다.

혹은 자신과 전혀 다른 관점을 지닌 사람의 트위터 계정을 비공개 리스트에 추가해 살펴봐도 좋다. 구글이나 SNS는 당신이 어느 나라에서 어떤 단말기로 검색하고 있는지 알고 있다. 시야를 넓히려면 그 상황에서 어떻게든 벗어나 필터링되지 않은 정보를 들여다볼 필요가 있다.

알아두면 좋은 구글 검색 테크닉

구글에서 정보를 얻으려 할 때 단순히 검색어만 입력해서 찾는가?

간단한 검색은 그렇게 해도 되지만, 찾으려는 정보가 명확하지 않을 때 단순히 검색어만 입력하면 검색 결과가 너무 많아질 수 있다.

그렇기 때문에 처음부터 특정 정보를 제외하거나 2개 이상의 단어를 포함해서 검색하는 등 여러 검색 조건을 설정하는 편이 검색 효율을 높일 수 있다.

다음의 검색 기술을 곧바로 이용할 수 있도록 잘 보이는 곳에 붙여두자.

"라이프핵"	완전히 일치하는 결과만 찾고 싶을 때는 큰따옴표를 붙인다
-해커	제외하고 싶은 단어는 앞에 마이너스를 붙인다
Mac OR PC	OR로 '또는'을 표현한다
(고 OR 저) 기압	OR로 나눠진 것을 괄호로 결합한다
100..200년	100~200에 해당하는 숫자만 적용한다
site:URL	특정 사이트 내 검색
related:URL	관련 사이트 검색

이러한 방법 외에도 '구글 고급 검색'을 이용해 검색 범위를 좁힐 수 있다.

고급 검색에서는 앞서 설명한 조건 외에 특정 언어를 지정하거나 검색 대상의 범위 혹은 파일 종류를 선택할 수도 있다.

요즘은 대부분의 사이트가 검색엔진 최적화(SEO)를 진행하고 있기 때문에 간단한 검색 정도로는 정보의 질이 떨어지는 경우가 많다.

이럴 때는 정보를 최대한 많이 찾으려고 애쓰지 말고, 검색 범위를 좁혀서 검색해야만 오히려 더 유용한 사이트를 많이 발견할 수 있다.

이때 효과적인 방법이 OR 검색과 괄호를 이용한 결합이다. OR은 원하는 답이 여러 개일 수도 있을 때 검색 범위를 넓히기 위해 사용하며, 여기에 괄호를 이용해 다른 단어를 결합하여 검색 범위를 좁혀나간다.

검색창에서 불러낼 수 있는 편리한 기능

또한 구글에는 정보 검색 외에도 검색창에서 바로 이용 가능한 편리한 기능들이 있다. 검색창에 계산식을 입력하면 결과를 바로 볼 수 있고 '환율'이나 '미터 변환'이라고만 쳐도 단위 변환 계산기가 나온다.

전용 앱을 이용하는 것보다 빠르니 꼭 기억해두자.

구글 검색창에서 계산기뿐만 아니라 번역이나 단위 변환 등을 할 수 있다

매주 금요일에 음악 앨범을 한 장 산다

사람들은 17~18살에 들은 음악을 반복해서 듣는 경향이 있으며, 새로운 음악은 잘 들으려 하지 않는다는 흥미로운 조사가 있다. 이는 새로운 정보나 세계에 접근하고 싶어 하는 사람에게 일종의 덫이 된다.

그러므로 '매주 금요일마다 무조건 새로운 음악 앨범을 한 장 산다'라는 습관을 일부러 만들면 반강제적으로 새로운 음악을 발견하며 일상에 작은 기쁨을 선사할 수 있다.

애플뮤직이나 스포티파이 등의 정액 서비스를 이용하면 청취 이력을 분석해 취향에 맞는 음악을 추천해준다. 그렇게 하면 1년 동안 적어도 앨범 52장 분량의 음악이 당신의 머릿속을 스쳐 지나가면서 이제껏 선뜻 다가서지 못한 새로운 세계가 눈앞에 펼쳐질 것이다.

책이나 영화, 새로 생기는 가게를 이런 식으로 경험해봐도 된다. 선택의 폭을 넓히는 습관을 길러 항상 신선함을 느낄 수 있게 하자.

121 콘텐츠와의 우연한 만남을 기대하자

스포티파이나 넷플릭스 같은 음악·동영상 스트리밍 업체의 정액 서비스는 기존의 콘텐츠 소비 방식에서 크게 벗어나 있다.

예를 들어 스포티파이에는 장르나 분위기에 따라 플레이리스트가 수천 가지나 준비되어 있다. 그러한 플레이리스트에서 좋아하는 음악을 즐겨찾기 해놓으면 그것을 바탕으로 새로운 음악이나 플레이리스트가 자동으로 추천된다.

정액제 이용자는 얼마든지 들어도 동일한 요금을 지불하므로, 이는 콘텐츠 소비 방식이 '음악이나 영화를 구입해서 시청하던' 방식에서 마치 사냥하듯 '방대한 목록 속에서 자신의 취향에 맞는 콘텐츠를 찾아가는' 방식으로 바뀌었다는 것을 의미한다.

이러한 변화에 맞추어 콘텐츠를 검색하는 방법도 바꿔보자. 어딘가에 자신이 찾고 있는 '정답'이 있다고 믿으며 좁은 세상에 머무르지 말고 모든 일은 우연히 일어난다는 마인드로, 추천해준 음악이나 동영상을 시청해보는 것이다. 가끔은 꽝을 뽑을 때도 있겠지만, 장기적으로는 다양한 콘텐츠를 접하며 폭넓은 경험을 쌓을 수 있다.

요즘에는 아마존이나 전자책 사이트 등 다양한 사이트에 자동 추천 기능이 있다. 이는 수많은 이용자의 구매 결과를 바탕으로 이루어지므로 그러한 집단지성을 이용하여 경험해보고 싶은 낯선 음악이나 영화, 책을 찾아나가자.

모든 종이는 디지털화한다

예전에는 보관 장소의 한계가 그 사람이 소유할 수 있는 정보의 한계였다. 지금은 대부분의 정보가 디지털화되어 예전과 같은 한계는 존재하지 않지만 서류나 팸플릿, 잡지 같은 종이 문서는 여전히 건재하다.

정보 수집 능력이 월등히 뛰어나길 바란다면 남아 있는 종이 문서도 전부 디지털화하여 단번에 검색할 수 있는 시스템을 만들자. 그러기 위해 필요한 것이 문서 스캐너나 스마트폰의 스캔 앱 그리고 스캔한 데이터를 안심하고 보관할 수 있는 클라우드 스토리지다.

스캔스냅으로 종이는 전부 디지털화

종이 문서를 디지털화하는 것은 종이에 담긴 정보를 버리는 것이 아니라, 장소만 옮겨 공간을 절약하는 것이다. 게다가 디지털화한 정보는 필요할 때마다 검색할 수도 있다. PFU사에서 만든 문서 스캐너 스캔스냅은 버튼 하나로 이러한 작업을 가능하게 한다.

스캔스냅은 기종이 몇 가지 있는데, 양면 서류가 많은 사람에게는 대형 iX500이, 평소에 조금씩 스캔하는 사람에게는 휴대성이 뛰어난 iX100이 적합하다.

스캔스냅 iX500

스캔스냅이 준비되면 보관해둔 서류, 가전제품 설명서, 명함, 영수증, 잡지 등 모든 종이를 스캔한다. 이때 정보 가치가 높은 서류를 가급적 문자인식(OCR) 기능을 이용해 내용을 검색할 수 있게 한다.

몇 장 되지 않는 자료는 아이폰 iOS의 문서 스캔 기능이나 에버노트 같은 앱을 이용해도 된다. 사다리꼴로 찍힌 문서도 정면으로 보정이 가능하며, 어도비 스캔(Adobe Scan)처럼 문자인식 기능이 있는 앱도 한번 이용해보자.

자주 이용하는 파일은 클라우드에

스캔한 서류는 작성한 시간과 내용을 바탕으로 파일명을 설정해, 파일명만 보고도 오래된 서류인지 새로 작성한 서류인지 알 수 있게 해둔다. 예를 들어 파일명이 '20171115_청구서.pdf'라면 몇 년도에 무슨 목적으로 작성된 파일인지 바로 알 수 있어 시간순으로 정리하거나 이름만 보고 검색 범위를 좁힐 수 있다.

자주 이용할 가능성이 높은 파일은 드롭박스, 원드라이브, 구글 드라이브 같은 클라우드 스토리지에 저장하면 언제 어디서든 이용할 수 있다. 이렇게 하면 서류를 찾으려고 집으로 다시 돌아가 서랍을 휘젓는 일이 없어진다.

이렇게 생활 속에서 발생하는 종이를 전부 스캔하면 수납공간이 부족해 고민하는 일도 없으며 물건을 찾는 시간도 절약할 수 있다. 또한 버릴 때도 파일을 지우기만 하면 되니 그야말로 궁극의 정리법이라 할 수 있다.

이러한 습관을 5년, 10년 지속하다 보면 큰 변화가 나타난다. 종이로 보관하면 꾸준히 관리해야 하는 물건들이 디지털화되어 축적되므로 걱정 없이 정보를 늘릴 수 있게 된다.

가정이나 사무실에 소형 재단기를 둔다

자택이나 사무실에 재단기가 있는가?

종이를 디지털화할 때 가장 골칫거리인 것이 책자 형태의 서류나 잡지 등이다. 디지털화를 완벽히 하지 못하면 오히려 디지털 문서와 종이 문서가 뒤섞여 더 번거로워진다.

이럴 때 유용한 제품이 잡지의 책등을 자를 수 있는 재단기다.

시판 중인 제품 가운데 가장 적합한 것이 플러스(PLUS)의 '콤팩트 재단기 PK-213'이다. A4 용지 60매 정도를 가볍게 재단할 수 있으며, 붉은 LED 불빛이 재단선을 표시해주므로 정확하게 자를 수 있다. 칼날이 안전 커버로 덮여 있으며, 사용한 후에는 접어서 보관할 수 있어 가정용으로 적합하다.

재단기만 있으면 어떤 형태의 서류든 스캔할 수 있다. 비용이 다소 들지만, 스캔 후 처분할 수 있는 엄청난 종이 문서의 양을 생각하면 합리적이다.

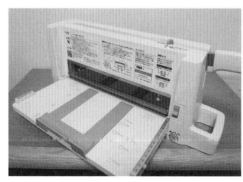

콤팩트 재단기 PK-213

124 해마다 제출하는 서류를 디지털화해서 작성한다

기업이나 공공기관에 제출하는 가족 구성 현황서나 출근 현황서 같은 서류는 해마다 작성해야 하는 것치고는 변동 사항이 거의 없어 똑같은 내용을 반복해서 쓰는 경우가 많다.

이런 서류가 전자문서로 오면 당연히 저장해두지만, 종이 문서로 받으면 곧바로 쓰지 말고 조금만 시간을 내서 서류를 디지털화하여 저장해놓으면 좋다.

서류를 작성할 때 PDF의 주석 달기 기능을 이용하면 이듬해에 같은 서류가 왔을 때 대부분의 정보를 복사해서 붙여넣기만 하면 되므로 편하다.

보통 입력할 때 어도비 애크러뱃(Adobe Acrobat)을 쓰면 되는데 맥 OS라면 PDFpen, 스마트폰이라면 Adobe Fill&Sign 같은 PDF 편집 앱 등을 이용하면 된다.

이렇게 서류를 디지털화하면 시간을 단축할 수 있을 뿐 아니라, 과거에 작성한 서류의 형식이나 내용을 비슷하게 따라 할 수 있어 서류를 쓸 때 고민할 일이 줄어든다.

에버노트를 제대로 활용하기 위한 3가지 노트북

에버노트는 웹에서 얻은 정보, 스마트폰에 저장한 메모나 사진, 이런저런 파일 등 온갖 정보를 정리하기에 가장 이상적인 도구다.

에버노트는 클라우드를 경유해 컴퓨터나 스마트폰에 정보를 동기화할 수 있어 웹에서 본 정보를 외부에서 활용하거나 외출 중에 떠오른 생각을 사무실에 돌아와 정리하는 등 정보를 폭넓게 활용할 수 있게 해준다.

다만 한 가지 주의할 점이 있다. 에버노트를 방치해두면 정보 전달에 방해 요소가 늘어난다는 것이다.

저장한 순간에는 중요하다고 생각했던 정보도 시간이 지날수록 낡아져 흥미를 잃게 된다. 이처럼 유용한 정보가 가득한 노트에도 쓸모없는 정보가 하나둘씩 늘어나기 마련이다.

그러므로 정보의 흐름을 항상 신선하게 유지하는 동시에 쉽게 이용할 수 있도록 에버노트를 다음과 같은 3가지 노트북(에버노트에서 정보를 저장하는 단위)으로 나눠 관리하는 것이 좋다.

1. 인박스 노트북.

메모 등에 사용하는 기본 노트북이다. 여기에는 흥미가 있었거나 평가되지 않은 높은 수준의 정보를 즉흥적으로 저장한다. 장기적으로 가치 있어 보이는 정보는 정기적으로 다른 노트북에 옮기고, 그렇지 않다면 바로 삭제한다.

2. 웹클립 노트북.

브라우저의 에버노트 확장 기능이나 다른 앱에서 공유한 정보를 저장한다. 여기에는 '저장해두면 좋을지도 모른다'라는 생각으로 클립한 수많은 기사를 저장하므로 시간이 지날수록 방해 요소가 늘어난다. 언젠가 들은 이야기를 다시 떠올리고 싶을 때 검색하는 곳이다.

3. 자료 노트북.

방해 요소가 최대한 섞이지 않도록 저장되는 정보를 잘 관리해야 하는 곳이다. '문학'이나 '스포츠'처럼 막연한 타이틀보다는 지금 읽고 있는 책과 관련된 노트북이라는 식으로 '자료를 수집하는 목적'을 명시하는 것이 좋다. 어느 정도 노트가 쌓이면 묶어서 아카이브 창고를 만들어도 좋다.

백과사전을 만든다는 기분으로 에버노트에 정보를 저장하다 보면 한 없이 늘어나는 방해 요소에 지고 말 것이다. 정보의 신선도와 주제, 이 두 가지 기준에 따라 정보를 관리하면 끊임없이 새로운 정보를 저장하면서도 방해 요소를 줄일 수 있다.

에버노트로 눈앞에 있는 파일부터 웹에 올라온 정보까지 전부 정리할 수 있다

126 독서의 핵심은 '읽지 않는 것'

하루에 책을 1권이나 2권, 혹은 1년에 1천 권 읽는다는 식으로 자신의 독서량을 자랑하는 사람이 있다.

하지만 유감스럽게도 이런 사람 가운데 독서의 효능을 제대로 누리고 있는 사람은 얼마 되지 않는다. 하루 만에 읽을 수 있는 가벼운 책 중에도 물론 좋은 책이 있기는 하지만, 늘 가벼운 책만 읽는 것은 문제가 된다. 마치 매일 패스트푸드만 먹는 식습관이 풍요로운 식사와 거리가 먼 것처럼 말이다.

일본에서 한 해 출간되는 책은 약 8만 권에 달한다. 해외에서 출간되는 좋은 책이나 과거에 출간된 도서까지 전부 합치면 그 수를 헤아릴 수조차 없다. 우리가 평생 모든 시간을 독서에 할애한다고 해도 그 대부분을 읽지 못한 채 세상을 떠나게 될 것이다.

그러므로 독서의 핵심은 '무엇을 읽지 않을지 선택하는 것', 즉 '무엇을 읽지 않을 것인가' 하는 기준을 매우 엄격히 정하는 것이다. 일본의 영어학자 다나카 기쿠오는 자신의 저서《현대 독서법》제1장에서 랠프월도 에머슨, 토머스 칼라일, 고이즈미 야쿠모 등을 인용하며 이 점에 대해 설명했다. 그 핵심 내용은 다음과 같이 상호보완적인 두 가지 지표로 집약된다.

1. 시간이 흘러 나른 사람의 평가를 거친 책만을 읽을 것.
2. 자신이 읽고 싶다고 느낀 책을 읽을 것.

'시간이 흘러 다른 사람의 평가를 거친 책'이란 고전이나 많은 인기를 얻은 책을 말한다. 그런 책들은 읽기 전부터 그 책이 줄 기쁨과 장점을 미리 예상할 수 있다. '자신이 읽고 싶어 하는 책'이란, 타인의 평가와는 상관없이 그 책을 읽는 것 자체가 자신에게 기쁨을 주며, 더 나아가 인간적인 성장으로 이어질 수 있는 책을 말한다. 그런 책을 선택하려면 직감과 더불어 어느 정도의 시행착오가 필요하다.

애초에 대부분의 책은 읽을 필요가 없다는 점을 염두에 두자. 그리고 책을 읽다가도 자신에게 불필요한 책이라 느끼면 바로 덮어버리자. 이처럼 '읽지 않는' 선택은 당신을 진정으로 읽어야 할 책으로 이끌어줄 것이다.

127 속독을 위해 머릿속에 들리는 소리를 주문으로 억제한다

나는 속독을 그리 중요하게 생각하지 않는다. 책 1권을 수십 분 만에 사진 찍듯 기억할 수 있다고 주장하는 이도 있지만, 대부분 자신의 선입견으로 듬성듬성 읽을 뿐 책을 제대로 음미하지는 못하기 때문이다.

하지만 책 읽는 속도를 높이는 위한 방법은 쓸 만하다. 무턱대고 읽어나가지 않고 제목이나 차례, 내용 등을 먼저 본 뒤, 책 구조를 입체적으로 구성하며 읽거나 요지를 파악하며 읽는 스키밍 방법을 쓸 수도 있다.

어떤 이는 머릿속으로 음독해서 읽는 습관이 있는데, 이런 습관을 자제하고 눈을 빠르게 움직여 읽는 연습을 하면 훨씬 빨리 읽을 수 있다.

수수께끼 같은 말 '잉거(Inger)'

이처럼 머릿속으로 읽는 습관을 자제할 수 있게 고등학교 때 심리학 선생님이 알려준 방법이 있다. 입으로 뜻 없는 말을 중얼거리며 눈으로 글을 좇는 것이다.

뜻 있는 말을 중얼거리면 눈으로 읽는 내용을 방해하므로 아무 뜻도 없는 '잉거'를 머릿속으로 외치며 눈으로는 글을 보라고 했다.

머릿속으로 자꾸 음독하려 할 때마다 마치 주문을 외듯 아무 뜻도 없는 말을 혀끝으로 굴리며 눈으로는 빠르게 책장을 읽어 내려간다. 이때 시선을 책장의 한쪽 끝에서 반대쪽 끝까지 일일이 보내지 말고, 가운데 부분을 왕복하며 가장자리 부분이 시야에 걸쳐지게 하면 더 효과적이다.

SECTION 04

210 211

속독 대신 책 몇 권을 동시에 읽는다

속독에는 한계가 있지만, 틈날 때마다 책을 읽다 보면 읽는 속도를 전체적으로 향상시킬 수 있다. 이를 위해 언제 어디서든 항상 펼쳐볼 수 있도록 책을 여러 권 준비해두는 것도 좋은 방법이다.

독서가 중에는 방에서 느긋하게 볼 책, 출퇴근길에 읽을 책, 휴식 시간에 볼 책 등 여러 권을 함께 읽는 식으로 끊임없이 읽는 사람이 많다.

만약 난해한 책 1권을 붙잡은 채 다 읽기 전까지 다른 책에는 손도 대지 않겠다고 한다면, 잠시 시간이 빌 때나 어려운 책을 읽고 싶지 않을 때 독서에 할애하지 못하게 된다.

그런 일이 생기지 않도록 어려운 책과 쉬운 책, 공부를 위한 책과 재미를 위한 책, 얇은 책과 두꺼운 책, 종이책과 전자책처럼 다양한 종류의 책을 함께 읽어나가자.

그러면 다양한 시간을 독서로 보낼 수 있다. 그러다가 어려운 책이나 내용을 기억해야 할 책이 있으면 **129**에서 소개할 독서 일기를 써보자. 소설의 결말처럼 관심 있게 봐야 할 부분은 따로 시간 내는 식으로 각각의 책을 제대로 음미할 수 있도록 페이스를 적절히 조절하자.

이렇게 여러 권의 책을 동시에 읽을 때, 적당한 권수는 사람마다 다르다. 2권이 적당하거나 6권 정도를 동시에 읽을 수 있는 사람도 있다. 하지만 몇 권을 읽는지는 중요하지 않다. 그보다 중요한 것은 한정된 시간 동안 책을 제대로 음미할 수 있는 최적의 페이스를 만드는 것이다.

매일 '독서 일기'를 쓴다

독서 기록문을 작성할 때 '책을 끝까지 다 읽고 나서 감상을 쓰면' 너무 늦어버리는 경우가 있다.

책 중에는 다양한 논점을 다루는 책이나 플롯이 너무 복잡해서 결말을 읽을 때쯤이면 앞부분이 잘 생각나지 않는 소설도 있다. 그럴 때는 매일 자신이 읽은 분량의 내용을 메모하는 '독서 일기'를 쓰면 책을 읽었을 때의 느낌을 더욱 충실히 기록할 수 있다.

책을 다 읽기 전까지는 그 책에 대한 평가를 내려서는 안 된다고 생각하는 사람도 있지만, 초반에 '좀 지루하다'라고 적었던 책이 갑자기 책장을 쉴 새 없이 넘기게 할 만큼 흥미진진해진다면 그 또한 독서 애호가가 느낄 수 있는 즐거움 중 하나이지 않을까.

나는 아이폰, 아이패드, 맥에서 쓸 수 있는 인기 일기 앱인 데이원(Day One)을 이용해 독서 일기를 쓰고 있다. 데이원은 하루에 메모를 여러 개 작성할 수도 있고, 메모를 작성한 장소나 날씨도 자동으로 기록된다. 책 제목을 태그해서 정리하면 여러 권의 책을 동시에 읽고 있는 중에도 각각의 독서 일기를 써나갈 수 있다.

데이원으로 쓰는 독서 일기

책을 귀로 듣자

책을 펼쳐 눈으로 읽는 시간에 오디오북을 이용해 귀로 읽는 시간을 더하면 큰 힘 들이지 않고 독서 시간을 늘릴 수 있다.

대표적인 오디오북 서비스로 아마존의 오더블(Audible)을 들 수 있는데, 나는 한 달에 책 2권을 다운로드할 수 있는 월정액제를 이용하고 있다. 아무리 바빠도 출퇴근길에 1시간 정도는 꼭 오더블을 이용해 영어 원서를 듣는다.

오디오북 1권을 다 듣는 데 보통 6~8시간 정도가 걸린다. 장편소설은 15시간 정도 걸리는데, 하루에 1시간씩 꾸준히 들으면 한 달에 2권 독파할 수 있다. 오디오북은 이동 시간을 책 읽는 시간으로 바꿔주므로 시간의 연금술사라 해도 과언이 아니다.

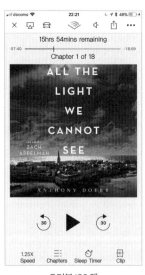

오더블 iOS 앱

책을 귀로 듣는다는 것이 어렵게 느껴질 수도 있지만, 익숙해지면 오히려 편하다. 오더블의 스마트폰 앱을 이용하면 버튼 하나만으로 30초씩 앞뒤로 건너뛰거나 낭독 속도를 바꿀 수 있다. 내용이 머리에 잘 들어오지 않을 때, 마치 종이책에서 앞장으로 돌아가 내용을 다시 읽듯이 오디오북도 앞으로 되돌아가면 점차 내용이 귀에 자연스럽게 들어올 것이다.

131 기사를 귀로 '읽는' 텍스트음성변환 기능

앞에서는 아마존의 오디오북 서비스인 오더블을 소개했는데, 이 같은 기술을 컴퓨터상에서 기사를 읽을 때 이용할 수 있다면 편리할 것이다.

이제는 윈도에도 내레이션 기능이나 혹은 이와 유사한 기능을 지닌 프리 소프트웨어가 있고, 맥에도 다양한 목소리를 제공하는 말하기 기능이 있다.

스마트폰에서 비슷한 기능을 쓰고 싶을 때, 이용하면 편리한 것이 **111**에서 소개한 포켓의 텍스트음성변환(TTS) 기능이다.

포켓은 앞서 설명한 대로 저장한 기사를 본문만 깔끔하게 볼 수 있는데, TTS 기능은 본문을 음성으로 변환시키며 15초씩 앞뒤로 건너뛰거나 읽는 속도를 조정할 수도 있다. 이런 식으로 저장한 기사를 들으면서 차례차례 처리할 수 있다.

기억하고 싶은 구절을 하이라이트 표시할 수도 있고 들으면서 문장을 눈으로 좇을 수도 있어 어학 공부에 활용하기 좋다.

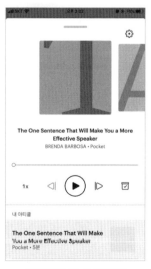

포켓의 TTS 기능을 이용한다

132 영어 원서를 짧게 나눠 보내주는 시리얼 리더

나는 처음으로 영어 원서 1권을 하루 만에 독파한 날을 지금도 잊을 수 없다. 영어를 몇 년 동안 공부하면서 처음에는 하루에 고작 1~2쪽밖에 읽지 못했던 것이 날이 갈수록 하루에 10쪽, 20쪽씩 점점 늘어나기 시작했고, 어느 순간 1권을 다 읽을 수 있게 되었다.

외국어는 이렇게 처음에는 천천히 진도가 나가다 갑자기 실력이 한순간에 쑥 느는 경향이 있다. 영어 원서를 읽어보고 싶다면 처음에는 하루에 1단락 혹은 하루에 1쪽을 읽는 것부터 시작하자.

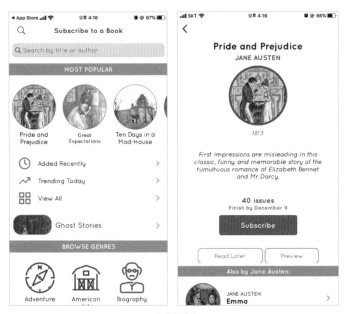

시리얼 리더

그렇게 어느 정도 경험을 쌓은 사람에게 추천하고 싶은 앱이 여러 고전을 하루에 읽기 좋은 분량만큼 매일 보내주는 시리얼 리더(Serial Reader)다.

시리얼 리더에는 국내에 번역된 대표적인 영문학 같은 세계문학 작품 외에도 초기 SF소설이나 괴기소설 같은 특정 장르의 작품까지 다양한 작품이 있다.

나는 시리얼 리더를 이용해 브램 스토커의 《드라큘라》를 54회에 걸쳐서, 오스카 와일드의 《도리언 그레이의 초상》을 29회에 걸쳐서 그리고 하워드 필립스 러브크래프트의 《크툴루의 부름》을 5회에 걸쳐서 끝까지 읽을 수 있었다.

133 지적 한계를 돌파하는 딥 워크 시간을 갖는다

경영학에는 피터의 법칙이라고 하는 다소 낙담스러운 이론이 있다. 능력을 중시하는 사회에서 사람들은 자신의 능력이 한계에 다다르기 전까지 출세를 거듭한다. 따라서 능력이 한계에 부딪치는 순간, 즉 자신이 무능해지는 직급까지 올라가서야 승진을 멈춘다는 것이다. 그러면 결과적으로 모든 사람이 저마다 제 능력을 발휘하지 못하는 곳에 머무르게 되는 셈이다.

이 이론에는 물론 '그 사람이 성장하지 않는다면'이라는 전제 조건이 깔려 있기는 하다. 하지만 실제로 타성에 젖어 자신이 할 수 있는 범위 내에서만 바쁘게 움직이는 사람이 많기 때문에 이러한 피터의 법칙은 현실을 잘 반영하고 있다고 볼 수 있다.

블로그 Study Hacks(http://calnewport.com/blog)의 운영자 칼 뉴포트는 자신의 저서 《딥 워크》(민음사, 2017)에서 그런 재능의 한계를 뛰어넘기 위해 자신의 지적 한계를 시험하는 '딥 워크(Deep work)' 시간을 정기적으로 가질 필요가 있다고 설명했다.

단순히 집중적으로 일하는 시간을 가지라는 말이 아니다. 아무리 바쁘게 일하더라도 이미 어떻게 해야 하는지 방법을 잘 알고 있는 일은 성장에 아무런 도움이 되지 않는 얕은 일에 불과하다는 것이다.

이와 달리 딥 워크는 자신이 지닌 지식과 기술을 총동원하여 현재 실력보다 조금 어려운 문제에 뛰어드는 것으로, 비록 스트레스가 크지만 그만큼 새로운 가치를 창출하고 능력을 향상시킬 수 있다.

그러므로 자신의 능력의 한계를 잘 관찰해서 딥 워크를 실천할 수 있는 일이 무엇이 있는지 파악하는 것이 중요하다. 관심 가는 분야가 있다면 관련 서적을 모조리 읽거나 취미가 프로그래밍이라면 판매 가능한 수준의 소프트웨어를 개발할 수 있을 정도로 실력을 향상시킬 수도 있을 것이다.

이처럼 일주일에 3~8시간 정도 자신의 지적 한계를 시험하는 딥 워크 시간을 따로 마련하느냐 아니냐에 따라 지금의 한계에 그대로 머무를지, 아니면 자신의 한계를 뛰어넘어 앞으로 더 나아갈 수 있을지 결정될 것이다.

특별 훈련을 집중적으로 해서 1만 시간의 연습을 가속화시킨다

말콤 글래드웰은 《아웃라이어》(김영사, 2019)에서 전문 바이올린 연주자나 운동선수를 아마추어와 구분하는 것은 정의하기 어려운 재능이 아니라, 최소 1만 시간에 달하는 연습량이라는 '1만 시간의 법칙'을 소개했다.

하지만 단순히 연습을 1만 시간 동안 하는 것은 의미가 없다. 매 시간마다 성장을 이끌어낼 만큼 중요한 무언가를 발견해내야 한다.

수많은 체스 선수를 조사한 논문에 따르면 그랜드마스터 자리에 오르는 선수는 선수 생활을 시작하고 처음 10년간 약 5천 시간을 과거 경기 분석에 쓴다고 알려져 있다. 이는 다른 프로 선수가 쓰는 평균적인 시간의 몇 배에 해당하며, 바로 이런 부분이 차이를 만든다고 한다. 이처럼 차이를 만드는 부분을 집중적으로 연습하는 것을 '의도적 연습'이라고 한다.

의도적 연습에는 몇 가지 특징이 있다. 프로그래밍을 예로 들자면 단순히 코드를 작성하는 것이 아니라, 가장 세련된 코드 짜는 연습하기, 비슷한 수준의 프로그램을 여러 번 반복해서 만들기, 다른 사람에게 코드를 공개해 더 좋은 방법이 없는지 평가받기 같은 식이다.

배우고 싶은 기술 중에 어느 부분이 의도적 연습에 해당하는지 살펴보고, 초반에는 그 부분에 시간을 집중적으로 투자하자. 그러면 필요한 1만 시간에서 첫 1천 시간 동안 빠른 성장을 이룰 수 있다. 물론 초반이 가장 어렵고 힘들겠지만 결과적으로 짧은 시간에 높은 곳까지 도달할 수 있다.

배움의 제트기류를 유지한다

예를 들어 영단어를 '하루에 10개씩 외워야지'라는 생각으로 단어장을 쓰기 시작했다고 해보자. 처음에는 계획대로 잘하다가 '한번 공부한 단어는 잊어버리면 안 되는데' '같은 단어를 두 번 쓰면 어쩌지'라는 생각에 예전에 쓴 단어만 자꾸 들여다보다가 결국 중도에 포기하는 사람이 꽤 있다.

한번 공부한 내용을 잊고 싶어 하지 않는 것은 당연한 일이지만, 인간의 기억은 그리 완벽하지 않다. 그러므로 공부를 '지식의 축적'이 아니라, '끊임없이 유입되는 지식의 흐름을 유지하는 것'이라 생각하자. 그러는 편이 장기적으로 봤을 때 더 효과적이다.

예를 들어 영단어를 외울 때도 매일 어느 정도 잊어버린다는 것을 감안해 잊어버리는 양보다 더 많은 새 단어를 머릿속에 저장하자. 적어놓은 단어에 연연하지 말고, 새로운 것을 배우는 상태를 늘 유지하자.

나는 이러한 상태를 종종 '배움의 제트기류를 타는 것'이라고 설명한다. 제트기류에서는 바람이 다른 곳보다 강하게 분다. 그러므로 제트기류를 잘 활용하면 같은 시간에 더 멀리까지 갈 수 있다.

예를 들어 영단어를 외울 때도 새 단어 10개를 완벽히 외우려 들지 말고, 그 가운데 절반은 어차피 잊어버린다는 생각으로 매일 20개씩 공부해보자. 잊게 될 단어를 우리 스스로 선택할 수는 없지만, 시간이 지날수록 잊지 않고 기억한 부분이 겹쳐 강한 흐름을 만들어낼 것이다.

136 링크드인을 이용해 스마트폰으로 기술을 배운다

배우고 싶은 기술 중에 글이나 말로 쉽게 이해할 수 없는 것이 있다. 예를 들어 일러스트레이터나 포토샵 같은 프로그램 사용법이나 프로그래밍, 사진이나 동영상 촬영 같은 기술은 실제로 도구나 장비를 사용하는 모습이나 활용 사례를 확인하는 편이 훨씬 이해하기 쉽다.

그럴 때 이용하면 좋은 사이트가 영어판 링크드인(LinkedIn)이다. 이곳에서는 IT, 예술, 마케팅 등 다양한 분야의 온라인 강좌를 제공하고 있다.

예를 들어 어도비의 각종 앱 사용법이나 프로그램 언어 등을 가르치는 강좌는 5~10분 정도의 짧은 동영상 총 20편 정도로 구성되어 있다.

강의는 컴퓨터나 스마트폰으로 시청 가능하며 프리미엄 회원은 강의에서 사용한 연습문제 파일 등을 받아볼 수 있어서 강사가 설명한 내용을 확인할 수 있다.

월정액 29.99달러에 자유롭게 들을 수 있으므로 학원에 다니는 것보다 훨씬 경제적이다.

어떤 기술이나 장비 혹은 프로그램 언어 등을 배울 때 초기 학습 속도가 결정적인 역할을 할 때가 종종 있다. 링크드인을 이용하면 처음에 배워야 할 조작법이나 지식의 핵심을 잘 파악할 수 있어서 그 기술을 익히는 데 필요한 시간을 크게 줄일 수 있다.

독창적인 발음기호로
영어 발음을 정확히 옮긴다

미국 고등학교에 다닐 당시, 나는 2년 동안 필수과목이었던 프랑스어 때문에 어려움을 겪었다. 갖은 노력 끝에 영어에 간신히 익숙해졌는데, 또다시 발음마저 낯선 완전히 새로운 언어를 배워야 했기 때문이다.

언어를 배울 때, 자신이 제대로 발음하지 못하는 소리는 알아듣기 힘들다. 그렇기 때문에 정확한 발음을 익히는 것이 장기적으로 봤을 때 학습 효율을 높일 수 있다. 하지만 정확한 발음기호를 다 외우자니 종류가 너무 많아서 나는 한 가지 절충안을 생각해냈다. 모국어와 알파벳을 조합한 나만의 독창적인 발음기호를 만든 것이다.

- content → 「콘텐츠」: 모국어로 충분한 것은 그대로 표기한다.
- Facebook → 「f ㅔ이스북」: f는 'ㅍ'으로 적지 않는다. 모국어로 표기했을 때 발음이 부정확해지는 것은 알파벳으로 표기한다.
- reading → 「ri-딩」: R인지 L인지 명시한다.
- computer → 「컴퓨↑터」: 억양은 화살표로 표시한다.

각자 자신에게 편한 방법을 생각해내면 되지만, 단 발음기호를 보기만 해도 최대한 정확한 발음이 머리에 떠오를 수 있게 하는 것이 중요하다.

이렇게 노력한 덕분에 나는 그 후 히브리어 같은 언어도 배우며 새로운 언어의 발음을 수집하는 즐거움을 얻었다. 발음 익히는 일을 뒤로 미뤄서는 안 된다. 정확한 발음은 언어를 배우는 재미로 이어지는 지름길이다.

클립보드 관리 프로그램은 숨은 조력자

평소에 크게 의식하지 못할 수도 있지만, 컴퓨터 작업 가운데 상당 부분을 차지하는 것이 작성한 문서나 파일을 복사하거나 옮기는 일이다.

그런데 만약 10개의 제목과 URL을 복사하기 위해 각각의 제목과 URL을 일일이 복사해서 붙여넣기를 한다면 어떨까. 너무나도 비효율적일 것이다.

그럴 때 이용하면 좋은 것이 클립보드 관리 프로그램이다. 이 프로그램을 이용하면 복사를 여러 번 해도 복사한 내용이 전부 저장되므로 나중에 한꺼번에 불러낼 수 있다. 그러므로 기사 제목 10개를 차례대로 복사한 다음, 순서대로 붙여 넣는 것이 가능하다.

단순하지만 매우 편리

윈도용 프로그램 중에는 '먼저 복사한 내용을 먼저 붙여 넣는 것(FIFO)'과 '마지막에 복사한 내용을 먼저 붙여 넣는 것(LIFO)' 중 원하는 것을 선택할 수 있는 클리보(Clibor)나 이미지 파일도 저장이 가능한 CLCL이 인기다. 맥에서도 텍스트나 이미지 파일 등 복사한 내용을 저장할 수 있는 페이스트(Paste)나 페이스트봇(Pastebot) 같은 앱이 텍스트 변형 기능이나 아이클라우드 동기화 기능이 있어서 편리하다.

클립보드 관리 프로그램은 마우스의 반복 작업을 고작 몇 초 없앨 뿐이지만 기본적인 조작의 수고를 덜기 때문에 수차례 반복하다 보면 큰 차이가 생긴다.

지메일 검색을 마스터한다

구글의 메일 서비스인 지메일의 강점으로는 용량과 검색 기능을 들 수 있다. 특히 방대한 양의 메일을 상세히 검색할 수 있으므로, 메일을 아카이브하여 필요한 내용을 검색해서 찾을 때 시간을 절약할 수 있다.

지메일은 키워드로 검색하는 방법 외에도 다양한 검색 방법이 있다. 가장 편리한 방법은 첨부파일의 유무나 용량에 따라 검색 범위를 좁히는 방법이다. 몇 가지 방법만 알아도 '보낸 사람×첨부파일 유무' '기간×첨부파일 용량'처럼 여러 조건을 조합해 메일의 검색 범위를 좁힐 수 있다.

이러한 검색 방법은 다소 복잡하므로 한눈에 알아보기 쉽게 표로 만들어 책상에 붙여두자.

검색 기준	검색 연산자 및 예
보낸 사람 검색	from: 예: from: 지현
받는 사람 검색	to: 예: to: 인성
메일 사본을 받는 사람 검색	cc: bcc: 예: cc: 인성
제목에 포함된 단어	subject: 예: subject: 저녁식사

'http://supportgoogle.com/mail/answer/7100' 참조

140 앱 론처를 사용해서 단숨에 끝낸다

컴퓨터에 깔린 앱을 작동시키기 위해 일일이 마우스를 움직여 찾거나 화면 하단에 있는 독(Dock, 맥 OS에서 자주 실행하는 앱을 모아놓은 단축창-옮긴이)을 이용하고 있지는 않은가.

하루에도 수십 번을 반복하는 조작은 조금이라도 힘을 덜 들이고 싶은 법이다. 아마도 순식간에 앱이 작동되길 바랄 것이다.

그럴 때 이용하면 좋은 앱 론처로 맥에는 알프레드(Alfred), 윈도에는 웍스(Wox) 등이 있다. 바로가기를 눌러 이 앱을 불러낸 후, 작동시킬 앱 이름 가운데 한두 글자만 입력해도 후보를 몇 가지로 좁혀준다. 이제 엔터키를 치기만 하면 앱이 작동한다. 익숙해지면 1초 만에 할 수 있다.

우아하게 조작하기

앱 론처는 앱을 작동시키는 일 외에도 컴퓨터 안에 있는 파일의 검색, 복사, 이동, 메일 발송 등 마우스를 쓰려면 두세 단계 거쳐야 할 일을 단숨에 할 수 있게 해준다.

크게 차이 나지 않을 것 같지만, 의외로 상당한 시간을 절약할 수 있는 데다, 키보드에서 손을 떼지 않은 상태로 다양한 조작이 가능하여 스트레스가 줄어든다.

일일이 마우스를 움직여가며 했던 일을 키보드 몇 번 두드리는 것으로 끝낼 수 있다.

141 지메일로 회사 메일을 주고받도록 설정한다

회사처럼 조직에서 사용하는 메일 시스템이 쓰기 불편할 때는 지메일에 회사 메일 주소를 추가해서 받은 메일을 전부 지메일로 옮기는 것이 편리하다.

메일을 보낼 때도 메일 주소를 선택할 수 있으므로 회사 메일로 보낸 것처럼 하면서 실제 운용은 지메일에서 할 수 있다.

이러한 기능을 사용하려면 지메일 설정에 들어가 메일 주소를 추가하고, SMTP 서버와 사용자 이름, 비밀번호를 입력한 다음 계정 추가 버튼을 누른다. 그런 다음 지메일에서 회사 메일로 보낸 이메일을 열어 확인용 링크를 클릭하면 설정이 완료된다.

이렇게 한 다음, 새 이메일을 보낼 때 회사 메일에서 보낸 것처럼 하고 싶을 때 '보낸 사람'에서 회사 메일 주소를 선택하기만 하면 된다.

이런 식의 메일 운용은 구글의 기업용 지스위트(G-Suite) 프로그램에 포함된 유료 지메일 서비스를 이용해서도 할 수 있다. 회사나 개인이 구입한 도메인으로 된 이메일 주소를 지스위트에 연결하면 지메일의 모든 기능을 어떤 메일 주소에서도 이용할 수 있게 된다.

142 아이폰 · 아이패드를 보조 모니터로 활용한다

요즘은 데스크톱보다 노트북을 주로 사용하는 사람이 많아졌다. 노트북 성능은 계속 향상되고 있지만, 작은 화면은 좀처럼 해결되지 않는다.

이를 해결할 수 있는 방법은 사무실에서 노트북을 사용할 때 외부 디스플레이와 마우스, 키보드를 따로 연결해서 사용하는 것인데, 노트북을 사용하지 않을 때는 외부 디스플레이가 자리를 많이 차지한다는 단점이 있기는 하다.

이럴 때 듀엣 디스플레이(Duet Display) 앱을 이용해 아이폰이나 아이패드를 맥북이나 데스크톱의 외부 디스플레이로 사용하면 편리하다.

컴퓨터와 아이폰·아이패드에 각각 듀엣 디스플레이 앱을 설치한 후 라이트닝 케이블로 연결하면 자동으로 연결되면서 아이폰·아이패드를 외장 디스플레이로 인식한다. 이렇게 연결한 아이폰·아이패드는 터치 패널로도 이용할 수 있다.

예를 들어 집중해서 일하고 싶을 때 음악 재생 앱을 보조 모니터에 옮겨놓는다거나 터치식 조작이 더 편한 앱을 이용해야 할 때는 아이폰·아이패드를 보조 모니터로 활용하는 방법도 있다.

143 클라우드 스토리지를 주요 작업 공간으로 삼는다

클라우드 스토리지라고 하면 전에는 컴퓨터의 일부를 동기화하기 위한 수단이었다. 하지만 이제는 클라우드 스토리지를 OS의 일부분으로 이용하는 것을 전제로 하는 경우가 점차 늘고 있다.

예를 들어 애플의 아이클라우드는 컴퓨터에 저장된 파일을 동기화할 수 있으며, 같은 파일을 아이폰 등에서도 이용할 수 있다. 구글 드라이브도 백업 및 동기화로 컴퓨터 전체를 백업할 수 있게 되었다. 이처럼 로컬 파일과 네트워크상의 파일을 구분하는 경계가 갈수록 흐릿해지고 있다.

파일이 당신을 '따라다닌다'

그동안 클라우드 스토리지를 그저 파일을 동기화하는 곳으로 생각했다면 이 기회에 주요 작업 공간으로 써보자.

그러면 작업한 파일이 특정 컴퓨터에만 있지 않고, 당신이 가는 곳을 전부 따라다니게 된다. 사무실에서 파일을 작성한 후, 집에 와서 내용을 추가하고 아이폰으로 오류를 수정하며 언제든지 동료와 공유 가능한 추상적인 작업 공간이 생긴다.

다양한 클라우드 스토리지가 있지만, 맥 이용자에게는 OS나 앱과 친화성이 높은 아이클라우드, 컴퓨터 이용자에게는 오피스 프로그램에 친화적인 원드라이브, 구글의 지스위트 이용자에게 구글 드라이브가 당연한 것처럼 팀 작업 환경에 따라 알맞은 클라우드 스토리지를 선택하는 것이 좋다.

지메일의 메일 고유 링크를 활용한다

지메일은 메일마다 고유의 URL이 있다. 받은편지함의 메일을 1통씩 클릭하면 각 메일의 URL이 다른 것을 알 수 있다. 즉, '각각의 메일을 링크할 수 있다'는 뜻이다. 이것을 다양한 곳에 활용할 수 있다.

예를 들어 받은 메일에 적힌 일정을 캘린더에 추가하고 자세한 내용은 메일을 참조하도록 링크를 걸 수 있으며, 할 일 관리 앱을 이용할 때도 메모란에 링크를 걸 수 있다. 또 여러 번 참조하거나 나중에 다시봐야 하는 메일이 있으면 에버노트에 링크를 저장해도 된다.

이런 URL은 메일 계정을 인식하기 때문에 열람 권한이 없는 사람은 아무리 보려고 해도 로그인 요청밖에 뜨지 않으므로 안심하고 쓸 수 있다.

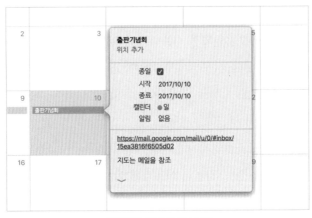

캘린더 메모에 메일 링크 넣기

145
지메일 필터를 이용해 메일을 1통이라도 더 줄인다

모든 메일을 지메일로 관리하면 좋은 점이 몇 가지 있다. 구글의 강력한 검색 기능을 쓸 수 있다는 점, 용량을 신경 쓸 필요가 없다는 점 그리고 지메일 필터 같은 우수한 분류 기능을 쓸 수 있다는 점 등이다.

그중에서도 지메일 필터는 다양한 항목을 설정해놓으면 그다음부터는 자동으로 메일을 분류해주기 때문에 시간을 크게 절약할 수 있다. 아무리 계정을 잘 관리해도 오래 쓰다 보면 쓸데없는 연락이나 광고성 메일 등 무조건 삭제해야 하는 메일이 받은편지함을 가득 채우게 된다.

이처럼 시간을 잡아먹기만 하는 메일이 1통이라도 줄어들도록 필터를 이용해보자. 지메일 필터는 분류 기준에 따라 다양하게 설정할 수 있다.

- 보낸 사람: 특정인이 보내는 메일을 전부 삭제하려면 처음부터 받은편지함을 건너뛰어 삭제되게 설정한다.
- 제목: 자신과 무관한 회의 연락 등 응할 필요가 없는 일부 메일은 제목에 들어가는 특정 단어에 따라 받은편지함을 건너뛰고 자동으로 라벨이 붙어 저장되게 한다.

반대로 특정인이 보낸 메일은 별표를 표시해서 따로 보관할 수도 있다.

이처럼 관심을 두어야 하는 사람은 특별히 취급하고, 그렇지 않은 사람은 처음부터 눈실소자 수시 않노록 지메일 필터로 정보를 분류해보자.

146 데스크톱을 '밀어내기 파일링'으로 관리한다

노구치 유키오의 《초정리법(超整理法)》(2003)을 보면 '밀어내기 파일링'이라는 방법이 있다. 서류를 봉투에 담아 시간순으로 세워놓고, 필요한 서류를 꺼내 본 다음 맨 오른쪽에 둔다. 그러면 자주 보지 않는 서류들은 자연히 왼쪽으로 밀리므로 이를 정기적으로 정리하면 된다.

나는 종이 서류가 줄어서 이제는 이 방법을 거의 쓰지 않지만, 똑같은 방법을 데스크톱에 적용하면 폴더나 파일을 시간순으로 관리할 수 있다.

우선 데스크톱에 '@working'과 '@archive'라는 2개의 폴더를 만든다. 폴더명 앞에 '@'을 붙이는 이유는 폴더를 정렬했을 때 맨 위에 오게 하기 위해서다.

'@working' 폴더 안에 '2017.07.07 청구서'처럼 이름 앞에 업무 개시일을 넣은 폴더를 새로 만든 다음, 그와 관련된 파일을 전부 넣어둔다. 업무가 진행될수록 점차 '@working'에 저장되는 폴더 수가 늘어나는데, 날짜가 오래된 것은 대부분 완료된 작업이므로 정리할 때 이런 것은 외장 하드 등에 저장하고, 아직 진행 중인 업무는 폴더의 날짜를 갱신한다. 업무 중에는 **066**에서 소개한 것처럼 템플릿으로 사용하고 싶은 것도 있다. 그런 것은 '@archive'로 옮겨 이동이

밀어내기 파일링 방식으로
데스크톱을 정리하는 방법

적은 보관 장소로 운용한다.

　이렇게 데스크톱에 항상 진행 중인 업무의 파일만 남게 되면 용량이
부족해졌을 때 무엇부터 삭제해야 할지 명확해진다.

05

발상을 통한 사고
자신만의 아이디어를 내는 법

정보에 가치를 부가하면 자신만의 고유한 아웃풋이 탄생한다.
독창적인 아이디어를 떠올리고,
이를 다른 사람에게 전달하기 위한 기술을 소개한다.

아이디어 발상법(1)
모든 발상은 리믹스다

새로운 아이디어를 떠올려야 할 때 이용할 수 있는 방법이 리믹스다.

시나리오작가 커비 퍼거슨은 2012년에 발표한 〈모든 것은 리믹스다〉라는 다큐멘터리를 통해 레드 제플린부터 〈스타워즈〉에 이르기까지 대부분의 창조적인 일은 기존의 것을 바탕으로 만들어졌다는 사실을 소개했다.

예를 들어 〈스타워즈〉는 구로사와 아키라 감독의 시대극이나 〈새벽의 출격〉 같은 전쟁영화 그리고 프랑스의 SF 만화 등에서 다양한 모티브를 따와 합성한 것이라는 식이다.

퍼거슨은 이러한 리믹스가 과거의 소재를 1.복제, 2.변용, 3.합성하는 3단계를 거친다고 이야기한다.

아이디어를 구상할 때는 이 3단계를 신경 써서 바탕이 될 만한 소재를 선택한 다음, 그것이 독창적인 아이디어가 될 때까지 리믹스를 반복해보자. 그러면 아이디어를 더욱 쉽게 떠올릴 수 있다.

148

나쁜 아이디어를 잔뜩 떠올린다

늘 좋은 아이디어만 떠올릴 수는 없지만 나쁜 아이디어는 잔뜩 생각해 낼 수 있다. 그리고 때로는 나쁜 아이디어가 좋은 아이디어를 만드는 열쇠가 되기도 한다.

심리학자 키스 소여는《창의력에 관하여(Explaining Creativity)》(2006)에서 아이디어라는 것이 마치 한순간 번뜩이는 것처럼 보여도 사실은 수많은 정보의 축적과 조합을 거쳐 나온 마지막 결과물인 경우가 대부분이라는 점을 지적했다.

발명왕 에디슨이 개인으로서 미국 역사상 가장 많은 1,093건의 특허를 신청할 수 있었던 이유도 그가 3,500권에 달하는 노트를 남길 만큼 아이디어의 '양'을 중요하게 여겼기 때문이다.

그가 떠올린 아이디어는 대부분 현실성이 떨어지는 '나쁜' 아이디어였다. 하지만 양을 중시했기 때문에 그 속에서 한 줌의 성공이 탄생한 것이다.

그러므로 역설적으로 들릴 수 있지만, 좋은 아이디어를 떠올리는 방법보다 다량의 나쁜 아이디어를 떠올리는 방식에 주의하는 것이 오히려 좋은 아이디어를 건지는 빠른 길이 될 수 있다.

155에서 소개할 유비쿼터스 캡처 습관을 사용해 떠오르는 생각을 전부 기록하거나 브레인스토밍을 이용해 다양한 생각을 제시하는 것도 나쁜 아이디어를 떠올리는 방법 중 하나다.

매일 아침마다 아이디어를 5개씩 적는 습관을 기르는 것도 항상 새로운 비즈니스 아이디어를 찾는 기업가들이 많이 쓰는 방법이다. 매일 아침마다 새로운 아이디어를 5개씩 찾다 보면 뒤로 갈수록 억지로 짜낸 터무니없는 아이디어를 적기 쉽다. 하지만 이처럼 다양하게 아이디어를 모색하다 보면 이제껏 누구도 떠올리지 못한 기발한 아이디어를 찾아내기도 한다.

물리학자 닐스 보어는 "전문가란 매우 협소한 분야에서 저지를 수 있는 모든 실수를 저질러본 사람이다"라고 말했다. 모든 실수를 저지르고 나면 드디어 가능성이 보이기 시작하는 것이다.

149 '집착 기간'을 통해 아이디어를 떠올린다

세상에는 다양한 아이디어 발상법이 있지만, 아이디어를 구상하기에 앞서 어떠한 마음가짐이나 태도를 가져야 하는지는 의외로 궁금해하는 사람이 많지 않다.

148에서 말했듯, 대부분 채택되지 않을 것을 알면서도 나쁜 아이디어를 끊임없이 생각해내려면 약간의 광기가 필요하다. 집착 수준에 이를 정도로 한 가지 주제에 대해 끊임없이 생각하는 것 또한 일종의 재능이다.

예를 들어 최초로 눈 결정 사진을 찍은 윌슨 벤틀리는 15세 때 현미경을 통해 눈 결정을 본 이후, 그 매력에 푹 빠져 평생 5천 점이 넘는 사진을 찍었다. 그가 눈 결정 분류에 열정을 쏟은 덕분에, 훗날 일본의 나카야 우키치로 등의 연구자가 인공 눈을 연구하게 되었다.

심리학자 에릭 메이젤은 이러한 선인의 관찰을 통해, 자신에게 주어진 주제에 온 시간과 정신을 집중하는 '집착 기간'을 1개월 단위로 갖는 것이 얼마나 효과적인지 저서 《뇌내 폭풍》(예문, 2010)에서 설명하고 있다.

가령 가끔 기간을 정해서 한 가지 생각에만 몰두해보는 것이다. 이때 마치 보이지 않는 경쟁자라도 있는 것처럼 그 주제에 더욱 집착해보자.

따로 훈련하지 않는 이상 한 가지 일에 대해 5분, 10분 혹은 1시간 동안 끊임없이 생각하기란 불가능하다. 한 달이라는 시간을 할애할 수 없다면 우선 동일한 주제에 대해 1시간 동안 끊임없이 생각하는 훈련부터 시작해보자. 이렇게 모든 시간과 정신을 한 가지 주제에 집중하면 가벼운 사고만으로는 결코 도달할 수 없는 지점에 다다를 수 있다.

150

아이디어 발상법 (4)

인덱스카드를 펼쳐 아이디어의 별자리를 찾는다

앞서 말한 훈련을 하다 보면 수많은 아이디어의 씨앗을 얻게 된다. 이러한 씨앗들 사이의 관계를 발견하면 '아이디어의 리믹스'가 완성 단계에 접어든다. 이때 사용하면 편리한 것이 아이디어를 종이 1쪽에 정리할 수 있는 인덱스카드다.

관심을 갖고 모은 자료에서 발췌한 내용이나 브레인스토밍을 통해 나온 생각 등을 카드 한 장당 한 가지 항목씩 적어나간다. 반드시 제목을 붙이고, 한 장의 카드에 정리된 생각이나 정보가 한 가지씩 담기게 한다.

인덱스카드는 얼핏 정보를 분류·정리하기 위해 만들어진 것처럼 보이지만 그렇지 않다. 인덱스카드는 머릿속에 다 담을 수 없는 정보를 외부로 내보냄으로써 새로운 발상을 떠올리게 하는 장치다.

민속학자 우메사오 다다오는 인덱스카드의 사용법을 널리 알린 자신의 저서 《지적 생산의 기술》(AK, 2018)에서 "얼핏 아무런 관련이 없어 보이는 카드와 카드 사이에 생각지도 못한 관계가 존재한다는 사실을 깨닫게 된다" "카드는 축적 장치라기보다는 오히려 창조 장치다"라고 이야기했다.

인덱스카드를 처음 쓰는 사람은 일단 시중에 판매되는 100장짜리 제품부터 사는 경우가 많은데, 나는 처음부터 그 10배인 1천 장을 구입하라고 권한다. 100장 정도는 순식간에 다 써버릴 만한 속도로 정보와 발상을 모아봐야 비로소 자신이 미처도 생각하는 생성 너머에 새로운 가능성이 존재한다는 사실을 깨달을 수 있기 때문이다.

151 샤워 중에 아이디어가 떠오르는 이유

중국 북송 시대의 정치가이자 문인이었던 구양수는 좋은 생각이 떠오르기 쉬운 장소로 마상(馬上), 침상(枕上), 측상(厠上)이라는 '삼상(三上)'을 꼽았다고 한다.

흥미로운 사실은 영국에도 아이디어가 잘 떠오르는 세 장소의 머리글자를 딴 '3B'라는 표현이 있는데, 여기서 말하는 3B는 침대(Bed)·욕실(Bath)·버스(Bus)로 삼상과 꽤 비슷하다는 점이다. 실제로 '샤워 중'에 아이디어가 잘 떠오른다는 사실을 모두 잘 알기 때문에 샤워하다 메모할 수 있는 제품마저 개발되었을 정도다.

샤워 자체가 창의력을 자극하거나 탈것이 뇌를 자극하기 때문이 아니다. 그보다는 줄곧 떠안고 있던 문제에서 한발 물러나 다른 상황에서 다시 생각했을 때, 그동안 보이지 않던 관계성이 떠오르는 현상이다.

샤워하거나 무언가에 올라탄 상황에서 그런 현상이 자주 일어나는 이유는 대다수의 사람에게 그것이 무의식적으로 할 수 있을 만큼 단순한 작업이기 때문이다. 예를 들어 낚시나 달리기 중에도 아이디어가 번뜩이기 쉽다. 이 말은, 즉 '아이디어를 구상할 때는 각기 다른 상황에서 단순 작업을 하라'라는 뜻으로 받아들일 수 있다. 책상에 앉은 채로 다른 종류의 단순 작업을 해보거나 메모지를 들고 산책을 나가보자.

샤워한다고 반드시 좋은 아이디어가 떠오르는 것은 아니지만, 이렇게 하면 고민 중인 문제에 도움될 만한 아이디어가 더 잘 떠오를 수 있다.

주제를 정해 걸으면서 생각한다

걸으며 스마트폰을 보는 행동이 요즘 큰 문제다. 화면에 집중한 채 걷다가 사람이나 사물에 부딪히거나 심지어 플랫폼에서 떨어지는 사람도 있다.

걷기만 하면 왠지 그 시간이 아깝게 느껴져 스마트폰으로 친구와 메시지를 주고받거나 동영상이 보고 싶어지는 마음은 이해가 간다. 하지만 걸어 다니는 시간을 좀 더 적극적인 사고의 시간으로 활용할 수도 있다.

아리스토텔레스가 산책하며 강의와 토론을 해서 그의 학파를 소요학파라 하고 니체와 루소, 칸트 같은 사상가가 산책과 생각을 결부시켜 생각했다고 알려진 것처럼 걷는다는 것은 곧 생각한다는 것과 같다.

사고의 폭을 한없이 넓히며 걷는 것도 즐거운 일이지만, 좀 더 집중적으로 사고하고 싶을 때는 '주제를 정해 걷는' 습관을 들이는 것이 좋다.

우선 출발할 때 '지금부터 목적지에 도착할 때까지 이 주제에 대해 생각하자'라고 정해둔다. 주제는 앞으로 쓰려는 글이든, 최근 보도된 뉴스든, 인생 고민이든 뭐든 상관없다.

걷는 동안은 오직 그 주제에 대해서만 생각한다. 신호등 앞에서 걸음을 멈추거나 전철로 이동할 때는 가끔 스마트폰을 꺼내 메모해도 되지만, 그 밖의 시간은 전부 생각에 집중한다.

이처럼 한 가지 주제를 집중적으로 생각하면서 걸으면 그 시간이 풍부한 지적 활동 시간으로 바뀐다. 습관이 되면 걸으며 스마트폰을 보는 시간이 오히려 아까워질 것이다.

인덱스카드나 메모지를 이용해 아이디어를 모으는 이유는 종이 한 장 한 장에 생각의 단편을 담기 위해서다. 마치 원자가 서로 결합해 분자를 이루듯, 카드 여러 장이 모이면서 그 안에 담긴 단편적인 발상들이 하나의 일관된 생각으로 성장해나가는 것이다.

이러한 과정은 자신의 생각을 정리해야 할 때 특히 중요하다.

인덱스카드를 이용하는 방법에 대해 《지적 생산의 기술》에 자세히 설명한 우메사오 다다오는 카드를 이용한 아이디어 발상법인 '고자네 법'을 개발했다.

우선 일과 관련된 정보나 아이디어를 카드에 적어 눈앞에 펼쳐놓고, 이야기의 흐름이 완성될 때까지 정보를 조금씩 추가하면서 카드를 배치한다. 이 과정을 통해 카드의 연관성이 보이기 시작하면 스토리의 순서대로 카드를 모으고 스테이플러로 찍어 연결한다. 그 위에서부터 순서대로 문장이나 단락으로 정리하면 수미일관된 스토리가 완성된다.

이처럼 카드를 연결한 형태가 일본의 중세 갑옷을 구성하는 고자네(작은 철이나 가죽 파편을 실로 엮은 것 – 옮긴이)를 닮았기에 '고자네 법'이라는 명칭이 붙었다.

이것은 디지털로도 만들 수 있다. 예를 들어 문서 작성 프로그램인 스크리브너(Scrivener)에서는 카드를 작성한 다음 짧은 문장을 조합해 더 긴 문장을 구성할 수 있다. 또 에버노트의 노트 합치기 기능을 이용하면 이와 비슷하게 쓸 수 있다.

154 아웃라이너로 거시적 사고와 미시적 사고를 연결한다

인덱스카드를 늘어놓고 아이디어를 정리하기 위한 도구 중 인기 있는 것이 아웃라이너(Outliner)다.

아웃라이너는 개요를 작성할 때 쓰는 소프트웨어를 말한다. 항목별로 문장을 나열할 수 있고 하위 항목을 상위 항목에 숨길 수 있어 자유롭게 행을 바꿔가며 사고를 구조화할 수 있는 장점이 있다.

예를 들어 책을 집필하기에 앞서 아웃라이너에 1장, 2장 식으로 항목을 만들고 그 하위 항목에 소제목을 넣어 아이디어를 모은다고 해보자.

그 과정에서 책에 꼭 넣고 싶은 자잘한 소재를 '미정'이라는 항목에 하나둘씩 추가해가다 '이 항목은 2장에 넣을 수 있겠다'라는 생각이 들면 그 행을 2장의 하위 항목으로 이동시킨다.

이런 식으로 아웃라이너는 거시적·미시적 사고를 동시에 할 수 있으며, 그렇게 떠올린 아이디어의 순서를 바로 바꿀 수 있는 특징이 있다.

아웃라이너 기능은 워드(Word)에도 있으며, 옴니아웃라이너(OmniOut-liner) 같은 전용 앱이나 워크플로위(Workflowy) 같은 웹서비스도 인기가 있다.

특히 워크플로위는 어느 항목이든 확대해서 새로운 화면으로 표시하는 기능을 이용해 상위 항목과 하위 항목을 자유롭게 넘나들며 사고를 전개할 수 있어 새로운 지적 생산 도구로 주목을 받고 있다.

155 기억을 기록으로 바꾸는 유비쿼터스 캡처 습관

머릿속에 든 정보를 밖으로 내보내고자 할 때 가장 먼저 드는 고민은 바로 '무엇을 써야 할까?'이다. 답은 간단하다. 잊고 싶지 않은 일을 자신의 말로 표현하는 것이다.

인간의 기억은 생각보다 취약하며 지워지기 쉽다. 벌어진 일을 보관하는 단기기억은 고작 5~7개의 일밖에 기록하지 못하며, 이렇게 기록된 정보도 새로운 정보가 들어올 때마다 밀려나 지워진다.《몹쓸 기억력》(현암사, 2017)의 저자 줄리아 쇼에 따르면 꽤 인상 깊게 남았던 장기기억도 끊임없이 왜곡되거나 수정되며, 간단한 유도심문만으로도 거짓 정보가 그 위에 덮어씌워진다고 한다.

그러므로 잊어버리기 전에 서둘러 몰스킨 노트나 인덱스카드 등에 느낀 감상을 기록하고 나중에 몇 번이고 되새기는 것이 중요하다. 즉, 기

억을 기록으로 바꾸는 습관을 기르는 것이다. 나는 이러한 습관을 '모든 것을 기록한다'라는 뜻에서 '유비쿼터스 캡처'라 부르고 있다.

유비쿼터스 캡처를 실천한다

그렇다면 구체적으로 무엇을 어떻게 캡처해야 할까.

캡처에 알맞은 정보로 일상적인 사건, 아이디어, 독서 등 획득한 정보에 대한 감상, 잊고 싶지 않은 추억을 들 수 있다.

캡처는 반드시 그 자리에서 시간의 순서대로 기록한다. 이때 '이런 일을 적는 게 의미가 있을까'라는 식으로 기준을 너무 높게 잡지 말자. 왠지 나중에 다시 생각날 것만 같은 일을 그대로 적어도 좋다.

나는 몰스킨 노트에 날짜와 제목을 적고, 그 아래에 기록하고 싶은 기억을 마치 소설의 한 장면처럼 한 단락에 걸쳐 자세히 묘사한다. 그러면 나중에 그 부분을 읽고 쉽게 기억을 떠올릴 수 있다.

이러한 습관이 익숙해지면 캡처할 때 그림이나 사진, 아이가 낙서한 종이나 오려낸 신문 기사 등을 함께 붙인다.

유비쿼터스 캡처 습관을 계속하면 점차 인생 자체를 노트에 저장하듯 기억을 외부화하는 경지에 이른다. 보통 금요일쯤 되면 월요일에 무슨 일이 있었는지 잊기 마련이지만, 경지에 이르면 수년 전의 일도 마치 오늘 일처럼 생생히 떠올릴 수 있게 된다.

이렇게 기억을 기록하는 행위는 당신이 삶에서 중요하게 여기는 온갖 사건이나 가족과의 추억, 흐릿해지는 감동을 전부 기록으로 남길 수 있게 한다.

SECTION 05

156 몰스킨 노트로 유비쿼터스 캡처를 실천한다

유비쿼터스 캡처를 할 때는 아무 노트나 사용해도 상관없다. 하지만 나는 쪽수가 많고 들고 다니기 편한 몰스킨 노트로 쓰길 권한다.

몰스킨 노트는 포켓 사이즈가 192쪽, 라지 사이즈가 240쪽으로 되어 있다. 쪽수가 넉넉하면 종이가 모자랄까 봐 염려되어 노트를 아껴 쓰지 않아도 된다. 그리고 보관하기도 편하다. 튼튼하게 만들어진 표지는 잘 꺾이지 않고, 다 쓴 노트를 책장에 나란히 꽂아두면 마치 가죽 표지의 고급스러운 양서가 가지런히 꽂힌 것처럼 보여 눈이 즐겁다.

몰스킨 노트에 유비쿼터스 캡처를 할 때는 처음에는 트위터에 올리듯 일상적인 일을 최대 140자 이내로 적는 것이 무난하다.

140자를 노트에 쓰면 대략 몇 줄 정도가 되는지 본 다음, 기억해두고 싶은 일을 그 정도 길이로 적는 연습을 한다. 어느 정도 익숙해지면 140자의 글을 사슬처럼 이어가며 좀 더 자세한 내용을 캡처할 수 있게 된다.

최대 140자 이내로 노트에 적기

157 스마트폰으로 유비쿼터스 캡처를 실천한다

유비쿼터스 캡처에 도움을 주는 강력한 아군은 바로 스마트폰이다. 항상 들고 다니는 물건인 데다 글로는 표현할 수 없는 디테일한 부분을 사진이나 동영상으로 쉽게 대체할 수 있다.

또 위치 정보 같은 데이터가 자동으로 저장되기 때문에 과거의 기억을 떠올리고자 할 때 '작년'이나 '미국 여행' 식으로 범위를 좁혀 검색할 수 있다. 그에 맞는 앱으로 데이원과 에버노트가 있다.

단 하나 주의할 점은 스마트폰만으로는 유비쿼터스 캡처를 하기 어렵다는 것이다.

우리가 잊고 싶어 하지 않는 기억은 대부분 추상적이기 때문에 이를 다시 떠올리려면 매우 구체적인 기록이 필요하다. 여행지에서 열심히 찍은 사진보다 수첩에 붙인 우표 한 장이 기억을 더 생생하게 되살려주는 경우도 많다.

디지털로 저장하기 쉬운 정보만 스마트폰을 이용하고, 수첩을 들고 다니면서 자신이 느낀 감상을 그때그때 적는 편이 좋다.

데이원 앱으로 일상 캡처하기

블로그는 최고의 정보 아웃풋 트레이닝

정보 아웃풋 트레이닝을 하고 싶은 이들에게 나는 블로그를 해보라고 추천한다.

블로그에는 플로(flow)와 스톡(stock)이라는 두 가지 측면이 있다.

흥미나 유행, 화제에 반응해서 쓰는 일상적인 글은 시간이 지나면 흘러가버리는 플로 정보다. 하지만 블로그를 계속 운영하다 보면 점차 흥미로운 주제에 대해 글을 쓰게 된다. 그러한 글들을 같은 카테고리로 묶으면 그 글들이 스톡 정보가 되기 시작한다.

'맛집 탐방을 할 때마다 글을 올렸더니 어느새 그 동네의 맛집 지도를 만들 수 있을 정도로 많은 정보가 모였더라' 하는 식이다.

내 블로그도 10년 동안 2천 개의 글이 축적된 결과, 라이프핵뿐만 아니라 소셜미디어의 발전, 지식 생산과 기술의 교점 등 수많은 정보가 쌓여 유용한 정보의 창고가 되었다.

블로그를 시작하기 부담스러운 사람은 먼저 비공개로 블로그를 운영해보자. 이때 몇 년 뒤의 자신은 지금의 자신과 전혀 다른 사람이라는 생각으로, 제삼자도 알아볼 수 있게 글을 작성한다.

블로그는 가급적 공개하는 편이 좋다. 의외로 좋은 반응을 얻을 수 있고, 그에 따른 여러 장점도 있다. 자신만을 위해 쓴 글이 미래의 자신 혹은 그 글을 우연히 읽은 누군가에게 도움이 될 수도 있다.

159 하루에 10만 자를 읽고 5천 자를 쓴다

어느 행사에서 경제평론가 가쓰마 가즈요가 '수준 높은 글쓰기'에 대해 이야기한 것을 들은 적이 있다.

그는 괜히 이런저런 글쓰기 비법을 들여다보지 말고 '하루에 10만 자를 읽고 5천 자를 쓰라'라고 말했다. 많이 읽고 많이 써봐야 좋은 글이 나온다는 것이다. 이 기준에는 두 가지 의미가 있다. 우선 5천 자를 아웃풋하려면 10배가 아니라 20배에 가까운 정보를 입력해야 한다는 것이다.

아이디어는 아무것도 없는 상태에서 갑자기 툭 튀어나오는 것이 아니다. 경험이나 지식이 쌓여야만 자신만의 생각이 나오는 법이다. 남의 말을 그대로 옮겨 적지 않고, 오직 자신의 생각만을 5천 자나 적으려면 20배에 달하는 정보가 필요하다.

또 다른 의미는 문장력을 기르려면 적어도 5천 자 이상 아웃풋하는 연습을 해야 한다는 것이다. 2천 자를 인풋하고 트위터 1개를 날리는 정도로는 긴 글을 통일성 있게 쓸 수 없다.

이와 비슷한 인풋·아웃풋 비율은 프로그래밍이나 그림, 작곡 등 여러 분야에서 볼 수 있다.

벽에 부딪힌 느낌이 들 때는 결과물의 수준은 나중에 생각하기로 하고, 우선 아이디어나 결과물의 바탕이 될 만한 인풋을 쌓는 일에 주력하거나 아웃풋의 양을 조정해보자.

인풋하고 아웃풋하는 습관을 기르면 수준을 차츰 높일 수 있다.

160 작은 차이가 슬라이드를 개성적으로 보이게 한다

폰트나 색상에 조금만 신경 쓰면 단조로운 슬라이드에 개성을 불어넣을 수 있다. 흰 바탕에 글자가 한두 줄만 들어가는 간단한 슬라이드를 만들 때도 조금만 신경 쓰면 색다른 느낌을 줄 수 있다.

예를 들어 다음과 같은 방법만 써도 충분하다.

1. 폰트 색상을 검은색에서 진한 회색으로 바꾼다.
2. 폰트 크기와 글자 사이의 간격을 조정한다.
3. 어도비 컬러(Adobe Color CC)의 색상표를 이용해 색상을 선택한다.

슬라이드가 단순할수록 이처럼 작은 변화만으로 큰 효과를 거둘 수 있다. 실제로 이 방법을 사용할 때는 슬라이드 프로젝터나 현장 조명 등을 고려해 색상이나 간격 등을 조정한다.

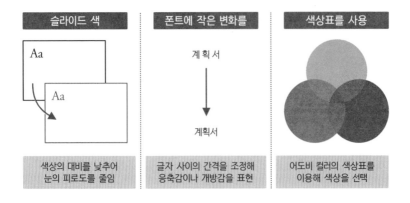

슬라이드 색	폰트에 작은 변화를	색상표를 사용
색상의 대비를 낮추어 눈의 피로도를 줄임	글자 사이의 간격을 조정해 응축감이나 개방감을 표현	어도비 컬러의 색상표를 이용해 색상을 선택

똑같은 내용을 똑같은 페이스로 이야기해도 어째서인지 나쁜 인상을 주는 프레젠테이션이 있다. 정보를 전달하는 데만 정신이 팔려 청중과의 교감을 무시하면 수박 겉핥기식 프레젠테이션이 되어버려 결국 손해를 보게 된다.

대표적인 예로 청중에게 완전히 등을 돌린 채 화면만 보는 경우를 들 수 있다. 이런 일이 생기지 않도록 프레젠테이션 하는 동안 의식적으로 '열린 자세'를 취하자. 이는 서양에서 중시하는 프레젠테이션 기술 중 하나기기도 하다.

우선 정면은 청중을 향하거나 아니면 몸을 살짝 틀더라도 양쪽 어깨가 보이게 한다. 청중의 시선이 자신을 향하도록 양손을 벌려 포용력 있는 분위기를 연출한다. 팔짱 낀 자세는 절대 하지 말아야 한다. 이 자세는 청중에게 적대감과 긴장감만 줄 뿐이다.

이따금 고개와 시선은 청중을 향하고, 마치 그 자리에 있는 사람들과 일일이 눈을 맞추듯 시선을 움직인다. 이러한 작은 보디랭귀지가 청중에게 전달되는 인상을 결정짓는다.

프레젠테이션에 대한 자신감도 생긴다

보디랭귀지는 사실 프레젠테이션 내용을 전부 알고 충분히 연습하기 전까지는 신경 쓸 틈이 없다. 하지만 보디랭귀지에 신경 쓸 수 있을 만큼 열심히 연습하면 프레젠테이션도 아마 멋지게 성공할 수 있을 것이다.

162 자연스러운 프레젠테이션은 1분당 400자를 기준으로 한다

프레젠테이션을 할 때 정해진 시간을 지키지 못하는 상황은 꼭 피해야 한다. 아무리 잘해도 예정 시간을 훌쩍 넘기거나 마지막 순서라고 서두른다면 안 하느니만 못할 만큼 청중에게 좋지 않은 인상을 남긴다. 말하려는 내용과 '남은 시간'을 맞추지 못하면, 이런 상황이 벌어진다. 1분 만에 쉽게 끝낼 수 있을 줄 알았던 설명이 실제로 2분이나 걸리는 일이 종종 생긴다.

시험 삼아 타이머를 1분에 맞추고, 아무 책이나 펼쳐서 마치 능숙하게 프레젠테이션 하듯 읽어보자. 그리고 1분이 지나면 자신이 읽은 글자 수를 세본다. 사람마다 차이가 나겠지만 400자 정도 나올 것이다. 그것이 당신이 생각하는 이상적인 페이스므로 기억해두자.

만약 프레젠테이션 시간이 10분 정도면 말할 내용이 그 10배 안에 담기도록 조정해야 한다. 파워포인트나 키노트 같은 프로그램에는 화면에 발표자용 노트를 추가하는 기능이 있으므로 여기에 이야기할 내용을 입력하며 글자 수를 조정해간다.

준비할 시간이 부족하면 가장 설명하기 어려워 시간이 많이 걸릴 부분만이라도 해보자. 어쨌든 1분 안에 설명할 수 있다고 생각한 부분에서 오래 끄는 것만은 피해야 한다.

이상적으로 생각하는 페이스를 미리 파악해두면 프레젠테이션 할 때 페이스를 조절하는 연출도 가능해진다. 도중에 분속 500자 정도로 갑자기 빠르게 말하거나 반대로 잠시 뜸을 들이다가 천천히 다시 이야기하는 식으로 페이스를 조절하면 분위기를 바꿀 수 있다.

163 녹음으로 "어……" "저……"를 근절한다

프레젠테이션에 익숙해도 말하는 도중 "어……" "저……" 같은 간투사 쓰는 습관을 버리지 못하는 경우가 있다. 말하는 본인은 이런 습관이 있다는 것을 모르는 경우가 많은데, 듣는 입장에서는 한번 신경 쓰이기 시작하면 말하는 내용이 귀에 들어오지 않을 정도니 꽤 심각한 문제다.

이처럼 의식하지 못했던 문제를 의식하려면 프레젠테이션을 연습할 때 자신의 모습을 동영상으로 촬영하는 방법 등을 써서 대처해야 한다.

자신이 언제 간투사를 쓰는지 그 순간을 찾았다면 다음의 두 가지 가능성을 생각해보자. 혹시 설명할 말을 제대로 외우지 않아 다음에 할 말을 고르느라 무의식적으로 "어……"라고 말하고 있지는 않은가. 아니면 앞부분과 내용이 잘 연결되지 않아 머뭇거리고 있는 것은 아닌가.

또는 프레젠테이션 하다가 말이 너무 빨라져서 다음 말을 이어가기 힘들 때도 간투사가 간혹 튀어나온다. 분량을 줄이고 말하는 속도를 의식하다 보면 간투사를 쓰는 일이 자연스레 줄어들 것이다.

프레젠테이션에서 '정적'을 신경 쓰지 않는다 _____

마지막으로, 발표하는 사람은 프레젠테이션 하는 동안 잠시라도 정적이 흐를까 걱정하지만, 청중은 이를 크게 신경 쓰지 않는다는 점을 기억하자. 다음 말이 이어지지 않아 간투사가 절로 튀어나올 것 같은 순간이 닥치면 짧은 정적은 문제되지 않는다는 것을 기억하고, 침착하게 말을 이어나가자.

164

분노나 불안을 메일이나
수첩에 적어 마음속에서 덜어낸다

일을 떠넘기는 상사, 도무지 의도를 알 수 없는 동료, 일부러 말을 심하게 하는 거래처 등 일하다 보면 이런저런 어려움에 부딪히기 마련이다. 어쩌면 앞날에 대한 불안감 때문에 세상이 온통 잿빛으로 보이는 순간이 있을지도 모른다.

그럴 때면 고래고래 소리를 지르며 그동안 쌓인 불만이나 불안을 토로하고 싶어질지도 모른다. 하지만 이는 스트레스받으면 나타나는 자연스러운 반응이다. 다들 문제가 생길까 봐 그런 마음을 행동으로 옮기지 않고 그저 꾹 참고 있을 뿐이다.

하지만 계속 참기만 하면 마음에 독이 된다. 오랜 시간에 걸쳐 심신을 좀먹게 되어 우울증이나 다른 신체적 질환으로 이어지게 된다. 어떠한 형태로든 스트레스를 외부로 배출해 해소하려 하지 않으면 마음이라는 그릇이 깨져버린다. 그 그릇은 한번 깨지면 고치기가 몹시 어렵다.

도저히 이야기할 곳이 없을 때, 마지막으로 쓸 수 있는 방법이 있다. 마음에 쌓인 이야기를 편지 쓰듯 적는 것이다. 이때 받는 사람 주소에는 자신의 이메일주소나 일회용 이메일주소를 적는다.

이와 비슷하게 마음속으로 느끼는 불안을 수첩에 전부 기록하는 방법도 있다. 적기만 해도 마음이 차분해지는 효과가 있을 뿐 아니라, 스스로 반성하는 계기가 되기도 한다.

마음을 깨뜨려서는 안 된다. 비록 스트레스의 원인을 해결할 수는 없어도 정기적으로 배출하는 시스템을 만드는 것이 중요하다.

165 평소에 잘 쓰지 않는 손을 사용해 마인드풀니스를 경험한다

마인드풀니스(mindfulness)란 지금 일어나고 있는 일에 의식을 집중하는 명상법으로 스트레스를 줄이거나 다양한 심리적 증상을 완화하는 데 효과적이라고 알려져 있다.

마인드풀니스의 어원이 된 것은 팔리어(남방 소승불교 성전에 쓰인 언어-옮긴이)로 사티(sati)라고 하는 불교용어로, 대상에 대한 집착이나 고정관념, 선악의 평가를 일단 미루고 마음에 그대로 담아두는 것을 의미한다. 온 정신을 마음에 집중하거나 눈에 비치는 풍경을 평소에 의식하지 못한 세세한 부분까지 관찰하거나 몸의 작은 움직임 하나하나까지 의식하는 것 또한 마인드풀니스를 실천하는 하나의 방법이다.

명상이나 이런 관찰에는 어느 정도 연습이 필요한데, 한 영국 연구자가 이와 비슷한 심리 상태에 간단히 다다를 수 있는 방법을 발견했다. 평소에 주로 쓰는 팔 대신 다른 팔로 일상 활동을 하는 것이다.

주로 쓰는 팔이 아닌 다른 팔을 쓰면 글씨를 쓰든 청소를 하든 모든 동작에 의식적으로 주의를 기울여야 성공할 수 있다. 그러면 거의 무의식적으로 하던 동작을 전부 의식해서 해야 하므로 정신적 유연성과 집중력이 향상되고 마인드풀니스에 가까운 정신 상태에 이를 수 있다.

나는 지금 이 순간에 온 정신을 집중하고 싶을 때면 왼손으로 그림을 그리는 등의 방법을 실천하고 있다. 이 방법을 시험해보고 싶다면 평소에 잘 쓰지 않는 팔에 정신을 집중할 수 있도록 환경을 조성하고, 다칠 위험은 없는지 확인하자.

해커톤을 개인적으로 개최한다

해커톤(Hackathon)은 핵(hack)과 마라톤(marathon)을 섞어서 만든 용어로, 프로그래머나 디자이너가 어떤 한 가지 주제를 집중적으로 개발하거나 기술적으로 개선하려는 시도를 하는 행사를 일컫는다.

해커톤은 서로 다른 재능을 지닌 다양한 인재가 한자리에 모여 정해진 시간 안에 문제를 해결하려 애쓰는 과정에서 참가자의 능력을 이끌어내는 효과가 있어 일본에서도 자주 열리고 있다.

해커톤은 기업이 주최하는 경우가 많지만 본인이 아이디어를 내고, 결과물을 빨리 얻고 싶다면 개인이 개최하는 것도 좋다.

예를 들어 참가자를 모집해 어떤 주제에 대해 전자책을 만들거나 프레젠테이션을 만들고 싶을 때, 완성을 목표로 몇 시간 동안 해커톤과 같은 시간을 가져보는 것이다.

이때 다른 사고방식과 다른 도구를 가진 사람이 많이 모일수록 각자 다양한 경험을 얻어갈 수 있기 때문에 만족도가 높아진다. 편안한 환경에서 아이디어를 낼 수 있도록 장소에도 신경 쓰는 것이 좋으며 코치 역할을 맡아 다른 이에게 조언해줄 만한 사람을 초대하는 것도 효과적이다.

이런 이벤트성 해커톤이 아니어도 동료를 모아 한 가지 목표를 정하고 한 달 동안 그 일에 집중해볼 수도 있다.

서양에서는 해마다 11월에 나노리모(NaNoWriMo)라는 행사가 열린다. '한 달 동안 5만 단어 분량의 소설 쓰기'가 목표인 이 행사에는 수많은 사람이 참가한다. 비록 한자리에 모이지는 않지만, 나노리모 회원은 같은 목표를 이루기 위해 자신의 노하우를 다른 회원에게 공개하고 서로 응원 메시지를 주고받는다. 일종의 축제인 셈이다.

예를 들어 '한 달 동안 매일 블로그 쓰기' '시험에 대비해 공부하기'처럼 목표를 한 가지 정하고, 그 목표를 함께 이룰 동료를 모아 서로 조언하는 일도 가능하다.

커뮤니케이션
내 편을 만드는 법

팀원의 잠재된 능력을 끌어내면 몇 배의 성과를 거둘 수 있다.
커뮤니케이션을 해킹해 당신에게 힘이 되어줄 아군을 늘려보자.

모든 회의는 '대화 형식으로 메모'해둔다

미국의 트럼프 대통령이 취임 직후, 당시 FBI 국장이었던 제임스 코미와 여러 차례 만나 수사에 압력을 가하는 듯이 발언했다는 의혹이 있었다.

코미 전 국장은 그 일이 훗날 자신의 파면으로 이어질 수도 있다는 생각에 저녁 자리나 회의에서 오간 대화를 집에 돌아오는 길에 상세히 메모로 남겼다.

이 정도로 심각한 대화는 아닐지라도 누군가와 협상할 경우, 그 내용을 '대화 형식으로 메모'해두는 것이 나중에 큰 도움이 된다.

사람들은 대부분 회의할 때, 논의로 결정된 사항만 메모한다. 그래서 어떻게 그런 결론에 도달했는지 전체적인 흐름을 파악하지 못하는 일이 생기기도 한다.

회의에서 나온 중요한 발언을 요약하지 말고 순서대로 메모해두면 나중에 그 흐름을 되짚어볼 수 있다.

훗날 '왜 그렇게 결론이 났는가?' '그 당시에 어떤 이야기가 오갔는가?'라는 점이 문제되었을 때, 당시 회의에서 전제되었던 사항이나 논의의 주안점을 되짚어본다면 똑같은 논의를 두 번 반복할 일도 없으며 오해가 생기는 것을 방지할 수 있다.

회의의 내용을 컴퓨터나 태블릿피시 등을 써서 속기로 기록하는 것이 좋은데, 이때 의외로 방해되는 것이 인명이다. 발언한 사람의 이름을 일일이 쓰는 사이에 대화가 흘러가버리므로 이름이 '히시모토'라면 '히'라는 식으로 첫 글자만 쓰면 대화 내용을 빠르게 기록할 수 있다.

168 업무용 메일은 전부 아카이브한다

대화 형식의 메모를 남겨두는 것뿐만이 아니라 다른 사람과 주고받은 업무용 메일을 아카이브해둘 필요가 있다. 그렇게 하면 차후에 문제가 생기는 것을 방지할 수 있을 뿐 아니라, 대화의 흐름을 되짚어볼 수도 있다.

가령 이메일로 전달받은 업무 내용을 관계자와 직접 만나 다시 논의하여 어떤 합의나 결론을 내렸을 경우, 상대방이 단 1명이어도 최종 결과를 다시 이메일로 보내자. 그러면 그 일을 처리한 모든 과정이 가시화된다.

이렇게 되면 모든 과정이 명확해지기 때문에 문제가 발생하더라도 논의가 어떤 식으로 흘러갔는지 검토할 수 있어 서로의 입장만을 내세우는 일이 없어진다. 게다가 모든 과정을 볼 수 있기 때문에 얼버무리거나 약속을 어길 가능성이 낮아진다.

이렇게 이메일을 아카이브하려면, 처음부터 아카이브 기능이 있는 지메일을 사용하는 것이 편리하다.

메일을 여러 차례 주고받아 전체적인 내용을 파악하기 어려울 때는 마지막으로 메일을 주고받은 경위를 이메일에 메모해서 자신의 이메일로 보내는 방법도 좋다.

연말이 되면 한 해 동안의 업무를 대부분 마무리하므로 이메일은 1년 단위로 백업해두는 것이 편하다.

'논의한 내용을 정리해 이메일로 보내드릴 테니 확인하시기 바랍니다.' 이 한 단계를 거치기만 해도 정말 많은 문제를 사전에 예방할 수 있다.

'NO'라고 못 한다면 'Yes, but'을 사용하자

생산성을 향상시키려면 불필요한 일을 가급적 거절하고 애초에 늘리지 않는 것이 관건이다.

하지만 그렇게 계속 'No'를 외칠 수 없는 처지인 사람도 있을 테고, 'Yes'라고 대답하는 것이 일인 사람도 있을 것이다. 그런 상황에서 부득이 거절해야 한다면 'Yes, but'이라는 식으로 말을 꺼내보자.

"괜찮습니다. 다만……" "가능할 듯싶습니다. 그 대신……"처럼 상대방의 의뢰를 수락하면서 조건을 단다. 말을 바꿔서 "다음 주 이후에는 괜찮습니다" "이 조건이라면 가능합니다"라는 식으로 말하는 것도 괜찮다.

- 가능합니다. 단, 기한을 조금 연장해주시거나 내용을 조금 줄일 수 있을까요?
- 괜찮습니다. 그 대신 먼저 들어온 일과 동시에 진행할 수는 없으니 어느 쪽을 먼저 처리할지 순서를 정합시다.

이처럼 일을 수락할 때는 반드시 조건을 제시하여 현재 당신이 얼마만큼 시간이나 인적 자원에 여유가 있는지 전달하는 습관을 기르자.

그렇게 하면 상대방에게 이쪽 상황을 알리면서 당신이 평소 그런 자원을 어떤 식으로 관리하는지 어필할 수 있는 장점이 있다.

이렇게 'Yes'나 'No'만으로도 진밀할 수 없는 뉘앙스를 꾸준이 비지면 상기적으로 볼 때 주변 사람과의 업무나 소통에서 균형을 잡기 쉬워진다.

170 다른 사람의 'No'는 이렇게 받아들이자

말이라는 것은 늘 비대칭적이다. 내가 한 말을 상대방이 내가 의도한 대로 받아들이지 않을 수도 있고, 그 반대도 마찬가지다.

누군가에게 무언가를 부탁했을 때, "안 돼" "그건 못 해"라고 거절당하면 속은 상하겠지만, 그렇다고 '내가 거절당했다'라고 느낄 필요는 없다.

세계적인 마케팅 전문가이자 베스트셀러 작가인 세스 고딘은 블로그에 사람들이 부탁이나 제안을 거절하는 이유가 될 만한 것을 소개했는데, 그 목록에는 다음과 같은 이유가 있었다.

- 나는 지금 너무 바빠서 그 일에 참여할 수 없다.
- 나는 아직 당신을 충분히 신뢰하지 않는다.
- 그 일은 내가 맡아야 할 일이 아니다.
- 그 일을 진행할 자신이 없다.
- 그것은 내게 다른 불쾌한 기억을 떠오르게 한다.

거기에는 '나는 당신이 싫어서 그 의뢰를 거절한다'라는 이유가 들어 있지 않다. 그런 감정적인 이유로 '안 된다'라고 말하는 사람은 거의 없으니 애초에 그럴 가능성은 배제하는 것이 좋다.

만약 주위 사람이 갑자기 차가운 태도를 보인다면 감정적으로 대응하기보다는 '내가 모르는 무언가가 있겠지'라고 차분히 대응해보자. 이러한 상냥한 태도는 장기적으로 득이 된다.

171 대화에서 빠지고 싶으면 자신에게 전화한다

혹시 대화가 점차 불편한 방향으로 흘러가 그 자리에서 빠져나오고 싶었던 적이 있지는 않은가?

일하다 보면 아무리 기분을 풀어주려고 해도 남들에 대한 불평불만을 끊임없이 쏟아내거나 중요하지 않은 이야기를 한없이 늘어놓으며 일을 방해하는 사람이 있다. 보통은 "미안하지만 제가 지금 이 일에 집중해야 해서요"라며 대화를 중단하겠지만 간혹 무슨 말을 해도 말을 멈추지 않는 사람이 있다.

그럴 때는 자신의 휴대전화에 전화가 걸려온 것처럼 꾸며 강제로 대화를 중단하는 방법이 있다.

이런 방법이 몇 가지 있는데, **103**에서 소개한 IFTTT가 제공하는 '전화 발신 레시피'를 사용하면 자연스럽게 전화를 걸 수 있어 상대방에게 들킬 염려가 적다. 예를 들어 스마트워치의 연동 기능을 이용해 '스마트워치의 버튼을 길게 누르면 스마트폰이 울린다'라는 식으로 설정할 수 있다.

단, 이 방법은 어디까지나 비상수단이라는 점을 기억하자. 서로에게 득이 될 것이 없는 상황을 끝내야 할 때만 쓰는 것이 좋다. 이 방법을 자주 쓰다 자칫 인간관계를 악화시키는 일이 없도록 주의하자.

싫어하는 사람의 언동은 '핸런의 면도날'을 통해 본다

혹시 주위에 '저 사람은 대체 왜 저럴까?' '도대체 왜 저런 말을 할까?'라는 생각이 들 만큼 거슬리는 사람이 있지 않은가.

그런 사람과의 만남 자체는 피할 수 없을지 모르지만 그로 인해 생기는 심적 스트레스는 줄일 수 있다. 심리적으로 수동적인 자세를 취하여 손상을 줄이는 것이다.

그런 수동적인 자세 중 하나로 '핸런의 면도날'이 있다. 로버트 핸런이라는 사람이 처음 한 말로 알려졌지만, 괴테나 하인라인 같은 작가도 비슷한 내용을 말한 바 있다. 그 뜻은 '어리석음으로 충분히 설명되는 일을 악의 탓으로 돌리지 말라'이다. 어리석다는 표현이 조금 지나칠지 모르지만, 인간이 지닌 불완전한 기억력, 앞일을 예측하지 못하는 부족한 판단력, 말의 의미를 깊이 생각하지 않는 좁은 시야 등으로 이해하면 된다.

예를 들어 직장 동료에게 이메일로 한 소리를 듣거나 자신을 따돌리는 듯한 느낌을 받으면 누구나 반사적으로 '왜 날 미워하는 거지?'라고 생각하기 마련이다.

하지만 어쩌면 그 동료는 단순히 메일을 급하게 쓰느라 표현이 거칠었던 것일 수 있고, 혹은 워낙 내향적인 성격이라 대인관계에 서툰 탓에 본의 아니게 다른 사람과 거리를 둔 것일 수도 있다.

핸런의 면도날이 뜻하는 것은 인간의 불완전함에서 비롯된 일을 악의로 받아들여 악의로 되갚지 말라는 것이다. 평소에 이런 생각으로 생활하기만 해도 심리적인 스트레스를 적당히 넘길 수 있다.

173

자이언스 효과를 이용해
까다로운 사람을 내 편으로 만든다

성격이 잘 맞지 않고 대하기 힘든 사람도 여러 번 만나다 보면 불편한 감
정이 조금씩 줄고 호감이 생긴다.

이는 미국 심리학자 로버트 자이언스가 말한 '단순노출효과'라는 심리
적 작용으로, 다른 사람과 대면할 때뿐만이 아니라 어떤 음악이나 향기
를 무의식적으로 자주 접할 때도 같은 작용이 일어난다고 알려져 있다.
사람을 자주 만날수록 그만큼 인간관계가 개선된다고 말할 수 있다.

직접 대면할 때 이러한 효과가 양측에 나타나므로 자주 만날수록 상
대방도 나에게 더 좋은 인상을 받을 것이라 기대할 수 있다. 영업사원이
나 만나기 부담스러운 사람도 자주 마주치다 보면 편해진다는 사실을
알면 스트레스를 줄이는 데 도움이 된다.

직접적인 만남 외의 효과적인 방법

만나면 왠지 거리감이 느껴지고 불편한 사람이 있어 고민일 때, 그 사람
을 피하는 것은 도리어 역효과를 낼 수 있다. 하지만 만남 자체가 스트레
스라면 이메일이나 전화, 메신저 등의 수단으로 꾸준히 연락하여 자이
언스 효과를 얻을 수 있다.

나는 중요하지만 자주 보지 못하는 사람과 언제 만났으며 어떤 대화
를 나눴는지 에버노트에 기록한다. 마지막 만남 이후 일정 기간이 지나
알림이 뜨게 설정하는 것도 좋은 방법이다. 타인과의 심리적 거리를 정
확히 잴 수는 없지만 만난 횟수나 빈도수 등으로 관계를 관리할 수 있다.

174 마주 보지 않고 옆으로 서면 싸움이 일어나지 않는다

의도하지 않았어도 오해나 의견 충돌이 싸움으로 번질 듯한 상황에 놓일 때가 있다.

분노를 억제하는 방법은 **094**에서 소개했으니 이번에는 상대방의 화를 가라앉히고 적대적인 분위기를 누그러뜨릴 수 있는 방법을 알아보자.

1. **표정을 관리한다**: 내가 먼저 긴장하거나 당장 덤벼들 듯한 표정을 지으면 이를 본 상대방도 긴장할 수밖에 없다. 이럴 때는 일부러 눈을 크게 뜨고 눈썹을 올리며 의외라는 듯한 표정을 짓는 것이 좋다. 상대방에게 적개심을 드러내지 않으면 자신도 긴장을 풀 수 있다.

2. **천천히 말한다**: 표정과 함께 목소리 톤도 조절한다. 큰 목소리로 빠르게 말하는 것은 싸우자는 의미이므로, 최대한 천천히 작게 말하도록 노력한다.

3. **마주 보지 않고 몸을 살짝 틀거나 옆으로 선다**: 상대방과 마주 보기만 해도 적대적인 인상을 줄 수 있다. 몸을 옆으로 살짝 틀거나 가급적 '조금 걸으면서 이야기할까?'라며 옆으로 나란히 서서 이야기하자. 그것만으로 긴장된 분위기가 누그러진다. 옆으로 서는 것은 상대방의 고민을 들어주겠다는 것을 의미한다. 그렇게 서기만 해도 언쟁이 상담으로 바뀌는 효과가 있다.

4. **가능하면 제삼자를 부른다**: 몸을 틀거나 옆으로 나란히 설 수 없을 때는 제삼자를 불러 이야기를 들어달라고 한다. 팽팽하게 맞서던 대

결 구도가 삼각 구도가 되어 공격적인 기세를 흐트러뜨릴 수 있다. 단, 두 사람이 한 사람을 집중적으로 비난하거나 탓하는 것은 피해야 한다.

일하다 보면 오해나 충돌이 얼마든지 생길 수 있다. 이런 문제를 회피하지 않으면서도 감정적인 상황이 되지 않게 통제하는 방법은 얼마든지 있다.

하지만 앞서 소개한 방법이나 논리가 통하지 않을 때는 화제를 전환하거나 어떤 방식으로든 그 자리를 피하는 게 좋다.

대화할 때 카멜레온 효과를 의식해
상대방의 자세를 흉내 낸다

친구와 대화를 나누다 보면 자기도 모르게 친구의 말투나 제스처를 따라 할 때가 있다.

이는 심리학에서 '카멜레온 효과'라 부르는 현상으로, 심리적인 거리감이 가까운 사람끼리 대화하다 보면 비슷한 자세나 동작을 취하거나 말투나 목소리 톤이 비슷해지는 것을 말한다.

커뮤니케이션 기법 중에 이러한 효과를 이용한 '페이싱(pacing)'이라는 방법이 널리 쓰이고 있다. 대화를 나누는 상대와 똑같은 동작을 취하거나 상대방이 놀랐을 때 마찬가지로 놀란 듯한 태도를 보이고 상대방의 어조와 비슷한 어조로 말하여 상대방의 페이스에 맞춰 대화를 나누는 것이다.

그렇게 하면 상대방에게 '이 사람은 내 이야기를 잘 들어주는구나' '나를 이해해주는구나'라는 인상을 심어줄 수 있다.

주의할 점

물론 이 방법은 상대방을 속이기 위한 목적이 아니다. 아직 서먹서먹한 상태에서 상대방의 경계심을 풀고 싶을 때, 아니면 상사와 부하처럼 어려운 관계를 좀 더 부드럽게 만들고자 할 때 쓰는 방법이다.

카멜레온 효과는 사람들이 평소에 하는 무의식적인 행동에서 나타나는 것이므로 이를 의식적으로 하고자 할 때는 상대방이 알아차리지 못하는 범위에서 자연스럽게 하는 정도로 충분하다.

벤저민 프랭클린 효과를 이용해 상대방의 호의를 이끌어낸다

벤저민 프랭클린의 자서전에 그가 펜실베이니아 주의회 의원이었을 당시, 자신을 적대시하던 의원에게 역설적인 방법을 써서 관계를 개선한 일화가 소개되어 있다.

상대방에게 선물을 보낸 것이 아니라, 오히려 그 사람이 소장하던 귀한 책을 빌려달라고 부탁한 것이다.

사람은 평소에 싫어하던 사람일지라도 상대방에게 친절을 베풀고 나면 자신의 행위를 정당화시키려고 '사실 그렇게 나쁜 사람은 아니야'라는 식으로 이유를 붙인다. 프랭클린은 자신을 적대시했던 의원에게 책을 빌려달라고 청함으로써 상대방이 호의적인 태도를 보이게 한 것이다.

'벤저민 프랭클린 효과'라 불리는 이 심리적 작용은 껄끄러운 상대로부터 호의를 이끌거나 반대로 자신의 완고한 태도를 누를 때 쓸 수 있다.

이를테면 자신에게 적대적 인물일수록 외려 무언가 부탁하여 친절을 베풀도록 해서 심리적 거리를 좁힐 수 있다. 반대로 평소 싫어하던 이에게 친절을 베풂으로써 오히려 상대에게 좀 더 쉽게 마음 열고 다가갈 수도 있다.

'사소한 부탁'이어도 된다

부탁 자체는 멀리 떨어져 있는 물건을 집어달라는 가벼운 부탁이어도 괜찮다. 상대방은 모르는 새 당신에 대한 경계를 늦추게 된다. 그렇게 얻은 기회를 통해 상대방의 신뢰를 얻을 수 있는 계기로 힘을지지.

177 사람이라는 콘텍스트에 따라 업무를 관리한다

업무 관리는 개인의 일이므로 기본적으로 '내가 할 일'이나 '내게 맡겨진 일'을 관리하지만 그중에는 다른 사람과 함께 처리해야 하는 일도 많다.

가령 상사나 거래처, 부하 직원처럼 업무상 긴밀히 연락을 주고받아야 하는 인물이 있다면 GTD에서 말하는 콘텍스트에 개개인을 대입해 업무를 관리함으로써 그 사람과의 사이에서 어떤 문제가 발생하거나 연락을 깜박하는 일이 생기지 않도록 미리 방지(059)할 수 있다.

예를 들어 콘텍스트에 A씨를 대입할 경우, A씨 전용 할 일 목록을 마련하고, 거기에 A씨와 진행 중인 업무나 프로젝트 또는 답변을 기다리는 일 등을 전부 열거한다.

부하 직원이 여럿이면 누구에게 언제 어떤 일로 연락하고, 언제까지 보고가 없으면 연락을 취할지 등 교통정리를 해둔다. 예를 들어 '투두이스트'를 쓸 때, 개인별로 라벨을 붙여 업무를 구분해두면 개인 혹은 그 주변 인물과 관련된 업무를 한꺼번에 확인할 수 있게 된다.

이 생각은 에버노트에 개인별 '인맥 노트'를 작성하는 일로 확장할 수도 있다. 예를 들어 자주 만나진 않지만 둘이 나눈 대화나 당시 상황을 기록하고 싶은 사람이 있다면 개인별로 노트를 마련해둔다. 그리고 거기에 그 사람과 마지막으로 만난 장소나 나눈 대화 내용을 메모한다.

이처럼 에버노트에 사람이란 콘텍스트로 정보를 저장해두면 자주 보지 않아도 상대방에 대한 기억을 자세히 떠올릴 수 있다는 장점이 있다.

178 팀 운영은 '심리적 안전감'을 척도로 삼는다

찰스 두히그는 《1등의 습관》(알프레드, 2016)에서 구글이 사내에서 실시한 팀 생산성 관련 조사에 대한 흥미로운 결과를 소개했다.

그에 따르면 팀의 성공도는 엘리트 혹은 다양한 직급이나 배경을 지닌 사람을 모으는 것보다 팀 내에 '심리적 안전감'이 있는지에 따라 가장 큰 영향을 받는다고 한다.

심리적 안전감은 신뢰에서 비롯된다. 팀원 한 사람의 실수나 실패를 팀원이 서로 돕는 팀워크나, 팀원의 발언을 도중에 끊지 않는 배려 등이 쌓이면서 자연스레 팀 전체에 스며드는 것으로 이를 구축하기 위해서는 리더의 의식부터 팀원들의 의식까지 다양한 수준의 개혁이 필요하다.

예를 들어 이러한 결과를 보고받은 구글의 일부 팀은 회의 중에 누군가 발언할 때마다 그 사람 옆에 표식을 하고, 거의 모든 팀원이 회의에서 비슷하게 발언했는지를 확인한 뒤 의견을 종합하는 시스템을 도입해 성과를 올리고 있다고 한다.

상대방의 발언을 도중에 끊지 않는 규칙은 지금 당장이라도 도입할 수 있으며, 업무 시간을 각자 자신의 업무에 집중하는 시간과 팀원끼리 편하게 의견을 주고받을 수 있는 토론 시간으로 나눠 개인과 팀을 위한 시간을 확보하는 것도 하나의 방법이다.

팀원이 실수했을 때는 어떻게 대처할 것인가. 팀원의 컨디션이 좋지 않을 때는 이떻게 힐 것인가. 이리힌 긱긱의 상횡미디 '심리적 안전김' 획보를 우선시하면 팀원 개개인의 능력이 상승하는 효과를 거둘 수 있다.

179 팀의 업무 프로토콜을 정해둔다

규모가 큰 회사나 조직 중에는 문서나 데이터 관리 방식을 하나의 시스템으로 규정한 곳이 많지만, 작은 팀이라면 이를 딱히 정해두지 않는 경우가 있다. 하지만 팀원이 제각기 다른 방식으로 이야기하다 마치 바벨탑 이야기처럼 되지 않으려면 업무에 쓰는 도구부터 메일 답변 방식까지 어느 정도 프로토콜을 정하는 것이 좋다.

1. 파일 저장 공간: 드롭박스나 원드라이브 같은 클라우드 스토리지를 사용해 팀원별로 폴더를 만들어 각자 관리하게 하고, 그와는 별도로 팀 전체가 공유하는 성과물의 폴더를 만들어 누구에게 어느 부분을 편집할 권한이 있는지 명확히 해둔다.
2. 연락 수단의 우선순위: 이메일을 우선할 것인지 메신저를 우선할 것인지 정해두자. 이는 개인 업무 시간을 방해하지 않으면서도 연락 수단을 확보하는 데 중요하다(자세한 내용은 **012** 참조).
3. 이메일의 제목 등을 통일: 어떤 상황에서 '긴급'이라고 쓸 것인지, 팀원 전체의 답변이 필요한 일에는 어떤 제목을 붙일 것인지 등에 대해 기본적인 규칙을 정해두자.

팀 내 업무 프로토콜은 도구의 발전 혹은 팀원이나 업무의 변화에 맞춰 규칙을 쇄신해나가는 것이 중요하다.

180 회의 진행 방식을 정해둔다

회의를 오래 끈다고 좋은 성과가 나오는 것은 아니다. 시간을 낭비하는 일이 없도록, 회의에는 안건과 관련된 관계자만 참석하고 합의하면 곧바로 끝내는 것이 이상적이다. 이를 위해서는 회의의 진행 방식이나 형식을 미리 정해두는 것이 효과적이다.

1. 회의 시간을 정한다: 단순한 확인이나 합의가 필요한 일은 15분, 어떤 설명이나 승인이 필요한 일은 30분 등 내용에 따라 미리 시간을 정해둔다.
2. 짧은 회의는 서서 한다: 짧게 회의해야 할 때는 모두 자리에 앉을 때까지 기다리지 말고 선 채로 진행한다. 중요한 안건을 다루거나 30분 이상 걸리는 회의만 앉아서 진행하는 방법도 효과적이다.
3. 컴퓨터나 스마트폰 금지: 회의 중에는 컴퓨터 등의 사용을 금지하고, 안건에만 집중해 빠르게 끝낸다.
4. 회의 자체의 형식을 만든다: 회의가 시작되면 주최자가 설명하고 어떤 내용이 정해져야 끝날지를 말한 다음, 토론 시간을 갖고 구성원의 합의를 도출하는 등의 진행 형식을 미리 정해둔다.

하지만 팀원의 합의를 목적으로 하는 회의와 아이디어나 의견 제시가 목적인 토론은 명확히 구분해야 한다. 이런 경우에는 시간을 충분히 들여 좋은 내용을 이끌어내는 데 의미가 있다.

SECTION 06

'서서 나눈 이야기'에서 튀어나온 아이디어를 팀과 공유하는 수단

일하다 보면 이메일이나 메신저를 통해서가 아니라 잠시 서서 이야기를 나누다가 새로운 업무가 발생할 때가 종종 있다.

마주 보고 이야기를 나누다 보면 문제점이 더욱 명확해지고 그에 대응할 만한 아이디어도 튀어나오기 때문이다.

이렇게 이야기를 나누다가 정해진 일이나 떠오른 아이디어를 다음 회의 때까지 그대로 두지 말고, 곧바로 다른 팀원과 '공유'할 수 있는 정보 전달 경로를 마련하는 것이 중요하다.

"방금 이야기해봤는데……"라며 아이디어를 머릿속에 떠오른 대로 툭 던진 다음, 다른 팀원의 반응을 확인하면서 아이디어를 더욱 발전시킬 수 있는 장소가 필요한 것이다.

이렇게 정보를 실시간으로 공유할 수 있는 수단으로는 이메일보다 메신저가 적합한데, 최근 주목받고 있는 것이 메신저 슬랙(Slack)이다.

슬랙에서는 채널을 만들어 관계자와 대화를 나눌 수 있다.

채널을 무제한으로 만들 수 있기 때문에 특정 안건과 관련된 관계자만 불러 모아 논의한 다음, 필요 없어지면 없애는 식으로 빠르게 정보를 공유할 수 있다.

182 팀 전원의 주간 업무를 게시해놓는다

디지털 기록 관리 도구인 에버노트의 본사 사무실에는 화이트보드 마커로 쓸 수 있는 거대한 벽이 마련되어 있다. 직원들은 월요일 아침 전체회의가 시작되기 전까지 그 벽에 자신의 일주일 치 업무를 적어놓아야 한다.

업무 내용을 자세히 적는 사람도 있고, 몇 가지 항목만 간단히 적는 사람도 있다. 업무를 굳이 벽에 적는 이유는 개개인의 업무를 누구나 한눈에 알아볼 수 있는 곳에 적어둠으로써 오가면서 다른 팀과 업무를 자연스레 공유할 수 있게 하기 위해서다.

이야기를 나누다가 벽에 적힌 다른 직원의 업무를 보고 "그 일 말인데, 지금 내 문제에도 응용할 수 있을 것 같아서 말이야. 잠시 의논 좀 해도 될까?"라는 식으로 자연스럽게 공동 작업을 시작하는 경우도 꽤 있다.

물론 각 팀에서 열심히 처리하는 일이 정감 어린 손글씨로 넓은 벽에 적힌 광경은 그 자체만으로 직원들에게 좋은 자극이 된다.

팀 업무를 포스트잇으로 관리한다

팀을 꾸려 작업을 진행하고 있을 때, 1.누가 어떤 일을 진행 중이며 2.끝마친 일은 무엇이며 3.아직 남아 있는 일은 무엇인가 하는 3가지를 잘 파악하는 것이 중요하다.

협업 소프트웨어 등을 이용해 업무를 관리하는 방법도 있지만, 뛰어난 제품이 많지 않고 팀원에 따라 소프트웨어를 이용하는 빈도나 입력하는 양에서 격차가 발생한다.

따라서 포스트잇을 이용해 팀원 전체의 업무 상태를 한 장의 보드에 붙여버리는 것이 업데이트도 간단하고 보기에도 좋다.

보드는 크게 '실행 전' '실행 중' '완료'라는 세 칸으로 나눈다. 그리고 각자 '실행 전'에 붙은 업무 중 하나를 골라 '실행 중'으로 옮기고 일을 시작한다.

이때 포스트잇에 이름을 적거나 자석을 붙여서 그 일을 현재 누가 담당하는지 명확히 해둔다. 끝마친 업무는 '완료'로 옮긴다.

보드를 잘 활용하는 방법

보드 사용법은 더 다양하게 활용할 수 있다. '외출 중' '영업 중' '잡무' 칸 등을 넣어 현재 업무를 처리하지 못하는 상황임을 표시할 수도 있다.

보드 자체도 일정량의 업무를 처리할 때마다 새로 만드는 것이 좋다. 그때마다 팀이 더욱 원활하게 돌아갈 수 있도록 보드의 구성을 바꿔보자.

184 복잡한 업무는 2인 1조로 처리한다

투맨셀(two-man cell), 즉 2인 1조로 작업하면 여러 장점이 있다.

이 단어는 영어가 아니고 일본 애니메이션이나 만화를 통해 널리 퍼진 일본식 영어로 한 캐릭터가 다른 캐릭터를 돕는 장면에서 쓰인다.

혼자 싸울 때는 사각지대가 너무 많다. 따라서 1명이 움직이는 동안 다른 1명이 위험 요소나 부족한 점은 없는지 점검하면서 서로의 안전을 확인하는 것이다.

이처럼 2인 1조로 움직이는 방식은 프로그래밍 분야에서도 페어 프로그래밍이라는 형태로 나타나고 있다. 페어 프로그래밍은 혼자서 해결할 수 없는 문제를 둘이서 함께 해결하고, 자칫 이해하기 어려운 코드를 두 사람이 함께 검토하여 좋은 결과물을 낼 수 있다고 알려져 있다.

2인 1조 작업이 지닌 의외의 장점

2인 1조로 작업할 때, 같은 일에 매달리지 않고 다른 작업을 해도 된다. 정기적으로 서로의 작업 상황을 점검하고 불안하게 느끼는 점이나 어려움 등을 공유하기만 해도 각자의 맹점을 보완할 수 있다.

2인 1조 작업 방식으로 선배와 후배를 연결해주는 버디 시스템이나 튜터 제도 같은 OJT(On the Job Training) 교육 방식이 많이 알려졌지만, 일부러 실력이 비슷한 2명을 함께 일하도록 하는 데는 모두 이유가 있다. 같은 전문가끼리 서로의 작업 상황을 공개함으로써 긴장감과 자극을 얻게 하기 위해서다.

SECTION 06

단점은 장점, 서로 다른 재능으로 업무를 향상시킨다

일류 연구자인 은사님과 대화하던 중 그분이 세계적으로 유명한 논문을 공동 집필한 다른 연구자를 험담하는 것을 듣고 놀란 적이 있다.

"그 친구는 머리가 참 나빴다네."

은사님은 그렇게 말하면서도 어쩐지 그립다는 듯이 말을 이어나갔다. "그럼 왜 그분과 함께 연구하셨습니까?" 하고 여쭙자 뜻밖의 말을 들었다.

"나는 디지털적인 사고를 하는데, 그 친구는 아날로그적인 사고를 했거든. 연구에 필요한 작업은 나 혼자서 할 수 있었을지 모르지만 내가 할 수 없는 부분도 있었어. 내가 못 하는 일을 그 친구가 해주었다네. 그 덕분에 결과적으로 다른 경쟁자보다 더 일찍 좋은 성과를 낼 수 있었지. 못하는 일이 있다는 게 강점이 된 것이지."

우리는 어떤 능력이 결여되었을 때, 이를 단순히 남보다 키가 작다거나 하는 문제처럼 일차원적으로 받아들이기 쉽다. 하지만 능력이 부족한 것이 아니라, 그저 바라보는 관점이 다를 뿐이라고 생각을 바꿔보면 어떨까. 이것이 바로 단점을 장점으로 바꾸는 비결이다.

팀에 남들과 일하는 속도가 확연히 차이 나는 사람이 있다고 해보자. 그와 자신을 동일한 척도로 비교하는 것은 물고기를 나무에 오르게 하는 우를 범하는 것과 같다. 반대로 자신이 일하는 속도가 남들과 확연히 차이가 난다면, 이때도 역시 남들과 비슷하게 노력해서는 안 된다.

재능은 다차원적이므로 반드시 어딘가 활용할 수 있는 방법이 있다는 것을 하나의 신념으로 삼는 것이 좋다.

186 맡긴 일은 다음 날 · 중간일 · 마감 사흘 전에 확인한다

다른 사람에게 일을 맡겼을 때 가장 두려운 점은 기한 내에 일을 마치지 못하는 것이 아니다. 오히려 내용이 제대로 전달되지 않아 서로 시간만 낭비하고 모두 심리적으로 피폐해지는 게 훨씬 위험하다. 그런 사태가 벌어지지 않도록 다른 사람에게 맡겼을 때는 잊지 말고 맡긴 다음 날, 중간일, 마감 사흘 전 세 번에 걸쳐 진척 상황을 확인하자.

일을 맡긴 '다음 날'에는 전날 말한 내용이 제대로 전달됐는지 확인하고, 아직 착수하지 않은 듯하면 심리적인 장애물이 없는지 확인한다.

'중간일'에는 일이 제대로 된 방향으로 나아가는지 확인하고, 예정일에 끝낼 수 있을지 확인한다. 막상 시작해보니 생각보다 일의 규모가 크거나 상황이 바뀌어 끝마쳐야 하는 부담이 커지거나 하는 일이 종종 있기 때문이다.

예정대로 일을 잘 진행하는지 감시하는 것보다 상황 변화 등 일을 마치는 데 방해될 만한 요소가 없는지 확인하려는 목적이 크다.

'마감 사흘 전'에 하는 확인은 일종의 안전판이다. 어떤 어려움이 발생해 생각한 대로 일이 진척되지 않았거나 일하는 사람의 완벽주의 성향 탓에 결과물의 품질을 필요 이상으로 올리려고 할 때 확인한다.

다른 사람에게 맡기는 일이 많아지면 그만큼 확인하는 것도 일이 된다. 업무 관리 시스템에 '이양 업무' 항목을 만들어 확인 업무를 따로 관리하고, 캘린더에 알림을 설정해놓자.

187 이직 활동이나 기회는 '약한 연결'에서 찾는다

사회학자 마크 그래노베터는 1970년에 화이트칼라 노동자 수백 명을 대상으로 현재의 일자리를 어떻게 구했는지 조사했다. 그 결과, 가깝게 지내는 사람보다 친하지 않은 사람에게 소개받거나 정보를 얻은 사례가 많다는 사실을 발견했다.

'약한 연결의 힘'이 지닌 강점으로 잘 알려진 이 이론은 가족이나 친구 같은 관계에서는 새로운 정보를 얻을 가능성이 낮지만, 지인의 지인처럼 광범위한 관계에서는 원하는 정보를 얻을 가능성이 높다는 것을 나타내고 있다.

그의 주장대로라면 이직이나 구직을 생각하거나 반대로 좋은 인재를 찾고 있을 때, 친한 사람에게만 묻지 말고 더 넓은 범위의 관계까지 포함시키는 것이 성공 가능성을 높이는 효율적인 방법이 된다.

요즘은 SNS 같은 수단도 있기 때문에 약한 연결을 여럿 만들 수도 있다. 업무상의 관계와 인터넷상의 관계를 넘나들며 이제껏 상상하지 못했던 광범위한 정보를 얻을 수도 있는 것이다.

예를 들어 나는 가을이 되면 여러 SNS에 '좋은 책을 추천해달라'라는 질문을 올리고는 한다. 그러면 처음에는 친한 친구만 답하지만, 친구가 퍼간 글을 친구의 친구 혹은 제삼자가 읽기 시작하면 그때부터 본격적인 댓글이 달리기 시작한다. 나와 전혀 다른 시각을 지닌 사람들이 나로서는 상상하지도 못한 답변을 순식간에 달아준다.

단일 시간과 복합 시간을 모두 갖는다

시간을 불필요하게 낭비하지 않도록 회의 시간을 엄수하고 회의를 예정대로 끝내는 것도 물론 중요하지만, 그것만으로는 팀원들의 창의력을 이끌어내거나 갈등을 줄일 수 없다. 가끔은 팀원끼리 생각을 자유롭게 주고받을 수 있는 시간을 따로 마련할 필요도 있다.

에드워드 홀은《문화를 넘어서》(한길사, 2013)에서 시간에 대한 인식 체계에 따라 문화권을 단일 시간(monochronic time) 문화권과 복합 시간(polychronic time) 문화권으로 구분했다.

단일 시간 문화권에서는 시간을 세분화하여 관리하며 한 번에 한 가지 일을 집중적으로 처리하는 것을 선호하는 반면, 복합 시간 문화권에서는 시간을 관리의 대상으로 보지 않고 정해진 계획 없이 수시로 하는 활동을 중시한다. 장소와 시간을 미리 정하고 한 번에 한 가지 일을 처리하는 회의는 단일 시간 문화적이며, 수많은 사람이 동시에 대화를 나누고 여러 가지 일이 동시에 일어나는 광장은 복합 시간 문화적이라 할 수 있다.

어떤 판단이나 결단을 내리기에는 단일 시간 문화가 적합하지만, 분위기를 형성하거나 기초를 다지는 것은 복합 시간 문화라고 평가했다

홀은 대표적인 복합 시간 문화권으로 중남미나 중동 지역을 들었는데, 이 지역에서는 시간 약속을 따로 하지 않고, 약속을 하더라도 제대로 지키지 않는 경우가 많으며, 어떤 결정을 내릴 때에도 별도의 회의를 거치지 않고 복도나 넓은 공간 등에서 삿가시 내화를 나누다가 설성하는 경우가 많다.

일본에서는 '복합 시간' 문화를 의식하자 _____

일본인은 원래 복합 시간 문화적인 측면이 있지만, 비즈니스의 세계에서는 단일 시간 문화적인 면을 더 중시하는 경향이 있다. 하지만 이 두 가지를 동시에 충족시킬 수는 없다.

그러므로 시간을 엄격히 지켜야 하는 회의 시간과는 별도로, 자유롭게 드나들며 의견을 낼 수 있는 토론 시간 등을 따로 마련하는 것이 바쁜 조직 생활에서 복합 시간 문화를 확보하는 하나의 수단이 될 수 있다.

이렇게 하면 단일 시간 문화적인 회의 시간은 결론을 내리는 시간이며, 복합 시간 문화적인 토론 시간은 결론에 도달하기 위한 전제 조건이 된다는 사실을 팀 전체에게 전달할 수 있다.

07

일상과 여행
삶에 소소한 쾌적함을 더하는 법

라이프핵은 삶을 바꾸기 위한 작은 노력이기도 하다.
생활에서나 여행 중에 발생하는 소소한 문제를 해결해
'쾌적함'을 추구하는 습관을 기르자.

189 정리하기 전에 사진을 찍어 이미지를 그려본다

정리정돈을 할 때 눈이 가는 곳부터 대충 치우지 않고, 스마트폰을 꺼내 방 안의 모습을 사진으로 찍어두는 방법이 있다.

책상 위, 서랍 속, 책장이나 방 안의 모습을 사진으로 찍은 후, 가급적 이를 출력해서 어느 곳을 중점적으로 정리할지 또 어떤 식으로 정리를 마칠 것인지 사진에 표시한 다음 정리를 시작하는 것이다.

간단하지만, 이렇게 사진을 찍어 방 안의 모습을 객관적으로 보고 문제점을 쉽게 파악할 수 있어 어떻게 정리해야 할지 계획을 세울 수 있다.

정리정돈을 모두 마치면 이번에는 정리가 끝난 가장 이상적인 상태도 사진으로 찍어 에버노트 등에 저장해둔다. 이렇게 찍은 이상적인 상태 사진은 청소 기준 역할을 한다. 이상적인 상태를 목표로 정리하는 것이 그저 막연히 정리정돈하는 것보다 훨씬 효율적이다.

정리정돈하기 전에 사진을 찍고 시작한다

190 '사용중 · 보관중 · 장식'으로 물건을 분류한다

필요하지 않은데 버리지 못하고 계속 갖고 있고 싶은 애착이 때로는 정리정돈을 방해한다.

이런 애착을 시각화하여 필요한 물건과 불필요한 물건을 냉정하게 구분하는 방법이 있다. 모든 물건을 '사용중·보관중·장식'이라는 세 기준으로 분류하는 것이다.

문구용품, 전자기기, 옷처럼 자주 쓰는 물건은 '사용중'에 해당한다. 개별 폴더에 넣어둔 서류나 책 등 당장은 쓰지 않지만 나중을 위해 남겨둔 물건은 '보관중'으로 표시한다. 가족사진이나 편지처럼 애착 가는 물건이라 버리지 못하는 것은 '장식'으로 분류하는데, 이런 물건은 너무 많아도 문제일뿐더러 일상적으로 사용하는 물건과 섞여서는 안 된다.

3가지 분류 기준에 속하지 않는 물건은 전부 쓰레기거나 왜 갖고 있는지 자신도 모르는 물건이므로 망설이지 말고 처분하자. 이렇게 분류하다 보면 똑같은 전원 케이블이 몇 개나 있고, 안 쓰는 펜이 수두룩하다는 사실을 알게 된다.

물건을 분류할 때 중요한 점이 있다. 3가지 기준에 따라 분류한 물건은 가급적 각기 다른 곳에 보관하는 것이 좋다. '사용중'인 물건을 '보관중'인 물건이나 기념으로 간직한 물건과 따로 보관하면 물건 찾는 시간을 절약할 뿐만 아니라, 각각의 물건이 적정량을 유지하고 있는지, 혹시 '보관중'인 물건이 너무 많지 않은지 수시로 확인할 수 있다.

1일 1상자 정리 기술

정리는 꽉 찬 곳을 비우는 기술이다. 선반이나 서랍 정리법 혹은 옷 개는 법 등 더 나은 방법을 찾기 위해 고민하지만, 한정된 공간을 정리하려면 결국 그 공간에 들어가는 물건과 나가는 물건의 균형을 맞춰야 한다.

즉, '들어오는 물건의 부피 < 나가는 물건의 부피'여야 공간에 점차 여유가 생기게 된다. 방에 물건이 쌓이면 대부분 '정리해야 해'라고 생각하지만, 평소에 물건을 배출하는 흐름이 있으면 정리할 일이 줄어든다.

그런 '물건의 흐름'을 만들고 싶다면 작은 상자를 하나 준비하자. 괜히 처음부터 무리해서 큰 상자를 준비할 필요는 없다. 작은 상자면 충분하다. 혹시 나처럼 정리정돈에 집착하는 사람이라면 보통 일주일 동안 집에 가져가는 물건의 부피를 고려해 그 7분의 1에 해당하는 크기의 상자를 준비한다.

상자가 준비되면 하루에 한 번, 불필요한 물건을 상자에 가득 담아 버리거나 방 밖에 정리한다. 매일 이 흐름이 유지되면 가끔 쇼핑으로 물건이 늘어나도 상자를 통해 곧 그만큼 다른 물건이 자연스레 배출된다. 이 방법의 장점은 날을 잡아 대청소하거나 물건과 헤어지는 의식을 치를 필요가 없다는 점이다.

반대로 책처럼 쉽게 버릴 수 없는 물건을 살 때도 '지금 이걸 사면 다른 물건 두 상자를 버려야 하는데 괜찮을까?'라는 식으로 마음속에 정리의 단위가 생긴다.

192 '종이 → 디지털'의 흐름을 책상에 만들어둔다

종이 문서를 디지털데이터로 변환시키는 스캔스냅은 이제 사무실에 꼭 필요한 용품이라 할 수 있다. 하지만 문서가 잔뜩 쌓이고 나서야 한꺼번에 정리한다면 이를 제대로 활용한다고 볼 수 없다. 늘 종이 문서를 디지털화하여 종이 줄이는 습관을 기르려면 책상 위에 새 문서가 도착하자마자 디지털화하는 흐름을 만드는 것이 좋다.

오른손잡이인 경우, 책상 오른편에 문서를 놓을 서류 트레이를 준비한다. 서류 트레이에서 서류를 꺼내 사용한 다음, 더 이상 필요하지 않은 서류는 버리고 나머지 서류는 왼쪽에 놓은 스캔스냅으로 스캔해서 디지털화한다. 쓰레기통은 왼쪽 바닥에 둬 스캔이 끝난 서류를 바로 버릴 수 있게 하자. 마치 공장의 라인이 돌아가듯 오른쪽에서 들어온 종이가 왼쪽을 거쳐 디지털화되거나 폐기되는 것이다.

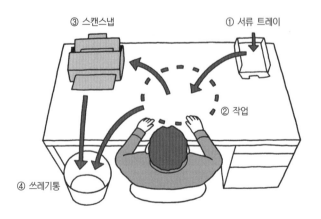

③ 스캔스냅   ① 서류 트레이

② 작업

④ 쓰레기통

193

스캔스냅 클라우드로 서류를 전자동으로 정리한다

122에서 모든 자료는 스캔스냅을 이용해 디지털화한다고 했는데, 이왕이면 자료를 스캔하는 동시에 자동으로 정리하는 것은 어떨까.

스캔스냅 클라우드 서비스를 이용하면 스캔한 서류가 자동 분류되어 컴퓨터나 스마트폰을 거치지 않고 와이파이를 통해 클라우드에 저장된다.

이 기능을 활용하면 스캔과 정리, 두 단계를 거쳐야 했던 작업을 한 단계로 자동화할 수 있다. 자동화하면 누가 하든 동일한 결과를 얻으므로 그 작업을 타인에게 맡길 수 있다는 장점이 있다.

스캔스냅 클라우드는 iX1500, iX500, iX100 기종을 이용하는 사람이라면 누구나 무료로 활용할 수 있는 서비스다. 이 서비스를 이용해 서류를 스캔한 다음 영수증은 클라우드, 문서는 에버노트, 사진은 구글 포토 같은 웹서비스를 이용하면 된다.

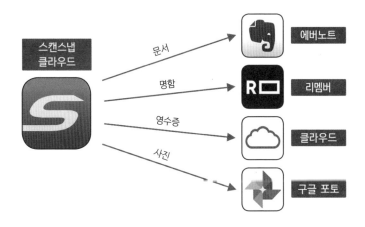

194 미래로 서류를 날려 보내는 43폴더 시스템

간혹 서류를 책상 위에 잔뜩 쌓아두는 사람이 있는데, 이 경우의 유일한 장점은 위치를 보고 대략 언제 적 서류인지 짐작할 수 있다는 점이다.

데이비드 앨런은 리마인더 기능을 종이 문서에 적용한 43폴더 혹은 티클러파일(Tickler File)이라는 정리법을 소개하고 있다.

43폴더 시스템을 만들려면 이름처럼 43개의 폴더를 준비해야 한다. 그중 31개에는 날짜를 적고 나머지 12개에는 달을 표시한다. 그리고 이번 달에 확인해야 하는 서류는 1~31일 중 처리해야 하는 날짜의 폴더에 넣고, 기한이 1개월 이상 남은 서류는 해당하는 달의 폴더에 보관한다. 아침 업무를 시작할 때, 그날에 해당하는 폴더를 열어 처리해야 할 서류가 있는지 확인하고, 파일을 다음 달의 맨 뒤로 보낸다. 43폴더 시스템은 당장 필요하지 않은 서류를 미래로 보내는 것이라 할 수 있다.

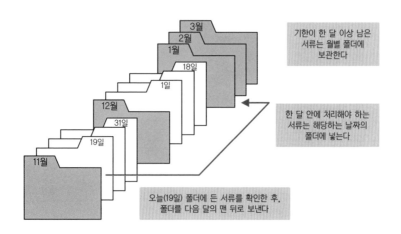

기한이 한 달 이상 남은 서류는 월별 폴더에 보관한다

한 달 안에 처리해야 하는 서류는 해당하는 날짜의 폴더에 넣는다

오늘(19일) 폴더에 든 서류를 확인한 후, 폴더를 다음 달의 맨 뒤로 보낸다

195 자석을 이용해 물건을 허공에 정리한다

정리정돈에 대한 격언 중에 '표면은 성역이라 생각하라'라는 말이 있다.

책상이나 책장 위 같은 표면에는 아무것도 놓을 수 없으니 주의해서 이용하라는 뜻이다. 하지만 벽면을 마치 '표면'처럼 활용하는 방법이 있다.

3M이나 고쿠요에서 나온 자석 시트지를 이용하는 것이다. 이것을 책장 옆이나 책상 밑에 붙이면 그 자리에 새 '표면'이 생기고, 자석을 이용해 물건을 수납할 수 있다.

예를 들어 책상이나 책장 옆에 자석 시트지를 붙이면 자석이 달린 휴지 케이스를 붙이거나 열쇠 등을 걸어놓을 수 있다.

책장 옆면에 서류 보관함을 만들어도 되고, 금속 케이스를 이용해 작은 물건을 허공에 '수납'할 수도 있다.

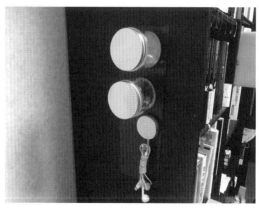

강력한 자석과 자석 시트지를 이용해
책장에 작은 보관함을 붙여둘 수도 있다

자질구레한 물건은 EVA케이스로 세워서 보관한다

서랍 속의 자질구레한 물건을 정리할 때 대개 상자 모양의 보관함을 사용하는데, 사실 여기에는 한 가지 단점이 있다.

이런 보관함은 물건 분류에는 편리하지만, 결국 물건을 바닥에 내려놓는 것이므로 위쪽의 남는 공간을 활용하지 못한다. 물론 그 위에 다른 물건을 겹쳐놓을 수 있지만, 그러면 바닥에 놓인 물건이 보이지 않게 된다.

이럴 때 지퍼가 달린 무인양품의 EVA케이스를 사용하면 자잘한 물건을 마치 책이나 서류처럼 세워서 정리할 수 있다. 명함, 카드, 영수증 같은 종이뿐만 아니라 케이블이나 어댑터, 약 같은 자질구레한 물건도 전부 넣어버리자. 케이스를 가지런히 세워 보관하면 마치 파일을 손가락으로 훑듯이 필요한 물건을 그때그때 찾을 수 있어 편리하다.

아무리 정리해도 자리가 부족하게 느껴지면 이처럼 낭비하기 쉬운 위쪽 공간을 활용해 물건을 3차원적으로 수납하는 방법을 생각해보자.

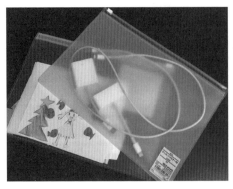

EVA케이스에 자질구레한 물건들을 담아 세워서 보관한다

197 추억이 담긴 물건은 버리지 않고 짐 보관 서비스를 이용한다

정리정돈의 본질은 불필요한 물건을 버리는 것이지만, 그런 물건을 다 버려도 방이 좁아 정리가 제대로 안 될 때가 많다. 그러다 무리하게 물건을 버리면 나중에 후회한다. 또 언젠가 필요할지 모를 물건을 정리했다가 두 번 다시 쌓기 어려운 재산을 스스로 없애는 일도 생긴다.

더 넓은 곳으로 이사하는 방법도 있지만, 그러려면 그만큼 월세를 더 많이 내야 한다. 늘어나는 월세보다 훨씬 저렴한 가격에 이용할 수 있는 임대 창고 서비스가 해결 방안이 될 수 있다.

일본에는 드롭박스에 파일을 보관하듯 물건을 맡길 수 있는 데라다창고의 미니쿠라 서비스가 있다(우리나라의 오호나 다락−옮긴이).

미니쿠라 서비스는 월 200엔에 규격 상자 1개에 물건을 보관해주는 Hako플랜과 월 250엔에 최대 30개의 물품을 상자에 보관하기 전에 사진으로 촬영해 온라인상에서 열람할 수 있는 Mono플랜이 있다.

나는 당장 읽지 않는 책이나 계절이 지난 옷 등 총 20개가 넘는 물품을 앞서 말한 서비스를 이용해 보관한다. 이렇게 창고에 보관하고 필요할 때 꺼내 쓰면 방에 보관할 수 없는 물건을 버리지 않아도 된다.

아이의 장난감이나 작아진 옷 등 추억이 담긴 물건을 단지 둘 곳이 없다는 이유만으로 어쩔 수 없이 버려야 했던 사람도 있을 것이다. 그런 물건도 창고에 맡겨두면 더 이상 버리지 않고, 방도 넓게 쓸 수 있다.

SECTION 07

198 냉장고를 깔끔히 정리할 수 있는 3가지 아이템

정리정돈이라고 하면 흔히 서랍이나 책장을 정리하는 방법을 떠올리지만, 하루에도 몇 번씩 물건을 잔뜩 집어넣었다 뺐다 하느라 고생하는 곳은 따로 있다. 바로 냉장고다.

요즘 나오는 냉장고는 수납공간이 잘 나뉘어 있지만 '세워서 보관'해야 하는 곳과 '눕혀서 보관'해야 하는 곳이 정해져 있기 때문에 간혹 어느 한쪽 공간이 부족할 때가 생긴다.

그럴 때 작은 바구니나 정리함을 이용하면 물건을 다른 방향으로 보관할 수 있어 냉장고를 더욱 넓게 쓸 수 있다.

1. 보틀랙: 와인병이나 캔맥주를 가로로 눕혀도 굴러다니지 않게 한다.
2. 수납 바구니: 바구니별로 식품을 정리할 수 있어 깊숙이 넣어둔 물건도 쉽게 꺼낼 수 있다.
3. 칸막이: 눕혀진 채 잔뜩 쌓인 물건들을 세로로 세워서 정리할 수 있다.

세워놓던 물건을 눕히고, 눕혀놓던 물건을 세우는 등 물건의 방향을 바꿔 최대한 효율적으로 수납할 수 있게 한다.

199 동경의 대상인 몰스킨 노트를 제대로 쓰는 방법

몰스킨 노트는 피카소와 헤밍웨이가 애용했던 검은 가죽 수첩을 현대에 들어와 다시 복원한 것이다. 많은 쪽수, 세운 상태에서도 필기가 가능한 견고한 표지 그리고 고급스러운 크림색을 띤 단순한 내지 덕분에 전 세계 많은 사람에게 꾸준히 사랑받고 있다.

라이프핵이 생겨나기 시작한 2005년 무렵에는 아직 아이폰이 등장하기 전이라 몰스킨 노트를 PDA처럼 사용하는 갖가지 방법이 유행했다. 오늘날에도 스마트폰에 저장할 수 없는 아이디어나 추억을 기록할 때에 이러한 방법들이 여전히 유용하게 쓰일 수 있다.

몰스킨 노트를 처음 사용하는 사람이라면 다음에 소개하는 대표적인 방법들을 먼저 시험해보며 자신의 스타일에 맞게 조금씩 변형시키자.

1. 쪽수를 표시한다: 노트 하단에 펜으로 쪽수를 표시한다. 이렇게 하면 예전에 필기한 내용을 참조하고 싶을 때 '→ 56p'처럼 하이퍼링크를 할 수 있으며, 수첩 전체의 차례나 색인을 작성할 수도 있다.

2. 정보는 날짜를 표시해 시간순으로 관리한다: 다른 시점에 적은 메모가 나란히 붙어 있으면 나중에 혼란이 생길 수 있다. 필기할 때는 반드시 날짜와 제목을 적어두자.

3. 수첩 윗부분에 사용 기간과 중요 사건을 적어둔다: 몰스킨 노트는 다양한 종류가 있지만 겉모습이 거의 비슷하다. 쉽게 찾을 수 있게 다 쓴 후에는 수첩 윗부분에 사용한 기간과 중요 사건을 적어두자.

이렇게 하면 인생의 중요 사건이 수첩 속에 켜켜이 쌓인다.

4. 옆면에 색을 칠해 내용을 구분한다: 여행 중에나 '2018년 봄'처럼 특정 기간에 메모한 쪽을 수첩 옆면에 색을 칠해 구분하면 필요할 때 곧바로 펼칠 수 있다.

몰스킨 노트를 처음 구입하면 깨끗한 새 노트가 예뻐서 쓰기 아까운 마음이 들기도 한다. 그래서 나는 몰스킨 노트를 사 오면 바로 그날 떠오르는 생각을 두서없이 적어 더럽히라고 권한다.

처음에는 '괜히 쓸데없는 내용을 적었네' 하고 생각할지 모르지만, 계속 더럽히다 보면 무엇과도 바꿀 수 없는 소중한 추억이 수첩에 쌓여갈 것이다.

수첩 윗부분에 사용 기간과
중요한 사건을 적어둔다

수첩 옆면에 차례를 만든다

200 확장형 메모 포켓에 창을 낸다

몰스킨 노트의 외형적 특징으로는 노트를 고정하는 밴드와 둥근 모서리 그리고 내부의 확장형 메모 포켓을 들 수 있다.

이 확장형 포켓은 작은 메모지나 영수증, 명함 등 자질구레한 물건을 넣을 수 있어 편리하지만 안에 무엇이 있는지 겉에서 볼 수 없다는 단점이 있다.

그래서 나는 이 확장형 포켓의 내용물을 확인할 수 있도록 '창'을 내는 방법을 추천한다.

우선 확장형 포켓에 받침대로 쓸 플라스틱 카드 등을 넣은 다음, 커터칼로 포켓 앞면에만 구멍을 뚫는다. 그리고 구멍의 크기에 맞게 클리어 파일을 오려 붙이면 투명한 창이 만들어진다.

창을 내는 데 30분 정도가 걸리는데, 이렇게 안을 들여다볼 수 있게 바꾸기만 해도 포켓의 활용법이 크게 달라진다. 이 작업이 익숙해지면 창을 하트 모양으로 하거나 창 주변을 장식하는 등 재미있게 꾸밀 수도 있다.

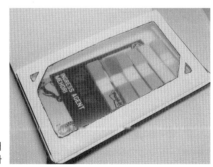

확장형 포켓에 창을 내어
안에 든 물건을 확인할 수 있다

201 스티커 사진 앱을 이용해 수첩을 화려하게

몰스킨 노트가 아닌 다른 노트를 쓸 때도 마찬가지지만, 글만 적으면 보기에도 밋밋할 뿐만 아니라, 다시 확인해야 할 내용이 있을 때 꼼꼼히 읽어야 하는 단점이 있다.

그림에 재능이 있는 사람이라면 일러스트나 이모티콘 등을 그려 넣을 수 있지만, 그림을 잘 그리지 못하거나 시간이 없는 사람은 스마트폰 앱을 이용해보자.

스티커 사진 앱은 다양한 스티커 용지에 대응 가능한 것을 선택하는 것이 좋다. 스마트폰에서 사진을 선택한 후 원하는 문구나 일러스트로 장식한 다음 와이파이를 통해 출력하기만 하면 손쉽게 스티커 사진을 만들 수 있다.

몰스킨 노트에 붙이려면 엽서 크기 용지에 4장의 스티커가 들어갈 수 있는 크기가 적당하다.

그날 있었던 일을 사진으로 찍어 붙인 다음 감상 한 줄을 덧붙이기만 해도 노트가 화려해지고 필요한 정보도 더 쉽게 찾을 수 있다.

스마트폰으로 찍은 사진을 에이원의
사진 앱을 이용해 출력한다

몰스킨 꿀팁(4)

뒷면에 도형을 대고 자유롭게 쓴다

몰스킨 노트의 내지 종류는 줄이 그려진 룰드와 모눈이 그려진 스퀘어드, 무지인 플레인 그리고 점이 찍힌 도트까지 모두 4가지다.

그중 가장 자유롭게 쓸 수 있는 것은 플레인이다. 줄이 없으면 필기할 때 불편하다고 생각할 수 있지만, 수첩을 많이 써버릇한 사람은 지면을 어떻게 쓸지 전체적인 이미지를 머릿속에 그린 다음, 세부 사항을 조정해가며 메모하여 원하는 방향으로 노트를 만들어갈 수 있다.

아직 그런 단계에 이르지 못한 사람은 노트에 도형을 그려 넣어보자.

우선 두꺼운 종이에 모눈이나 원하는 도형을 인쇄한 다음, 몰스킨 노트의 뒷면에 댄다. 그러면 도형이 종이에 비치므로 노트 위에 덧그리거나 반듯하게 쓸 수 있다.

이런 식으로 도형을 이용해 플레인 노트를 시스템 다이어리나 달력처럼 사용하거나 할 일 목록도 만들 수 있다.

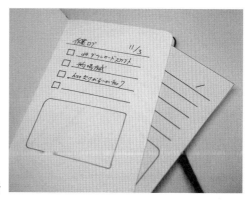

원하는 도형에 그려 지면을 완성한다

어렸을 때 레고를 갖고 놀아본 경험이 한 번쯤 있을 것이다. 레고의 매력은 작은 조각을 조립해서 상상한 형태를 만들 수 있다는 점인데, 바로 이 점을 이용해 일상적으로 사용하는 소품을 만들 수도 있다.

예를 들어 원하는 크기와 각도에 딱 들어맞는 스마트폰 거치대를 찾을 수 없다면 레고로 크기와 각도를 미세하게 조정해가며 만들 수 있다. 자신의 용도에 딱 맞춘 수납함이나 연필꽂이도 만들 수 있다. 또한 레고 열쇠고리를 이용해 열쇠를 거는 보관함을 만들 수 있다. '무엇이든 원하는 형태로 만들 수 있다'라는 레고의 특징을 살려서 생활에 맞게 커스터마이징이 가능하다.

레고에는 세트 제품이 많지만 클래식 기본 브릭을 구입하면 더 다양한 형태를 만들 수 있다.

레고를 이용하면 작은 소품도 직접 만들 수 있다

수첩을 꾸며줄 수제 아이콘을 기억해두자

수첩을 좀 더 재미있게 꾸미는 가장 좋은 방법은 그림이나 일러스트를 넣는 것이다. '하지만 난 그림을 정말 못 그리는데……'라고 생각하는 사람은 간단하게 그릴 수 있는 일러스트를 사용해보자.

이 밖에도 스마트폰의 이모티콘을 참고해 다양한 아이콘을 그릴 수 있다. 쉽고 간단한 것부터 따라 해보면 점차 익숙해져서 그림 그리는 재미를 느끼게 될 것이다.

또 메모하다가 화제가 바뀔 때 넣는 구분선이나 강조하고 싶은 곳에 치는 테두리 선도 몇 가지 기억해두면 편리하다. 잡지의 레이아웃 등을 참고해 간단한 장식이나 일러스트를 추가하기만 해도 노트가 화려해진다.

핀터레스트에서 '다이어리 손그림'이나 'notebook doodles'로 검색하면 참고될 만한 매력적인 그림을 볼 수 있다.

종이 전체를 써서
수많은 아이디어를 '캡처'한다

마인드맵을 그릴 때나 수많은 아이디어를 적을 때는 작은 수첩으로는 부족하다.

작은 종이를 쓰면 아무래도 공간에 제약받기 때문에 떠오르는 아이디어의 양이 줄 수밖에 없다. 이럴 때 큰 종이 한 장에 거침없이 생각을 적다 보면 자유로운 발상이 가능해진다.

개인이 책상에 놓고 사용할 때는 B4나 A3 크기의 종이부터, 단체로 토론할 때는 4절지 B5나 A5 사이즈의 종이부터 먼저 써보는 것이 좋다.

휴대성을 고려할 때는 A4 크기를 사용하는 것이 좋은데, 그중에서도 날짜와 제목을 표시하는 칸이 있는 므네모시네(Mnemosyne) A4 노트나 EDiT의 아이디어 노트를 추천한다.

두 노트 모두 위쪽에 제목 쓰는 칸이 있어서 마치 대형 인덱스카드처럼 사용할 수 있다. 제목 칸에 아이디어의 주제를 쓴 다음, 빈 공간에 자유롭게 생각을 적자. EDiT 노트는 함께 들어 있는 포스트잇을 사용해 노트 자체를 자유롭게 아이디어를 배치하는 메모판처럼 활용할 수도 있다.

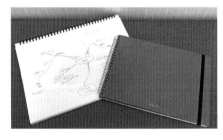

EDiT의 아이디어 노트

다이소에서도 살 수 있는 몰스킨 대용 노트와 인덱스카드

다이소에는 저렴한 문구와 정리용품이 가득하다.

서랍 속 물건을 눈에 보이는 곳에 정리하고 싶을 때는 작은 유리통을 구입하자. 또 물건을 효율적으로 수납하고 싶을 때는 선반 크기에 맞는 와이어랙을 구입해 물건을 2층으로 쌓아 보관하는 방법도 있다.

다이소에서 특히 인기 있는 제품은 몰스킨 노트를 닮아 '다스킨(다이소+몰스킨)'이라 불리는 노트다. 확장형 메모 포켓은 없지만, 표지와 내지 그리고 고무 밴드도 있어서 몰스킨과 비슷하게 사용할 수 있다.

또 다이소에는 인덱스카드도 있다. 이 카드는 들고 다니기 편한 사이즈라 생각날 때마다 아이디어 적기에 좋다. 이 밖에도 다이소에는 다양한 종류의 수첩과 달력, 포스트잇을 판매하고 있으니 유용한 라이프핵 아이템을 구입해보자.

다이소에서 구입할 수 있는 몰스킨 대용 노트와 인덱스카드

207 자주 쓰는 문구는 스탬프로 제작해 사용한다

나는 일 때문에 지도를 쓰는 일이 많아 노트에 모국의 지도나 북극에서 바라본 북반구의 지도를 자주 그린다.

하지만 필요할 때마다 번번이 해안선의 특징을 떠올려가며 그리는 것이 쉽지 않을뿐더러 시간도 꽤 잡아먹는다. 그래서 잉크를 발라 찍으면 되는 지도 스탬프를 제작했더니 수고를 크게 덜 수 있었다.

요즘은 이미지 파일을 전송만 하면 손쉽게 스탬프를 주문 제작할 수 있다. 스탬프를 이용해서 도형이나 제목을 쓰는 칸, 구분선 등을 원하는 디자인으로 만들면 자신만의 스타일대로 노트나 다이어리를 꾸밀 수 있다.

기성품인 스탬프도 수첩에 찍어 다양한 용도로 활용할 수 있다. 예를 들어 OSANPO Shopping에서 판매하는 스탬프 중에는 할 일 목록의 체크박스나 일정표 등을 만들 수 있는 것도 있다.

OSANPO Shopping에서 판매하는 업무용 스탬프

208 '손가락으로 가리켜 확인'하는 습관을 생활화한다

전철 탈 때, 플랫폼의 역무원이 승객들이 타고 내리는 것을 지켜본 다음 손가락으로 가리켜 다시 한번 확인하는 광경을 본 적이 있을 것이다.

이 동작은 '지적확인 환호응답'이라고 불리는 안전 동작으로, 사고나 위험 요소를 크게 줄이는 효과가 있다고 알려져 있다. 이는 역뿐만 아니라 운수업계 전반 및 건축 현장 등에서 널리 쓰이고 있다.

이렇게 손가락으로 가리켜 확인하는 작업을 일상생활에서도 응용할 수 있다. 예를 들어 우리 아내는 외출했다가 가끔 창문은 다 닫았는지, 문은 잘 잠갔는지 기억나지 않아 불안해하고는 했다. 그런 아내에게 나는 '지적확인 환호응답'을 제안했다. 그러자 아내는 그다음부터는 '창문 OK' '문 OK'라는 식으로 손가락으로 가리켜 확인하기 시작했고, 문을 잠갔는지 기억나지 않아 불안해하는 일이 크게 줄어들었다.

단순하지만 효과는 크다

손가락으로 확인하는 방법은 간단하다. 1. 눈으로 대상을 확인한 다음 2. 손가락으로 가리키고 3. "○○, OK!"라고 소리 내어 말한 다음 4. 그 소리를 귀로 직접 들으면 된다. 이러한 일련의 과정을 거침으로써 시각, 청각, 동작 등 다면적인 기억을 남기는 효과를 얻을 수 있다.

이때 옆에 있는 사람이 "확인 끝!"이라고 말해주면 더 강한 인상을 남길 수 있다.

충전 케이블과 배터리는
행선지와 가방 수만큼 구입한다

휴대전화 배터리만 달랑 챙기고, 충전 케이블은 깜박한 경험이 있지 않은가? 아니면 사무실에 충전 케이블이 없어 집에 있던 것을 들고 나갔다가 퇴근할 때 사무실에 두고 오는 바람에 집에서 충전하지 못한 적이 있지는 않은가?

휴대전화의 배터리와 충전 케이블처럼 늘 쓰는 물건을 깜박했을 때의 손해는 매우 크다. 이런 일은 그 물건을 갖고 나왔기 때문에 생기므로 처음부터 원래 있던 장소에서 갖고 나오지 않으면 해결된다.

그래서 나는 집과 사무실 그리고 평소에 쓰는 가방의 수만큼 케이블을 구입하고, 배터리도 가방의 수만큼 구입해서 각각의 장소나 가방에 전용 케이블과 배터리를 두고 쓰고 있다.

필기도구나 이어폰, 우산 같은 것도 마찬가지다. 물건에 라벨을 붙여두면 어쩌다 갖고 나오더라도 다시 원래의 장소로 돌아온다.

요즘 나오는 스마트폰용 케이블은 꽤 비싸지만, 쇼핑 사이트에서 기본적인 제품을 고르면 비교적 저렴하게 품질 좋은 제품을 구입할 수 있다.

또 배터리의 경우, 종종 충전을 잊어버릴 때도 있기 때문에 여러 개를 구입한 다음, 하나를 사용하는 동안 다른 하나를 충전하면 배터리를 챙겼지만 충전되지 않은 곤란한 상황을 줄일 수 있다.

갖고 다니기 때문에 어딘가에 깜박 두고 오거나 잃어버리는 일이 생긴다. 물건을 잃어버리지 않으려고 애쓰기보다는 원인이 생기지 않도록 노력해보자.

210 출장에 필요한 준비를 '리스트'로 작성해 캐리어에 숨겨둔다

4박 5일 출장에 필요한 옷이나 양말의 개수 또는 필요한 세면도구 등을 바로 알 수 있는가. 만약 국내가 아니라 국외일 경우는 또 어떨까.

출장 준비로 바쁜 와중에 짐까지 미리 꾸리는 것은 어려운 일이다. 특히 장기 출장인 경우, 짐이 얼마나 필요한지 지난번 출장 때 짐을 어떻게 꾸렸는지 기억하기 쉽지 않다.

이런 부담을 줄이고 경험한 것을 활용할 수 있도록, 출장에 필요한 물품을 미리 목록으로 작성해 에버노트에 저장했다가 한 장으로 출력해서 캐리어에 넣어두면 편리하다.

그러면 출장을 앞두고 짐 싸려고 캐리어를 열었을 때, 마치 미션처럼 들어 있는 종이를 보고 옷과 다른 물건을 얼마나 챙겨야 하는지 정확한 수량이 써 있으므로 그대로 싸기만 하면 된다.

장기 출장은 이런 목록을 업데이트할 좋은 기회다. 경험이 쌓이면, 예를 들어 호텔에서 세탁하는 법을 알았으니 옷을 전보다 두 벌 적게 가져간다거나 슬리퍼는 반드시 챙기는 것이 좋다거나 하는 식으로 내용을 조정할 수 있다.

물론 이 방식은 단기 출장에도 활용할 수 있다. '당일치기일 때는 여기까지만' '1박일 때는 여기까지만'이라는 식으로 목록을 만들어서 평소에 사용하는 가방에 넣어두는 것이다.

익숙해지면 국외 출장 때도 불필요한 물건 하나 늘어나지 않도록 30분 만에 짐을 쌀 수 있다. 목록에 축적된 경험이 시간을 절약해준다.

SECTION 07

211 선풍기로 더운 방을 서늘하게 한다

무더운 여름날, 방에 들어왔을 때 선풍기를 어떻게 사용하면 좋은지 기억해두자. 방에는 더운 공기가 천장 근처 또는 수납장이나 책장 같은 큰 가구에 몰려 있기 쉽다. 이 더운 공기를 밖으로 내보내지 않으면 아무리 선풍기를 틀어도 시원해지지 않는다.

그래서 직진성이 강한 서큘레이터로 천장이나 큰 가구 쪽으로 바람을 보내 더운 공기를 몰아내는 것이 좋다.

또 바깥이 더 시원해지는 밤에는 외부의 찬 공기를 유입시켜야 방이 더 빨리 서늘해진다. 그러니 창가에 소형 선풍기를 놓고, 창문은 선풍기 너비 정도만 열어두자. 바람이 방 안으로 불도록 선풍기를 틀면 차가운 공기가 방 안으로 들어온다. 에어컨을 틀 때도 열기가 몰리는 곳을 고려해 선풍기를 함께 돌리면 설정 온도를 낮추지 않고도 쾌적해질 수 있다.

창문

더운 공기

책장이나 수납장

선풍기

서큘레이터

212 매일 간단한 트레이닝으로 건강을 유지한다

나는 어릴 적부터 만성 알레르기 비염을 앓아 심할 때는 코로 숨 쉬지 못할 정도였다. 아무리 병원을 다녀도 좀체 낫지 않아 고생했다.

그런데 코 세척액 '하나노아'로 매일 비강을 세척하자 비염이 호전되었다. 처음에는 효과가 전혀 없어 보였지만, 반년에서 1년 정도 꾸준히 사용하자 조금씩 변화가 일어났고 이제는 코 막히는 일이 거의 없다.

마찬가지로 가까운 곳과 먼 곳을 반복해서 바라보는 눈근육 운동도 꾸준히 하고 있다. 사무실 근처에 마침 적당한 산이 있어서 산의 나무와 나뭇가지, 나뭇잎을 눈물 날 정도로 지긋이 바라보는 훈련을 하고 있다. 이 또한 효과가 있는지 평소에 눈을 많이 혹사시키는데도 아직 안경을 쓰지 않는다.

이 두 가지 경험의 공통점은 '자신에게 효과적일 것 같은 방법을 일단 꾸준히 반복'하는 것이다.

건강은 사람마다 워낙 개인차가 크기 때문에 딱히 뭐가 정답이라고 말할 수는 없지만, 나는 개인적으로 알레르기나 눈의 피로로 오래 고생하면서 '이것을 했더니 상태가 괜찮았다'라는 몇 가지 포인트를 깨달았다.

그와 함께 도움되는 간단한 트레이닝을 몇 달 동안 꾸준히 하면 만성적인 몸 상태에 변화가 일어날지도 모른다.

'이거 꽤 효과가 있는데'라는 것을 알아차리기까지 몇 달 정도 시행착오를 겪을 수도 있지만 효과적인 방법을 발견하기만 하면 간단한 운동만으로 큰 효과를 볼 수 있다.

213 피로가 쌓이지 않게 물을 규칙적으로 마신다

잠도 푹 자고 밥도 잘 챙겨 먹는데도 몸이 무겁게 느껴질 때가 있다. 계속 피곤하고 오후만 되면 잠이 쏟아지는 등 몸 상태가 전반적으로 좋지 않은 이유는 무엇일까.

병적 원인이나 만성적 요인이 없는데도 피로가 심하다면 탈수증이 원인일 수 있다. 생활의 질을 극적으로 변화시킬 가능성이 있는데 흔히 간과하는 것 중 하나가 바로 수분 공급이다.

'하루에 물 8잔 마시기' 같은 기준이 한때 유행했지만, 적정한 수분 섭취량도 개인차가 많다고 알려졌다. 운동을 많이 하는 사람은 커피나 녹차처럼 이뇨 작용이 있는 음료보다 물이나 흡수가 잘되는 음료를 규칙적으로 마셔 수분을 보충하자. 특히 잘 때 수분 손실이 많으므로 취침 전후 물 마시는 습관을 기르는 게 좋다. 익숙해질 때까지 오전, 식사 전, 오후 등 수분을 보충하는 시간을 정해 의식적으로 많이 마시려고 노력하는 것이 좋다.

수분을 확실히 섭취하려면

스마트폰 앱 중에는 물을 얼마나 섭취하고 있는지 기록하고, 마실 시간을 알려주는 것이 있다. 앞서 이야기한 내용을 참고하여 자신에게 적정한 양의 물을 매일 마실 수 있도록 이용해보자.

의식적으로 물을 마시는 것은 간과하기 쉬운 사소한 습관이지만, 장기적으로는 피로 회복을 돕고 불필요한 에너지 소모를 막는 효과가 있다.

214 트래커 브라보를 이용해 스마트폰으로 '잃어버린 물건'을 찾는다

외출하려는데 지갑이나 열쇠가 어디로 갔는지 도무지 보이지 않을 때가 있다. 일설에 의하면 사람들은 이처럼 보이지 않는 물건을 찾는 데 하루 평균 10분, 1년에 60시간을 소비한다고 한다.

만약 스마트폰이나 집 열쇠, 지갑처럼 물건들에 대해 어떤 대책을 세울 수 있다면 더 이상 짜증 내지 않고 시간도 절약할 수 있을 것이다.

이럴 때 유용한 제품이 트래커 브라보(TrackR Bravo)라는 지름 31mm, 두께 3.5mm의 작은 장치다. 트래커 브라보를 지갑에 넣어두거나 열쇠고리로 달면 스마트폰과 연동되어 알람이 울리므로 물건을 쉽게 찾을 수 있다.

잃어버린 물건이 근처에 있으면 스마트폰으로 거리를 확인할 수도 있고, 길거리에 물건을 흘리고 갔을 때도 근처에 다른 트래커 이용자가 지나갈 경우 위치를 파악할 수 있다. 또 반대로 트래커 브라보는 있지만 스마트폰이 보이지 않을 때, 트래커를 이용해 스마트폰의 알람을 울리게 할 수도 있다.

트래커 브라보를 한꺼번에 4~5개 정도 구입해 스마트폰, 지갑, 수첩 등에 넣어두면 물건을 잃어버리는 일 없이 기분 좋게 생활할 수 있을 것이다.

트래커 브라보

이어폰 줄은 엉키지 않게
8자 모양으로 감아 보관한다

이어폰을 가방에 그냥 던져 넣었다가 나중에 음악을 들으려고 꺼내보니 풀기 힘들 만큼 엉켜 있던 적이 있지는 않은가? 이런 일이 생기지 않도록 평소 이어폰 줄을 엉키지 않게 정리해서 보관하는 습관을 기르자.

먼저 이어폰의 헤드 부분을 손가락으로 잡은 다음, 두 손가락을 써서 이어폰 줄을 8자 모양으로 감다가 15cm 정도 남긴 다음, 8자 모양으로 감은 줄의 가운데 부분을 둘둘 말아 풀리지 않게 고정시킨다.

이 밖에도 더블클립을 이용하는 방법이 있다. 닫힌 더블클립 구멍 사이로 이어폰 줄을 통과시킨 다음, 손잡이 부분에 둘둘 감으면 간편하게 보관할 수 있다.

별것 아니지만 은근히 짜증 나는 생활 속 문제는 대부분 간단히 해결할 수 있으므로 불편함을 느낀다면 곧바로 해결 방법을 찾아보도록 하자.

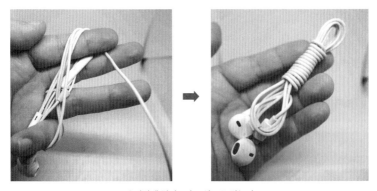

손가락에 걸어 8자 모양으로 감는다

스마트폰의 충전 케이블은 가격이 상당하지만 의외로 사용하다 보면 끝부분이 파손될 때가 많다.

이러한 케이블의 단선을 방지하는 방법으로 볼펜에 있는 용수철을 케이블 끝부분에 감아 손상을 줄이는 방법이 많이 소개됐는데, 이렇게 하면 멀쩡한 볼펜 하나를 버리는 데다 용수철을 줄에 감는 작업도 의외로 쉽지 않다.

그보다 간단하면서 효과적인 방법이 있다. 바로 케이블 끝부분에 마스킹테이프나 접착테이프를 감아 보강하는 것이다. 케이블의 끝부분은 단단히 고정하고, 케이블이 뻣뻣해지지 않도록 아랫부분은 테이프를 점차 느슨하게 감으면 어느 한 곳에 힘이 너무 많이 들어가 단선되는 일이 없어진다.

케이블이 휘어지지 않도록 처음부터 케이블 전체를 마스킹테이프로 감아버리는 고강도의 보강 방법도 있다. 철사로 끝부분을 보강한 케이블도 있지만, 이 방법을 쓰면 저렴한 가격으로 동일한 효과를 얻을 수 있다.

단선이 잘되는 부분을
마스킹테이프로 감아 보강한다

217 행동 유도성을 이용해 우산 분실을 방지한다

행동 유도성이라는 지각심리학 용어가 있다. 예를 들어 돌이 보이면 사람들은 보통 그 위에 앉는데 이는 그 돌의 형태나 배치가 우리의 지각에 '여기는 앉을 수 있다'라는 메시지로 해석되기 때문이다. 즉, 환경이 우리에게 어떤 의미를 전달해 행위를 유도하는 힘, 그것이 행동 유도성이다.

이 효과를 이용하면 누군가가 내 우산을 잘못 들고 가버리는 짜증 나는 상황을 미리 방지할 수 있다.

예를 들어 우산 손잡이를 마스킹테이프로 독특하게 꾸미거나 손잡이에 두껍게 감아 볼록하게 만드는 방법도 있다. 그러면 다른 사람이 우산을 잡는 순간, '내 우산이 아니네'라고 촉감만으로 바로 알아차릴 수 있다.

여행용 캐리어도 마찬가지다. 보통 다른 사람이 잘못 가져가는 일이 없도록 커버를 씌우거나 네임택을 다는데, 손잡이 부분에도 벨크로테이프를 감아 촉감에 변화를 주자. 만약 다른 사람이 착각했더라도 캐리어를 드는 순간 위화감이 느껴지면 금세 자신의 것이 아니라는 사실을 알아차릴 수 있다.

행동 유도성은 버튼처럼 생긴 물건을 무심코 눌러보게 된다거나 넘길 수 있게 생긴 서류는 뒷면을 확인하게 된다거나 하는 식으로 다른 사람에게 어떤 행동을 유도하고자 할 때도 이용할 수 있다.

나는 미용실에 가서 원하는 헤어스타일을 잘 설명하지 못하는 편이다. 원하는 스타일을 말로 표현하기 어렵고, 고른 스타일이 나한테 잘 어울릴지도 걱정되어서 그냥 "적당히 짧게 잘라주세요"라고 말해버린다.

대충 말해도 미용사가 워낙 솜씨가 좋으니 가끔 '이렇게 자르니 괜찮은데?'라는 생각이 들 때가 있다. 그럴 때 나는 헤어스타일을 전후좌우로 촬영해둔다. 그리고 그다음 미용실에 갔을 때 "이렇게 잘라주세요"라고 말할 수 있도록 사진을 저장해둔다.

일상생활

이처럼 '설명하기 어려울 때 사진을 찍어두면 좋은 것'이 몇 가지 있다. 예를 들어 자주 쓰는 샴푸나 생활용품의 제품명, 버스·전철 시간표, 집 근처 골목 사진 등이 그렇다.

예를 들어 친구를 집으로 초대할 때 "그 골목으로 잘 찾아서 들어와"라고 설명하는 것보다는 지나치기 쉬운 장소의 사진을 전송하는 편이 훨씬 이해하기 쉽다. 또 가족에게 무언가를 사다 달라고 부탁할 때도 제품명이나 용기의 특징을 말로 설명하기보다는 사진을 보내 부탁하는 것이 편하므로 이런 사진들을 저장해두자.

에버노트는 메모에 사진과 위치 정보를 함께 저장할 수 있으므로 미용실이나 신칠역, 버스정류장 등 장소에 따라 메모해두는 것도 좋다.

219 방수부터 간단한 수리까지 가능한 덕트테이프

미국에는 덕트테이프 애호가가 많다. 보수나 접착 같은 일반적인 용도로 사용하는 것은 물론이요, 덕트테이프로 해먹이나 컵, 옷까지 만드는 등 어찌나 애착이 강한지 거의 종교에 가까운 수준이다. "우주를 붙들고 있는 것은 덕트테이프다"라고 단언하는 사람마저 있을 정도다.

그처럼 덕트테이프를 활용한 많은 사례 중에 일상에 도움되는 방법이 몇 가지 있다. 예를 들어 덕트테이프를 구두창이나 의자 다리에 잘 붙이면, 구두의 마찰을 줄이고 의자로 바닥 긁히는 일을 방지할 수 있다.

우산에 구멍이 나면 덕트테이프를 붙이는 것을 흔히 볼 수 있지만, 이 밖에도 우산살이 갑자기 부러지거나 손잡이가 휘어졌을 때도 덕트테이프를 감아 임시 조치하면 하루를 무사히 보낼 수 있다.

자전거 타이어에 작은 펑크가 나거나 자동차 부품에 금이 갔을 때, 태풍에 대비해 화분이나 각종 집기를 고정시킬 때, 빗물이 새거나 빈틈으로 바람이 들어오는 것을 방지할 때, 병뚜껑이 열리지 않을 때 등 주위에서 흔히 볼 수 있는 문제를 덕트테이프로 해결할 수 있다.

덕트테이프는 흔히 말하는 접착테이프와 다르니 구입할 때 주의하자. 쉽게 구입할 수 있는 제품으로 3M의 다목적 보수 방수 테이프가 있다.

3M 다목적 보수 방수 테이프

220 여행할 때 유용한 미니멀 아이템

미니멀리즘을 추구하는 무인양품의 제품 중에는 여행할 때 챙기면 좋은 아이템이 몇 가지 있다. 그중 하나가 여행 중에 치약이나 스킨로션 등을 쓸 만큼만 덜어서 가져갈 수 있는 '폴리에틸렌 소분 튜브'다. 30g·50g 용량이 있으며, 재사용이 가능하기 때문에 몇 개 구입해뒀다가 여행 때마다 사용하면 편리하다.

비행기 환승을 기다리는 동안 세수하고 싶을 때나 비누가 비치되지 않은 호텔에 머물 때 요긴하게 쓸 수 있는 아이템도 있다. 미지근한 물에도 거품이 잘 나는 '종이비누'다. 간편히 휴대할 수 있으므로 여러 장 챙겨두면 도움될 때가 있다. 또 여행지에서 빨래할 때 유용한 소형 빨래판과 건조대로 구성된 '휴대용 빨래 세트'도 있다. 빨래판을 휴대한다는 발상이 참 기발한데 실제로 외국에 나갔을 때 세면대에서 양말이나 속옷 등을 쉽게 빨 수 있어 그만큼 가져갈 짐을 줄일 수 있다.

휴대용 빨래 세트

폴리에틸렌 소분 튜브, 종이비누

221 여행 중 구글 맵 오프라인 지도를 활용한다

해외여행 가서 낯선 도시에 내리면 평소에 자주 여행 다니던 사람도 공항에서 호텔까지 어떻게 가야 할지 몰라 당황하기 쉽다. 문제가 생기지 않도록 여행을 떠나기 전에 적어도 공항에서 호텔까지 가는 방법 정도는 미리 파악해두는 것이 좋다.

공항에 막 도착했을 때는 현지 네트워크에 접속이 안 되거나 심카드를 구입하기 전이라 곧바로 온라인 지도를 열지 못할 수 있다. 이때를 대비해 구글 맵의 오프라인 기능을 써서 미리 행선지의 지도 정보를 스마트폰에 다운로드하는 것이 좋다.

구글 맵의 데이터를
다운로드하려는 상태

오프라인 지도는 구글 맵 앱에서 원하는 지역을 검색한 다음 '오프라인 지도 다운로드'를 눌러 저장하면 되며, 다운로드한 지도는 약 1개월 동안 저장된다.

오프라인 지도는 특히 전파가 잘 잡히지 않는 지역에 갈 때 유용하다. 네트워크에 연결되지 않아도 지도 정보와 도로표지판을 비교하는 것만으로 현재 위치를 추측할 수 있다.

222 현지인이 올리는 후기를 참고한다

외국 호텔이나 레스토랑을 검색할 때 검색 범위를 좁히기 위해 모국어 사이트만 이용하는 경우가 있는데, 최종 결정을 하기 전에 반드시 현지인이 가장 많이 이용하는 평판 사이트에 올라오는 후기를 확인해봐야 한다.

외국 이용자는 아시아 여행자가 크게 신경 쓰지 않는 점까지 꼼꼼하게 따지는 경우가 많다. 예를 들어 호텔 침대에 빈대(bedbugs)의 유무나 범죄가 자주 발생하는 동네인지 하는 내용은 모국어로 된 사이트에는 나오지 않는다.

현지인이 트립어드바이저(TripAdvisor), 트래블로시티(Travelocity) 같은 여행 사이트나 서양의 대표적인 맛집 리뷰 앱인 옐프(Yelp)의 평가를 참고하는 약간의 번거로움을 감수하면 호텔이나 레스토랑을 잘못 선택할 가능성이 줄어든다.

이런 사이트를 이용하지 못하더라도 구글 맵에서 호텔이나 레스토랑을 검색했을 때 나오는 현지인의 후기를 번역해서 읽기만 해도 큰 참고가 된다.

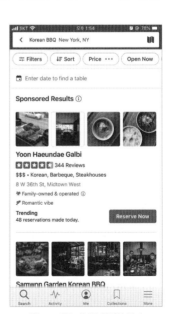

옐프로 외국 리뷰를 확인한 결과

SECTION 07

223 시차증후군을 방지하는 3가지 방법

해외여행을 할 때 신경 쓰이는 것 중 하나가 바로 시차증후군이다. 인체는 하루가 평소보다 길어지면 쉽게 적응하지만, 평소보다 짧아지면 힘들어한다. 그래서 서쪽인 유럽으로 갈 때보다 동쪽인 미국으로 갈 때 시차 적응이 힘들어진다.

시차증후군을 조금이나마 줄이는 방법 몇 가지를 알아보자.

1. 여행 중에 가급적 피로가 쌓이지 않게 한다.
   시차에 적응하려고 비행기에서 한숨도 자지 않다가 현지에 도착해서 잠들려는 사람이 있는데, 이는 도리어 역효과를 가져온다. 그보다는 여행 중에 최대한 피로가 쌓이지 않게 해야 시차 적응에 좋다.
2. 탈수를 방지한다.
   건조한 기내에서 일어나는 탈수는 비행 중 피로를 더욱 쌓이게 한다. 그러므로 비행 중에는 술이나 커피를 되도록 피하고, 물을 자주 마시는 것이 좋다. 또 에어컨디셔닝 때문에 습도가 20%까지 떨어질 만큼 건조하므로 여름에도 마스크를 쓰는 것이 좋다.
3. 체내시계를 현지 시간에 맞춘다.
   체내시계는 일조시간과 밥시간에 크게 좌우된다. 그러니 여행을 떠나기 며칠 전부터 현지 시간에 맞춰 식사하고, 블라인드로 햇빛을 가려서 체내시계를 새로운 시간대에 맞추도록 노력하자.

224 시차 적응을 돕는 서비스를 활용한다

앞서 설명한 것처럼 시차 적응에 가장 영향을 끼치는 요인은 햇빛과 밥시간이다. 그래서 국제선 승무원 중에는 미리 목적지에 맞춰 수면 시간과 밥시간을 조정하는 사람도 있다.

그럴 때 '제트래그루스터(Jet Lag Rooster, www.jetlagrooster.com)' 사이트를 이용하면 편리하다. 사이트에 나온 형식에 따라 출발지와 도착지, 출발 시간과 도착 시간, 평소 자는 시간 등을 입력한다.

그러면 두 도시의 시차를 자동으로 계산해서 어느 시간대에 햇빛을 쬐고, 어느 시간대에 잠들었다가 일어나는 것이 좋은지 알려준다.

밥시간도 함께 조정하고 싶을 때는 인트레인(Entrain) 같은 앱을 이용해 하루 사이클을 표시하는 방법도 있다.

다만 동쪽으로 여행을 떠나기 전에 이런 사이트나 앱을 참고할 경우, 오전 시간대에 햇빛을 피해야 한다거나 한밤중에 먹어야 하는 등 현실적으로 실천하기 어려운 점이 생기기도 한다. 그럴 때는 밤에 불을 환히 켜두거나 야식을 조금 먹는 등 할 수 있는 만큼만 실천하자. 그것만으로도 상당한 효과가 있다.

장시간 비행을 쾌적하게 하는 3가지 방법

나는 장시간 비행을 그리 힘들어하지 않는 편이다. 9시간 이동하는 정도
는 비교적 짧게 느껴질 정도다.

비행기 타는 것을 워낙 좋아하기도 하고, 또 그 시간을 쾌적하게 보내
는 방법을 몇 가지 실천하고 있기 때문이기도 하다. 다음에 소개할 방법
은 쾌적한 비행에 도움을 준다.

1. 적당한 운동과 조금 과할 정도의 수분 섭취.
   앞서 **223**에서 소개한 대로, 기내의 건조한 공기는 탈수를 촉진시
   켜 피로를 유발한다. 그러므로 장시간 비행할 때는 좀 과하다 싶을
   정도로 물을 마시고, 화장실도 다녀올 겸 몇 시간마다 걷기만 해도
   발의 피로를 풀 수 있다.

2. 노이즈캔슬링 헤드폰으로 소음 억제하기.
   비행기에서 나는 굉음을 장시간 들으면 체력이 점차 떨어지게 된
   다. 노이즈캔슬링 헤드폰을 써서 이러한 소음을 어느 정도 줄이기
   만 해도 훨씬 편안하게 갈 수 있다. 짐이 조금 늘어나지만, 나는 보
   스(BOSE)에서 나온 콰이어트컴포트 35(QuietComfort 35)라는 헤드
   폰을 쓰고 있다. 꽤 고가지만 투자를 후회한 적은 없다.

3. 시트구루를 이용해 쾌적한 좌석 확보하기.
   항공기는 이용하는 기종이나 항공사의 운용 방식에 따라 좌석의 위
   치나 형태가 조금씩 차이가 난다. 같은 이코노미석이어도 비상구

열의 좌석이나 벌크헤드 좌석처럼 비교적 넓은 좌석도 있고, 발 근처에 기계가 있어 비좁은 좌석이나 의자를 뒤로 젖힐 수 없는 좌석도 있다. 시트구루(SeatGuru)는 그런 비행기 좌석의 차이를 검색할 수 있는 사이트다. 항공사, 플라이트 넘버, 출발 날짜를 입력하면 좌석 정보와 주의 사항 등이 나오므로 항공권을 예약할 때 참고하도록 하자.

08

습관화 기술
인생을 바꾸는 작은 습관

작심삼일로 끝났다고 해서 자신을 탓할 필요는 없다.
습관화란 '그만두지 않는 것'을 반복하는 일이라는 사실을 깨닫는다면
당신의 삶은 서서히 그리고 확실하게 변화할 것이다.

226   '그만두지 않는' 시스템을 만든다

일상적인 습관을 개선하는 것은 인생을 새로 쓰는 것이나 마찬가지다.

아침에 일어나 양치질하고 아침으로 무엇을 먹는가 하는 문제부터 평소 걸어 다니는 길 등을 모두 포함하면 우리가 일상적으로 하는 행동 가운데 약 45%가 습관이라는 보고도 있다.

인생을 장기적인 관점에서 좋은 방향으로 변화시키려면 뭔가 대단한 결심을 하고 단발적인 행동을 크게 벌이기보다는 매일 반복하는 습관을 바꾸는 편이 더 빠르다.

예를 들어 하루에 스케치는 한 장, 악기 연습은 고작 30분만 해도 이를 5년, 10년 동안 지속하면 그 일에 방대한 시간을 쏟을 수 있다. 셰익스피어도 "인간이란 습관 들이기 나름인가 보다!" 하지 않았던가.

습관을 바꾸기 위해 필요한 것은 '지속'이 아니다 _____

'습관은 반드시 지속해야만 한다' '작심삼일로 끝나거나 중간에 포기하는 것은 나약한 짓이다'라는 말이 있는데, 이런 생각은 버리도록 하자.

새로운 습관을 들인다는 것은 이제껏 하지 않았던 새로운 행동을 자신의 삶에 들이는 것이다. 우선적으로 고려해야 할 문제는 그 '행동'을 할 수 있느냐 없느냐 하는 것이지, '지속' 그 자체에는 의미가 없다.

역설적으로 들릴 수도 있지만, 처음에는 지속하는 것을 의식하기보다 '그만두지 않는 것', 즉 행동을 무(無)로 돌리지 않도록 디상히게 시도에 보자.

운동을 3일 계속했는데, 다른 일정과 겹치거나 내키지 않아 포기해버렸다? 그래도 괜찮다. 일정이 있으면 운동을 미리 하고, 하기 싫으면 스스로를 자극할 만한 방법을 찾아 다시 시도해보자.

악기 연습을 시작했는데 30분만으로는 성과가 없는 것 같아 그만두었다? 어쩌면 연습 방법이 잘못되었을지도 모른다. 연습 시간을 어떻게 쓰는 것이 좋은지 조사해보고 다른 사람의 의견도 참고해서 다시 계획을 짠 다음 도전해보자.

그만두지만 않는다면 언젠가 그 행동을 지속시킬 방법이나 조건의 적절한 조합을 발견하여 점차 지속할 수 있게 될 것이다. 하지만 그러려면 처음부터 '지속' 자체를 목표로 세워서는 안 된다.

그만두지 않는 시스템을 만드는 요령

이처럼 그만두지 않는 시스템을 만드는 요령은 **007**에서 소개했듯이 시도하고자 하는 행동을 노력이나 의욕에 의존하지 않아도 될 정도까지 작은 단위로 쪼개는 것이다.

처음부터 30분 동안 달리려고 하지 말고, 5분만이라도 좋으니 천천히

걸어보자. 운동복으로 갈아입어보기만 해도 좋다. 책이 잘 읽히지 않는다면 일단 책을 펼쳐 1쪽이라도 읽어보자.

'아니, 그렇다고 그렇게까지?'라고 생각할 만큼 잘게 쪼개도 된다. 어떤 사소한 시도라도 '행동'에 변화를 일으킬 수 있으면 된다. 일단 행동에 변화가 나타나면 조금씩 난이도를 높이자. 그러다 보면 '그만두지 않는 시스템'으로 발전시킬 수 있다.

227 행동 횟수를 계산해 조정해나간다

작은 행동을 시작하는 데 성공했다면 이제는 그 횟수를 조정해나가자.

일정 조정이 어려워 매일 운동할 수 없다면, 우선 '주 2회 운동'부터 시작해서 이를 '주 3회'로 늘릴 수 없는지 시간을 조정해본다.

매일 공부할 수 없다면 문제집을 '1일 1쪽' '1주 7쪽'이라도 풀 수 있는 시간과 의욕을 낼 수 있는지 시도해본다.

물론 이때도 과욕은 금물이다. '매일 300쪽 읽기' 같은 어려운 목표를 세우고 지키려고 애쓰지 말자. 일단 '하루에 2쪽 읽기'처럼 쉬운 목표를 세우고, 그 결과를 기록하면서 분량을 조금씩 늘릴 수 있는지 지켜본다.

이렇게 'O일에 O번'이라는 식으로 습관을 관리할 수 있는 앱이 있다.

바로 '스트릭스(Streaks)'다. 스트릭스는 작업을 12개까지 등록할 수 있고, 그 일을 며칠 동안 몇 번 실행할지 지정하면 주간 달성률이나 월간 달성률을 달력이나 그래프로 표시할 수 있다.

새로운 행동이 습관으로 정착되려면 보통 3주 정도 걸린다고 하는데, 이는 행동을 시작한 이후의 기간만 따진 것이다. 우선은 한 번 시작하는 것이 중요하다. 그런 다음 횟수를 차근차근 늘려나가도록 하자.

228 습관 고리를 의식해 행동을 변화시킨다

찰스 두히그는 《습관의 힘》(갤리온, 2012)에서 습관 형성에 필요한 3가지 요소에 대해 설명했다. 예를 들어 매일 달리기하는 습관의 경우, 달리기 할 시간이 다가오는 '신호'와 실제로 달리기하러 나가는 '반복 행동' 그리고 행동의 결과를 얻을 수 있는 '보상'으로 나눠 생각할 수 있다.

습관을 형성하려면 '운동복을 현관에 걸어둔다' 같은 단순한 신호와 '운동하면 기분이 좋아진다' '운동하면 건강해지는 기분이 든다' 같은 분명한 보상이 필요하다. 하지만 새로운 습관을 지속하기 위해서는 그것만으로 부족하다. 신호가 보상을 열망하는 마음까지 이끌어내야 신호·반복 행동·보상의 순환 고리가 완성되며, 이 순환이 잘 이뤄져야 성공 경험이 피드백이 되어 습관을 확실하게 정착시킨다.

그러므로 어떤 습관을 기르고자 할 때는 '달리기를 하자' '책을 읽자' 같은 행동도 물론 중요하지만, 그보다 신호가 될 계기를 잘 설계하는 것이 가장 중요하다.

독서 혹은 공부 습관을 기르고 싶을 때, 책상 위에 책을 놓아두거나 공부할 문제집을 미리 준비하는 것도 좋다.

실제로 어떤 행동을 습관으로 만드는 데 성공했다면, 어떤 점이 효과적이었는지 잘 기억했다가 다음 신호를 준비할 때 참고하도록 하자.

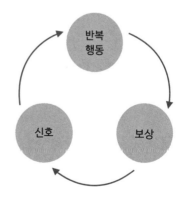

새로운 습관을 가장 쉽게 형성할 수 있는 방법은 매일 꼭 일어나는 일을 신호로 설정하고, 실행하려는 행동을 그 흐름 속에 바꿔 넣는 것이다.

예를 들어 저녁을 먹고 나서 늘 텔레비전 보는 사람은 다 먹었다는 신호가 텔레비전을 보는 행동으로 이어지므로, 그 흐름에서 벗어나 다른 행동을 해본다. 나의 경우, 집에서 욕실 청소 담당이라 반드시 해야 하는 이 일을 신호로 쓴다. 몇 번 시행착오 끝에 나는 청소 전에 운동복으로 갈아입으면 달리기하러 나갈 가능성이 가장 높다는 것을 알게 되었다. 그래서 욕실 근처에 운동복을 두고 이를 신호로 달리기하는 습관을 굳히는 데 성공했다.

이처럼 매일 정해진 시간과 장소에서 일어나는 일을 신호로 삼고, 실천하고 싶은 행동이 그 신호를 뒤따르게 하면 성공률이 높아진다.

예를 들어 '아침 8시'처럼 떠오른 시간을 정하는 것보다 '아침을 먹은 뒤에'라거나 '밤에 꼭 해야지'라고 다짐하기보다는 '집 근처 역에 내리면 그 김에'라는 식으로 신호를 정한 다음, 그 후의 행동을 바꿔보자.

마찬가지로 만약 저녁을 먹고 나서 늘 게임하는 습관을 고치고 싶다면 게임하기 전에 필요한 준비 작업을 조금 늘려보자. 게임기를 상자에 정리해놓거나 전원 어댑터를 다른 방에 두어 곧바로 게임할 수 없게 한다. 게임을 아예 금지하면 이를 어기고 했을 때 오히려 큰 만족감이 생기기 때문에 신호를 받아 자동적으로 행동하지 않도록 유한 방법을 쓰는 것이 효과적이다.

230 새로운 행동의 '습관 리볼버'를 계속 쏜다

기존의 생활을 바꾸는 습관을 기를 때는 가급적 작은 행동부터 하나씩 바꿔야 성공할 확률이 높아진다.

그렇게 했는데도 어떤 습관을 중도에 포기했을 때 '역시 난 안 되나 봐……'라고 좌절하지 말고 얼른 다른 습관이나 방법을 찾아 끊임없이 바꾸려 노력해보자.

예를 들어 운동을 꾸준히 하는 습관을 기르려다 일주일 쉬었다면 수면 습관을 바꾸거나 물 마시는 습관을 기르는 등 끊임없이 새로운 습관을 만들려고 노력해보는 것이다. 나는 이처럼 여러 습관을 만들기 위해 끊임없이 새로운 행동을 시도하는 것을 마치 리볼버에 장전된 총알을 차례차례 발사하듯 '습관 리볼버'를 쏜다고 표현한다.

예를 들어 이 책에 소개한 라이프핵 습관 가운데 가장 중요한 12가지를 골라 차례차례 실천해봐도 좋을 것이다. 나라면 우선 다음의 12가지를 선택할 것이다.

- 일하기 전에 할 일 목록을 만든다.
- 황금시간대에 집중해서 일한다.
- 포모도로 테크닉을 이용해 집중한다.
- 수면을 충분히 취한다.
- 유비쿼터스 캡처를 실천한다.
- 수분을 보충한다.

- 치간칫솔을 사용한다.
- 운동을 생활화한다.
- 정보 다이어트를 실천한다.
- 책을 매일 적당히 읽는다.
- 새로운 분야를 매일 공부한다.
- 안심 영역을 공략한다.

습관으로 삼고 싶은 행동을 꾸준히 하다 조금이라도 풀어지면 곧바로 실천 가능한 다른 행동으로 바꿔보자. 그렇게 늘 새로운 것을 실천하는 상태에 익숙해지면 언젠가는 별 어려움 없이 할 수 있게 되고 습관으로 정착될 것이다.

어떤 행동을 지속하려고 애쓰지 말고 어떻게든 습관 리볼버를 계속 쏘다 보면 결국 행동이 지속되는 '결과'를 낳는다.

벤저민 프랭클린의 13가지 덕목 습득법

'습관을 통해 인생을 다양한 측면에서 개선시켜나가고 싶지만, 똑같은 습관을 매일 반복하는 것은 지루하다'라고 생각하는 사람에게 권하고 싶은 방법이 있다. 바로 미국 건국의 아버지이자 발명가, 저술가 등 다채로운 모습을 지닌 벤저민 프랭클린의 13가지 덕목 습득법이다.

프랭클린은 20세 무렵 절제, 침묵, 겸손 등 13가지 덕목을 적고 이를 지키려 평생 노력했다. 그리고 1주에 한 가지씩 더욱 주의를 기울여 실천했다고 한다.

이 13이란 숫자에도 의미가 있다. 1년은 52주이므로 13가지 덕목을 1년 동안 4번 집중적으로 실천하는 주기를 만든 것이다.

이처럼 매주 한 가지 습관을 정해 집중적으로 실천하거나 월요일 습관, 화요일 습관처럼 요일별 습관을 세우는 것도 좋다. 예를 들어 월요일에는 늦게 귀가해도 금요일에 좀 여유롭다면 금세 할 수 있는 일은 월요일에, 시간이 다소 걸리는 일은 금요일에 하는 식으로 프로그램을 짠다.

'정기적인 검토'만으로도 충분하다

프랭클린은 높은 이상을 품고 수많은 업적을 남겼지만, 실제로 절제나 침착 등 자신이 정한 덕목을 지키지 못했다. 하지만 그래도 괜찮다. 프랭클린이 자신의 결점을 인식하고 이를 정기적으로 검토한 것만으로도 그의 인생은 자못 바뀌었을 것이고, 그의 위대한 업적으로 이어졌다고 생각한다.

232 사슬을 끊지 않는 '사인펠드 방법'

미국의 코미디언 제리 사인펠드가 신인 코미디언에게 이렇게 조언했다.

"매일 개그 소재를 써라. 1년 치 날짜가 한 장에 모두 적힌 달력과 마커를 준비하고, 개그 소재를 쓴 날은 달력에 표시하라. 매일 쓰다 보면 표시가 사슬처럼 이어질 것이다. 사슬이 끊겨서는 안 된다."

중요한 것은 그가 '매일 재미있는 소재를 쓰라'라고는 말하지 않았다는 점이다. 이 말에는 자신의 일과 마주하는 시간을 매일 확보하면 독창성이나 질은 자연스레 따라온다는 의미가 숨어 있다.

또한 '매일 블로그에 글 올리기' '매일 책 읽기' 같은 습관을 기르기가 벅차서 사슬이 번번이 끊어진다면 이를 '매일 초고 손보기' '매일 책 2쪽씩 읽기'처럼 매일 실행 가능한 수준까지 작게 쪼갤 필요도 있다.

이처럼 사슬을 끊지 않는 '사인펠드 방법'을 관리하기 쉬운 달력이 'Don't Break the Chain'이다.

습관을 실행한 날짜를 클릭만 하면 현재 사슬이 얼마나 긴지, 이제껏 사슬이 가장 길었던 것은 며칠이었는지를 자동으로 알려준다. 이를 보며 앞으로 사슬이 끊어지지 않도록 애쓰고, 끊어져도 예전보다 더 긴 사슬을 만들도록 노력해가면 된다.

in! | Manage Chains | My Account   View: Last Four Weeks 1 Month 4 Months

Aug - Sep

S	M	T	W	Th	F	Sa
27	28	29	30	31	1	2
3	4	5	6	7	8	9
10	11	12	13	14	15	16
17	18	19	20	21	22	23

You've been getting things done for 11 days straight

Add to Google Chrome | Add To Your Blog | Contact | Donate | What is this?

직접 만든 '해빗 트래커'를 사용한다

수첩에 습관을 기록할 때 사용하면 편리한 방법이 있다. 한 달 동안 자신이 한 모든 행동을 일목요연하게 정리하는 '해빗 트래킹(habit tracking)'이라는 기록 방법이다.

이 방법의 기본 형식은 노트를 가로 방향으로 길게 사용한다. 맨 윗줄에 1일부터 31일까지 날짜를 적고, 세로 방향에는 기록하고 싶은 습관이나 행동을 적는다. 이때 가장 집중해서 기르고 싶은 습관을 맨 윗줄에 적고, 작게나마 실천하고 싶은 소소한 습관은 그 아래에 배치한다.

이제 그러한 습관이나 행동을 실천한 날마다 그 날짜에 해당하는 칸을 형광펜으로 칠하며 진행 상황이나 횟수를 가로 방향으로 기록해나간다.

'해빗 트래커'에는 사소한 행동을 기록해도 된다. 이와 관련한 외국 사이트에서는 '단 음료 마시지 않기' '스트레칭하기' '누군가에게 고마움 표시하기'처럼 매일 조금씩 긍정적인 방향으로 바뀔 수 있는 행동을 넣을 것을 추천한다. 한 면이 알록달록해질수록 하루하루 조금씩 밝아지는 자신을 발견할 것이다.

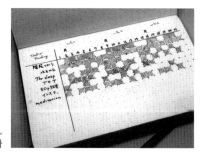

세로축에 실천하고 싶은 습관을 적고,
실천한 날마다 그 날짜에 해당하는 칸을 색칠한다

새로운 습관을 기존 습관에 '접목'한다

이미 하루를 바쁘게 보내는데 새 습관을 만들기란 정말 쉽지 않다. 이럴 때 기존 습관에 새로운 행동을 붙여 쉽게 습관을 기르는 방법이 있다.

예를 들어 '운동하기'와 '몸무게 재기'라는 습관을 일련의 동작으로 만들면 두 가지를 동시에 실천할 수 있게 된다. 이와 마찬가지로 아래와 같이 매일 하는 행동에 새로운 행동을 편승시킬 수도 있다.

1. 양치질하는 김에 치간칫솔을 사용하거나 2. 모닝커피 마시기 전에 옆에 둔 영양제를 챙겨 먹고 3. 출근길에 전철을 타면 곧바로 책 펼치기 등을 들 수 있다.

또한 관련 없는 행동을 **100**에서 소개한 체크리스트 형식으로 정리해 실천하는 방법도 있다. 예를 들어 아침에 일어나면, 1. 날씨를 확인하고 (이미 확립된 습관) 2. 그날의 운동 메뉴를 선택한 다음(맑은 날에는 달리기, 비 오는 날에는 근력운동 등) 3. 그날의 할 일 목록을 확인하고 4. 첫 번째 업무(**068**)를 처리한 다음 다른 행동을 하는 식으로 업무뿐만 아니라 건강, 취미와 관련된 모든 행동을 흐름에 따라 실천하는 것이다.

이는 부담감을 줄이기 위해 10가지 습관을 10개의 작은 조각으로 이뤄진 하나의 체크리스트로 바꾸는 것에 불과하지만, 이렇게 하면 각각의 행동을 할지 말지 고민할 일이 줄어들기 때문에 실행력이 향상되기도 한다. 신호 설정이 어려운 습관을 기르고자 할 때는 이처럼 신호가 이미 정해진 다른 습관을 이용하는 것이 하나의 방법이다.

235 기부금 모금을 통해 습관 형성을 응원받는다

개인적으로 좀 더 널리 퍼졌으면 하는 것이 '습관을 기르기 위해 기부금을 모금하는 방법'이다.

'기부금 모금을 위한 마라톤'이나 '기부금 모금을 위한 등산' 등이 종종 화제가 되는데, 이것은 다른 사람의 응원이 자신에게 동기 부여 되는 효과가 있다. 실행 방법은 다음과 같다.

1. 참여하고 싶은 사회운동을 선택하여 목표를 설정한다. 예를 들어 '21일 동안 달리기를 하면'이나 '금연을 4주 동안 지속하면'처럼 다소 어렵고, 다른 사람들의 공감을 불러일으키는 목표를 준비한다.
2. 가족이나 친구 혹은 SNS상에 '21일 동안 달리기에 성공하면 기부를 부탁합니다'라고 호소한다. 다른 사람의 관심과 응원을 이용해 동기를 부여하는 것이 목적이므로 기부 금액은 그리 중요하지 않다.
3. 진행 상황을 정기적으로 보고한다. SNS를 이용할 경우, 달리기 앱에 저장된 기록 등 검증 가능한 정보를 추가하는 것이 좋다.

실제로는 기부 없이 응원만 받거나 목표를 달성했을 때 혼자 기부금 내는 방법도 있다. '습관 기르려고 고생하는데 기부까지 하라고?'라고 생각하겠지만, 다른 사람들 응원 덕에 목표를 달성했으니 감사 표시로 생각하면 선혀 이상하지 않다. 어떤 큰 목적을 위해 자신의 힘을 보태는 것은 기분 좋은 일이다. 좋은 일 하면서 자신도 성장한다면 일석이조가 아닐까.

236 포기하면 돈이 빠져나가는 비마인더

간혹 압박감이 습관을 지속하는 데 도움될 때가 있다.

가령 가족이나 친구에게 자신이 실천 중인 습관에 대해 이야기하고 정기적으로 진행 상황을 보고하는 방법도 매우 효과적이다. 체면 때문에 어떻게든 습관을 지속하려 들기 때문이다.

좀 더 극단적인 방법도 있다. 습관을 중단할 경우 금전적인 페널티를 부여하는 비마인더(Beeminder) 앱 같은 서비스가 그렇다.

비마인더는 '주 3회 운동'처럼 스스로 습관의 양을 정하면 이를 며칠 동안 미뤘는지 알기 쉽게 진행 상황을 그래프로 표시해준다.

예정대로 습관을 지속하면 대각선 방향으로 그려진 선 위에 표시되지만, 설정해둔 기준보다 늦어지면 등록해둔 신용카드에서 정해진 금액(대

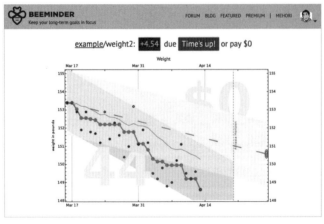

비마인더로 습관을 관리한다

부분은 5달러 정도의 소액)이 빠져나가버린다.

비마인더는 도중에 습관의 빈도를 조정할 수도 있는데, 이것이 그래프에 반영되는 것은 일주일 뒤다. 그날의 즉흥적인 기분에 따라 습관을 벗어나는 일이 없도록 설계되어 있다.

이렇게까지 습관 형성에 압박감을 주는 서비스도 없다. 단, 결제 금액을 설정할 때 주의하기 바란다.

237

나쁜 버릇을 메모하여 그만두고 싶은 행동을 끊는다

앞서 습관은 '신호·반복 행동·보상'이라는 3가지 요소로 이루어져 있다고 했지만, 우리는 흔히 '담배 피우기' '손톱 깨물기' 같은 행동만을 탓하며 자책감을 이용해 나쁜 버릇을 없애려고 한다. 하지만 이 방법은 습관을 일으키는 원인인 신호와 보상이 그대로 남기 때문에 성공하기 어렵다.

예를 들어 담배를 피울 때마다 어째서 지금 이 타이밍에 담배가 피우고 싶어지는지를 자세히 메모해보자. 또 담배를 피우고 나니 기분이 어땠는지(마음이 차분해졌다, 화가 가라앉았다, 마음이 편해졌다 등)도 메모하자. 무의식적으로 작용하던 신호와 보상을 눈에 보이게 이끌어내는 것이다.

이렇게 하면 '스트레스가 쌓였을 때' '일이 일단락되었을 때' 같은 타이밍이 신호가 되어 '마음이 편해졌다'라는 보상을 얻었다고 분석할 수 있게 된다.

신호와 보상이 보이기 시작하면 똑같은 신호를 이용해 행동만 바꿀수 없는지 시도해본다. 예를 들어 손톱을 깨물고 싶은 충동이 강해지는 것을 인식하면 곧바로 신호라 판단하고 주머니에 손을 넣어버린다.

그런 식으로 행동을 바꾸는 데 한번 성공하면 어떤 사소한 것이어도 좋으니 자신에게 보상을 주자. 사탕을 1개 먹거나 그저 승리의 포즈를 취하는 것으로 충분하다.

그런 식으로 나쁜 버릇의 신호와 보상을 공략하여 새로운 습관 고리를 형성해가면 좀체 그만두지 못했던 행동에서 조금씩 벗어날 수 있다.

238   3가지 '의지력'을 의식한다

습관이 오래가지 못하는 이유는 약한 의지력 탓이라 생각하기 쉽지만, 진실은 그보다 조금 복잡하다. 《왜 나는 항상 결심만 할까》(알키, 2012)에서 켈리 맥고니걸은 의지력이란 '나는 ~하지 않을 거야(I won't)'라는 부정 의지력과 '나는 ~할 거야(I will)'라는 긍정 의지력 그리고 '나는 ~처럼 되고 싶어(I want)'라는 열정력 3가지로 구성되었다고 이야기한다.

습관을 기르는 도중 온갖 유혹에 흔들리지 않는 의지력을 가지려면 '나는 ~할 거야'라는 관점에서 자신의 습관이나 문제를 다시 바라볼 필요가 있다. 이때 '왜냐하면'이라는 식으로 이유를 붙이는 것도 효과적이다.

- 나는 오늘 달리기하러 나갈 거야. 왜냐하면 오늘까지 달리면 사흘 연속 달린 것이 되어 기분 좋으니까.
- 나는 미루고 싶은 기분에 맞서 5분 동안만 이 일을 해볼 거야. 왜냐하면 5분만이라도 유혹을 이겨내고 싶으니까.

이 말은 의지력을 단련하기 위한 일종의 주문으로, 이제껏 부정 의지력으로 움직였던 행동을 긍정 의지력으로 움직이게 해준다.

이를 반복하다 보면 '나는 달리기하는 사람이니까 오늘도 달릴 거야' 정도로 하나의 가치관처럼 의식 속에 박히게 된다. 의지력은 근육이다. '나는 ~힐 꺼야. 왜나하면~'이라는 식으로 이유를 붙여가며 행동을 비꿀 때마다 의지력은 당신이 원하는 방향으로 점점 강해질 것이다.

암시의 힘으로 다이어트한다

다이어트하다 참지 못하고 고열량 음식을 먹거나 술을 끊지 못하고 있지는 않은가? 음식을 먹을 때 느끼는 미각적 쾌감이나 술을 마셨을 때의 행복감은 쉽게 거부할 수 없을 만큼 영향력이 엄청나다. 이를 끊지 못하는 것은 단지 '의지력이 약하기 때문'만은 아니다.

그럴 때, 암시를 이용해 가짜 기억을 심어서 행동을 변화시키는 경우도 있다.

'가짜 기억 다이어트'라고 명명한 행동심리학 연구에서 피험자에게 식사에 대한 설문조사를 실시한 후, "당신은 틀림없이 어린 시절에 ○○라는 음식을 먹고 탈이 났던 적이 있었을 것이다"라는 거짓 정보를 전달하자 그 음식을 피하려는 경향을 보인 사례가 있다. 실제로 일어나지 않은 일이라 해도 반복적인 암시로 기억이 바뀐 것이다.

이를 응용해 아이스크림 같은 고열량 식품을 먹기 전에 '예전에 먹었을 때 속이 안 좋았는데……' '아이스크림을 먹으면 토하게 돼'라는 식의 가짜 기억을 스스로에게 반복적으로 심어주면 실제로 그 음식을 기피하게 된다. 열량이 높은 음식이 쾌감이나 만족감 같은 보상으로 이어지는 습관 고리를 끊어 행동을 바꾸는 것이다.

거짓 기억을 심을 때는 주의가 필요하지만, 자신의 의지로 바꿀 수 없는 나쁜 습관이 반복될 때는 이러한 거짓 기억이 강력한 무기가 된다.

240 매일 기록하고 싶은 3가지 라이프로그

라이프로그(lifelog)란 개인의 일상이나 행동을 데이터로 저장하는 것을 말한다. 예를 들어 만보계로 걸어 다니는 거리를 꾸준히 측정하면 미처 깨닫지 못했던 습관이나 행동 개선에 도움될 만한 힌트를 얻을 수 있다 (물론 데이터를 기록하는 행위 자체가 주는 즐거움도 있다).

이를 응용하면 장기적으로는 자신이 어떤 조건에서 좋은 컨디션을 유지하는지 알 수 있으므로 다음 3가지를 중심으로 데이터를 기록해보자.

1. 수면량: 수면 시간을 장기간 기록해 자신이 주관적으로 느끼는 몸 상태와 비교해보면 자신에게 가장 적당한 수면 시간을 알 수 있다.

2. 식사: 무엇을 먹었는지 메모하거나 사진을 찍기만 해도 충분하다. 몸에 좋지 않은 음식을 얼마나 자주 먹었는지 알 수 있고, 반대로 '오늘 라면 먹었으니까 앞으로 한 달간은 먹지 말아야지'라는 식으로 식단을 조절할 수 있다.

3. 컨디션: 주관적이어도 되고 하루의 걸음 수처럼 객관적 지표를 기록해도 되니, 그날의 몸 상태를 기록하자. 나는 몸 상태가 좋은 날은 수첩의 메모 양이 늘어나므로 메모한 분량을 매일 기록한다.

수면량이나 걸음 수는 스마트밴드를 이용하면 자동으로 측정된다. 자신의 몸 상태와 수면량을 비교하는 것으로 시기 관리에 필요한 데이터를 손쉽게 얻을 수 있다.

241 사진을 10배로 찍고 매일 1분짜리 동영상을 촬영한다

카메라맨이 초심자에게 해주는 조언에는 여러 가지 있지만, 거의 모든 이가 공통적으로 하는 말은 '찍고, 찍고 또 찍어라'이다. 여기에는 라이프로그에 활용할 수 있는 중요한 생각이 담겨 있다.

완벽한 사진을 한 번에 찍는 것이 불가능한 이상, 모든 기회와 우연을 손에 쥐려면 쉴 새 없이 셔터를 눌러가며 다양한 촬영 패턴이나 조합을 경험해봐야 한다. 그래야 찰나의 순간을 포착하는 기술이 향상되며, 결과적으로 기록을 더욱 입체적으로 저장할 수 있다.

눈앞에 놓인 광경이 흥미로운지 아닌지, 사진에 담아야 할지 말지 고민하지 말고 끊임없이 찍자. 친구와 찍을 때도 잽싸게 5장을 연속 촬영하고, 다른 각도에서 다시 5장을 연속으로 찍어 우연의 산물이 나오게 하자. 요즘 스마트폰의 용량을 보면 매일 그렇게 찍어도 괜찮을 것이다.

간단히 '인생'을 기록한다

동영상도 '조금 긴가?' 싶은 최소 60초짜리 동영상을 매일 1개씩 찍어 기록으로 남긴다. 1년이 지나면 인생의 소중한 순간을 담은 6시간 분량의 영상이 만들어진다.

기억은 내버려두면 사라지거나 변질되기 마련이다. 셔터를 10배 누르고 매일 동영상을 찍으면 빠짐없이 기록할 수 있으며, 장기적으로 인생의 라이프로그를 더욱 풍성하게 만들 수 있다.

242 인공지능 시대에 대비해 업무 분담 연습을 한다

새로운 시대에는 새로운 업무 기술이 등장한다. 그 대표적인 예가 인공지능(AI)의 이용이다. 인공지능이 인간의 업무를 완전히 대체하려면 시간이 좀 걸리겠지만, 그 전에 인공지능과 효율적으로 분업할 수 있는 사람이 차별성을 갖는 시대가 올 것이다.

예를 들어 높은 정밀도를 가진 구글 번역기를 이용해 많은 양의 서류를 초벌 번역하고, 인간은 번역의 품질을 높이는 작업을 담당하여 번역 속도가 비약적으로 빨라진 것이 이제는 일상이 되었다.

이러한 새로운 수단을 쓰려면 자신의 업무 가운데 인공지능에게 맡기는 편이 나은 일을 분리시킬 수 있어야 한다. 또 사람과 직접 만나 설명하지 않고, 오직 온라인을 통해서 업무를 의뢰하는 기술도 요구된다.

이 기술을 연마하기 위해 온라인의 가상 비서(Virtual Assistant, VA) 서비스를 이용해볼 수도 있다.

예를 들어 가상 비서 서비스는 온라인으로 연결된 실제 사람이 자료 조사나 데이터 입력 등 온라인으로 가능한 작업을 비서처럼 대행한다. 비용이 저렴하지는 않지만, 필요한 시간을 돈으로 산다는 의미에서 활용할 만한 가치가 있다. 예를 들어 단순 계산 업무 등을 자는 시간에 시간대가 다른 지역의 가상 비서에게 부탁한 후, 새벽에 결과를 받으면 하루 생산성을 높일 수 있다.

가상 비서 서비스를 이용하면 온라인으로 일을 의뢰할 때 업무를 명확히 지시하고, 분담시키는 능력이 향상된다.

243 '30일 챌린지'로 인생을 즐겁게 바꿔나간다

구글의 웹스팸팀 팀장으로 근무했으며, 현재 미국 정부 디지털 서비스 소속인 맷 커츠는 인생이 정체되어 있다고 느꼈을 때, 모건 스펄록 감독의 〈슈퍼 사이즈 미〉 같은 실험적인 다큐멘터리에서 아이디어를 얻어 딱 30일 동안 새로운 일을 해보는 '30일 챌린지'를 시작했다.

규칙은 간단하다. 살면서 줄곧 해보고 싶었던 일을 30일 동안만 생활 속에서 실천해보는 것이다. 맷 커츠는 이런 방법으로 자전거로 출퇴근하기, 설탕 줄이기 같은 건강 관련 습관부터 우쿨렐레 배우기, 기부금 모금을 위해 수염 길러보기, 매일 소설 쓰기 같은 재미있는 습관까지 다양하게 실천했고, 그중 일부는 30일이 지난 후에도 계속 지속하게 되었다. 이런 30일 챌린지 덕분에 그는 하루하루가 기억 속에 남을 만큼 인상적인 나날이 되었다고 이야기했다. 또 새로운 행동을 시작하면서 차츰 자신감이 붙었고, 킬리만자로산에 오를 정도로 모험심도 키울 수 있었다고 한다.

30일은 새로운 습관을 익히고 의식하지 않아도 그 행동이 자연스레 나오기에 딱 알맞은 기간이다. 무슨 일이든 일단 30일을 지속한다는 것은 30일이라는 기간이 일종의 필터 기능을 한다는 뜻이기도 하다. 30일 동안 지속하지 못한 행동은 그만두게 되지만, 30일 동안 지속한 행동은 그 후에도 어떤 형태로든 남게 된다.

그는 "30일이라는 시간은 좋든 싫든 어차피 흘러가버린다. 그렇다면 줄곧 해보고 싶었던 일을 일단 30일 동안만이라도 시작해보는 게 어떨까"라고 이야기한다.

습관화 기술_인생을 바꾸는 작은 습관

244 인생 지도를 그려 삶을 장기적인 관점에서 본다

가끔은 인생을 장기적으로 내다봤을 때 부족한 점이나 계획할 일이 없는지 점검해보자. 간단한 마인드맵으로 인생의 겨냥도를 그리는 것이다.

먼저 종이 한가운데에 '자신'이라는 항목을 적고, 그 주변에 '일' '가정' '취미'처럼 중요한 요소를 배치한다. 각 요소의 하부 항목에는 여행 계획이나 자격증 준비 등 현재 진행 중인 일이나 앞으로의 계획을 적어 나간다. 그러면 가령 내년 여행을 위해 늦어도 몇 월까지 예약을 끝내야 하는지 하부 항목에 적어 줄기를 뻗어나가면 된다. 결혼이나 육아, 자신이나 가족이 인생의 전환기를 맞는 나이를 적는 것도 중요하다. 마지막으로 각각의 줄기에 적힌 일을 한데 모은 후, 당장 행동해야 할 일이 없는지 검토한다.

인생 지도를 만들면 평소에 눈앞의 일에만 신경 쓰기 바쁜 삶을 높은 곳에서 내려다보며 전체적인 균형을 맞출 수 있다.

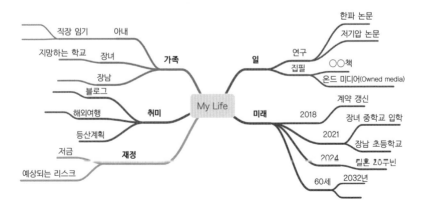

안전지대를 벗어나 불가능을 가능으로 바꿔나간다

처음 만난 사람에게 말을 잘 거는가? 비판적인 의견을 주고받거나 심각한 논쟁을 벌이는 것은 또 어떤가?

사람에게는 저마다 그 자리에서 발을 내딛기가 어려운 심리적 안전지대가 있다.《나는 4시간만 일한다》(다른상상, 2017)에서 팀 페리스는 안전지대를 벗어나기 위한 도전 과제로 공원이나 술집, 지하철 같은 공공장소 한가운데에 누워 20초 정도 눈을 감아볼 것을 제안했다.

이 방법을 실제로 실행하지는 않더라도 그 모습을 한번 상상해보자. 바닥에 누운 당신은 다른 사람들이 자신을 어떻게 생각할지 걱정되겠지만, 주변 사람은 그저 신기하게 바라보기만 할 뿐 의외로 아무 생각도 하지 않는다. 안전지대(comfort zone) 밖에 도사리고 있을 것만 같은 공포는 사실 대부분 우리 마음속에만 존재한다.

직장에서 아무리 눈치를 줘도 굴하지 않고 정시에 퇴근하거나 쉽게 나오지 않는 말을 상대방을 보며 직접 하는 것처럼 사람마다 주저하는 행동들, 말하자면 안전지대의 경계선이 여러 개 존재하기 마련이다. 이러한 경계선을 일주일에 1개씩 벗어나보자. 이때 중요한 것은 허가를 먼저 구하지 않고, 결정을 먼저 내린 다음 양해를 구하는 것이다. "정시에 퇴근해도 되겠습니까?"라고 허락을 구하는 것이 아니라 "죄송하지만 정시에 퇴근하겠습니다"라고 먼저 말하는 식이다.

겁이 나서 주저했던 일도 막상 해보면 의외로 쉽게 이뤄질 때가 종종 있다. 그런 것처럼 자신의 안전지대를 조금씩 넓혀나가보자.

궁극의 라이프핵 습관으로서의 명상

세계적인 사업가나 예술가의 80%는 어떤 형태로든 명상하는 습관이 있다고 알려져 있다.

휴 잭맨이나 케이티 페리 등 배우와 가수가 특히 그런 경향이 있는데, 작가나 정치가처럼 대인관계에서 스트레스를 많이 받는 직업을 가진 사람 중에도 명상하는 습관을 지닌 사람이 셀 수 없이 많다.

명상은 왠지 신비롭고 비일상적인 느낌을 주지만, 사실 아침에 단 10분만 투자하면 남은 하루를 정리할 수 있는 메타 습관이다.

명상은 스트레스를 낮춰 집중력을 향상시키고, 같은 일도 좀 더 편히 할 수 있게 해준다. 또 '이렇게 했어야 하는데' '저렇게 했어야 하는데'라는 마음속 잡음을 줄이고 문제를 객관적으로 받아들일 수 있게 해준다. 말하자면 라이프핵으로 배울 수 있는 모든 것을 증폭시켜주는 궁극의 습관이라 해도 과언이 아니다.

명상을 배우는 방법은 여러 가지지만, 바쁜 사람은 명상 앱을 이용해 일단 일주일 동안 명상을 실천해보자.

인사이트 타이머(Insight Timer)라는 앱은 명상 시간, 환경음 등을 설정할 수 있고 실천 횟수 등을 확인할 수 있다. 명상에 익숙해지면 이런 보조 수단이 필요 없어지지만, 명상을 처음 해보는 사람에게는 편리하다.

247 인생의 목표를 차례차례 이뤄나간다

인생의 목표는 되도록이면 명확하고 많지 않아야 자신의 역량을 집중시킬 수 있다. 목표가 너무 원대하면 영영 이룰 수 없다.

목표를 세우고 실현시키는 마음가짐을 기르기 위해서라도 '작은 목표를 차례차례 달성해나가는 것'이 행복하게 사는 비결이다. 이런 생각에서 출발한 것이 서양의 수많은 라이프핵 관련 블로그로 이를테면, 최대한 많이 인생의 목표를 101개쯤 세우고 하나씩 실행해나가는 방법이다.

예를 들어 3년이라는 기간 안에 실현시키고 싶은 일을 목록으로 만들어본다.

'핀란드에 가보고 싶다' '스위스 알프스를 여행하고 싶다'처럼 여행 계획을 세우거나 '중국어를 배우고 싶다' '수화로 대화해보고 싶다'처럼 새로운 것을 배워보는 것도 좋다. '카약을 타보고 싶다' '열기구를 타보고 싶다'처럼 모험심을 자극하는 계획도 넣어보자. 어떤 이는 '비 맞으며 산책하고 싶다' '시를 써보고 싶다'처럼 마음만 먹으면 얼마든지 실현할 수 있는 멋진 일을 넣는 사람도 있다.

즉, 행동에 나서기만 하면 차례차례 이룰 수 있는 목표들을 하나의 목록으로 만들어두고, 이를 실현시키기 위해 노력하며 하루하루를 즐겁게 보내는 것이 중요하다는 뜻이다.

이렇게 작은 목표를 달성하다 보면 101개의 인생 목표 가운데 대부분이 수년 안에 실현될 것이다. 그러면 또다시 멋진 목표를 101개 생각해서 실행해가면 된다.

248 라이프스타일에 거품이 끼지 않게 주의한다

가끔 톨스토이 단편집 《빛이 있는 동안 빛 가운데로 걸으라》(샘솟는기쁨, 2013)를 읽는데, 1994년에 구입했을 때의 가격은 260엔이었다. 대학교 식당에서 밥 한 끼 굶으면 책을 살 수 있던 그때가 지금도 기억난다.

그때는 몇백 엔 쓰는 데 사활이 걸렸지만, 돈을 벌게 된 후 액수가 늘어 이제는 새 아이폰을 살지, 카메라를 살지 고민하는 정도가 되었다.

돈을 벌기 시작하고 쓸 수 있는 돈이 조금씩 늘어나면 라이프스타일도 그에 따라 바뀌기 마련이다. 하지만 씀씀이는 한번 커지면 다시 줄이기 쉽지 않다. 라이프스타일에 맞춰 씀씀이에도 거품이 끼는 것이다.

씀씀이가 헤픈 사람과 교류하다 보면 자신도 덩달아 돈을 쓰기 쉽다. 주변 사람이 고가의 카메라를 구입하면 '나도 사야지'라고 심리적으로 동조하고 싶은 마음이 생기므로 무언가를 살 때 그것이 정말 필요한 것인지, 아니면 단순히 주변의 영향을 받은 것인지 잘 판단할 필요가 있다.

이럴 때 추천하고 싶은 방법이 있다. 한 가지 취미에만 사치를 부리는 것이다. 예를 들어 구두를 소개하는 블로그를 운영하는 어느 서양인은 눈이 튀어나올 만한 가격의 구두를 잇달아 구입하지만, 그 외에 옷이나 집에는 거의 쓰지 않으며 하나에만 사치를 부리는 스타일을 고수한다.

이렇게 하면 정말 원하는 물건은 손에 넣으면서도 전반적인 라이프스타일에 거품이 끼는 것을 방지할 수 있다.

어딘가 '별난 구석'을 만든다

사람들은 대개 "나는 평범해"라고 하면서도 내심 자신은 평범하지 않다고 생각하고 싶어 하며, 다른 사람도 그렇게 생각해주기를 바란다.

'평범하다'의 반대를 '별나다'라고 한다면, 요즘은 예전보다 '별난' 사람이 사회에서 더 많이 인정받는 시대가 되었다. 마케팅 전문가 세스 고딘은 "우리는 모두 별종이다"라고 선언하며, 세계의 다양성이 증가한 결과 별종이라 여겼던 사람의 수가 상대적으로 늘어나고 있다는 점을 지적했다. 또한 별난 사람을 대상으로 한 비즈니스 기회도 덩달아 늘어나고 있다. 전략적으로 별난 것이 유리한 시대가 되었다고 해도 과언이 아니다.

'별나다'는 것은 무엇일까? 가장 알기 쉬운 것은 시간이나 돈처럼 자신이 지닌 자원을 평범한 사람들은 잘 쓰지 않는 곳에 집중적으로 쏟아붓는 사람일 것이다. 그들은 무슨 일이든 '평범'하게 하지 않고 특정한 취미에 몇 배의 시간과 돈을 들인다거나 어떤 특정 분야를 미친듯이 파고드는 식으로 별난 구석을 만들어낸다.

독특한 와인 블로그로 인기를 끈 게리 바이너척은 자신의 블로그를 뛰어넘는 블로그 만드는 방법은 매우 간단하다며 다음과 같이 말했다.

"특정 마을의 특정 품종으로 만든 와인만을 집요하게 연구하여 틈새 시장 중에서도 그 틈새를 더 공략한다면 경쟁자가 있을 수 없다. '별난' 사람은 천하무적이다."

평범한 사람이 눈에 띄기는 몹시 어렵지만 어느 특정 분야에서 세계 최고로 별난 사람이 되는 것은 그렇게 어렵지는 않다.

인생의 항로를 서서히 바꾼다

선박 면허 강습을 들을 때, 대형 선박이 얼마나 멈추기 힘든지 듣고 놀란 기억이 있다. 소형 선박은 뱃머리를 곧바로 돌릴 수 있지만, 대형 선박은 아무리 방향을 바꾸려고 애써도 수 킬로미터를 나아가서야 항로가 바뀐다.

우리가 매일 하는 행동과 인생의 흐름의 관계도 이와 비슷하다. 매일 하는 행동은 쉽게 바꿀 수 있지만, 인생의 흐름은 하루에 바꿀 수 없다. 만일 인생의 항로를 바꾸고 싶다면 매일 하는 사소한 행동을 바꾸는 것부터 시작해야 한다.

이제껏 다양한 라이프핵을 소개했는데, 대부분은 단번에 실행할 수 없는 것들이다. 하지만 이 방법들을 수백 번, 수천 번 반복하다 보면 엄청난 시간을 절약하게 되고 인생을 크게 변화시킬 수 있다.

실현시키고 싶은 목표나 바라는 미래가 있다면 먼 그곳을 향해 서서히 항로를 만들어줄 작은 습관을 찾아보자.

작은 습관을 '삶과 일의 지팡이'로 만들기 위해 _____

어떠셨습니까? 이 책에는 제가 이제껏 블로그에 소개한 이야기나 지난 10년 동안 수집해온 갖가지 '작은 습관＝라이프핵' 가운데 가장 중요한 내용을 전부 실었습니다.

우선 시험 삼아 한두 가지 방법을 실천해본 다음, 익숙해지면 전략적으로 라이프핵을 선택해 당신의 생활에 적용해보기 바랍니다.

이때 중요한 것은 일종의 집요함입니다. 라이프핵은 인생의 특효약이 아닙니다. 라이프핵은 직면한 문제에 적용 가능한 무기나 도구와 같은 것입니다. 딱 맞는 것을 발견할 때까지 수많은 시행착오를 거듭해야만 합니다.

이 책에 소개된 250가지 방법을 전부 실천하거나 완벽히 해낼 필요는 없습니다. 당신의 인생이 좀 더 편하고 즐겁고 생산성이 높아지도록 필요한 방법을 그때그때 적용하면서 당신이 목표로 하는 인생의 항로를 향해 천천히 나아가기 바랍니다.

라이프핵은 잊어도 된다 _____

마지막으로 당신에게 청이 하나 있습니다. 이 책에 소개된 라이프핵을 익히고 이를 무의식적으로 실천할 수 있는 수준에 도달하면 그때는 이것을 잊어버렸으면 합니다.

대표적인 라이프핵 블로그 43Folders의 운영자 멀린 만은 인터뷰에서

"라이프핵은 지팡이 같은 것이다"라고 했습니다. 다리를 다치거나 걷기 힘들 때는 지팡이가 필요합니다. 하지만 혼자 걷고 뛸 수 있게 되면 지팡이의 역할은 끝납니다. 그때는 지팡이를 잊어도 됩니다.

저는 당신이 라이프핵을 잊게 될 때까지, 이 작은 습관이 당신의 생활에 파고들어 당신 삶에 도움이 되기를 바랍니다.

이 책을 쓰기 전에 블로그 R-Style의 구라시타 다다노리 씨, Hacks for Creative Life의 기타 신야 씨, Find the meaning of my life의 사카이 가즈모토 씨, QT/mode의 오쿠마 마나미 씨에게 250가지 라이프핵의 내용과 전체적인 균형에 대한 의견을 들었습니다. 덕분에 제가 깨닫지 못했던 여러 개선점을 발견할 수 있었습니다. 감사합니다.

또 그동안 제 블로그를 방문해 글을 읽어준 분들과 트위터 등에 올린 질문에 여러 조언을 해준 팔로워분들에게도 깊이 감사드립니다. 당신의 응원이 없었다면 이 책을 완성하지 못했을 것입니다.

이 책을 통해 당신의 인생이 밝아진다면 그보다 기쁜 일은 없을 것입니다. 혹시라도 온라인이나 오프라인에서 저를 마주친다면 부디 당신이 알고 있는 라이프핵과 이를 실천한 경험에 대해 들려주세요. 우리끼리의 암호는 알고 계시죠?

"Happy Lifehacking!"

블로그 Lifehacking.jp 운영자
호리 마사타케(@mehori)

옮긴이 황세정

이화여자대학교 식품영양학과를 졸업했으며, 동 대학 통역번역대학원 일본어번역과 석사를 취득했다. 취미 삼아 시작한 일본어에 푹 빠져 번역가의 길을 선택했다. 번역서 같지 않다는 말을 최고의 칭찬으로 여기며 오늘도 자연스러운 문장을 만들기 위해 힘쓰고 있다. 현재 엔터스코리아 출판 기획 및 일본어 전문 번역가로 활동 중이다.
옮긴 책으로는《잡담이 어떻게 직장생활에 무기가 되는가》《답이 보이지 않는 상황을 견디는 힘》《라이프핵》《중독의 모든 것》《놀이의 품격》등이 있다.

일이 편해지는 TO DO LIST 250

© 호리 마사타케, 2020

초판 1쇄 인쇄일   2020년 7월 29일
초판 1쇄 발행일   2020년 8월 14일

지은이   호리 마사타케
옮긴이   황세정
펴낸이   정은영
편집   정사라 김정은
마케팅   이재욱 최금순 오세미 김하은
제작   홍동근

펴낸곳   꼼지락
출판등록   2001년 11월 28일 제2001-000259호
주소   04047 서울시 마포구 양화로6길 49
전화   편집부 (02)324-2347, 경영지원부 (02)325-6047
팩스   편집부 (02)324-2348, 경영지원부 (02)2648-1311
이메일   kkom@jamobook.com

ISBN 978-89-544-4284-8 (03320)

이 도서의 국립중앙도서관 출판시도서목록(CIP)은 서지정보유통지원시스템 홈페이지
(http://seoji.nl.go.kr)와 국가자료공동목록시스템(http://www.nl.go.kr/kolisnet)에서
이용하실 수 있습니다.(CIP제어번호: CIP2020027154)